KB271934

어떻게 나를 만들 것인가

BECOMING YOU: The Proven Method for Crafting Your Authentic Life and Career
by Suzy Welch

Becoming You

스무 살에는
미처 몰랐던 것들

수지 웰치 지음 | 윤여림 옮김

어떻게 나를 만들 것인가

TORNADO
토네이도

말해보아라,

이 격정적이고 귀한 단 한 번뿐인 삶을

어떻게 쓸 것인가?

_메리 올리버

1부
가치관

3부
경제적 자립이 가능한 관심 분야

부록

들어가며

아직 찾고 있는 걸 찾지 못한 당신에게

인생은 사랑과 상실로 가득하다. 우리를 진땀나게 만드는 아이들, 부모, 배우자, 직장상사, 동료, 이웃, 친구들과 매일 진흙탕에서 구르는 것이 인생이다. 그러다가 종종 흙투성이 얼굴을 쓱 문지르며 먼 하늘을 바라보다가 툭, 질문을 던진다.

'이제 어떻게 살아야 하지?'

슈퍼볼 우승컵을 들어올리거나, 브로드웨이 무대에 서거나, 달에 착륙하거나, 엄청난 기업을 일으키는 등 재능과 용기, 어마무시한 운을 겸비해 최고의 삶을 살아가는 사람들도 있기는 하다. 하지만 대부분 하루하루 '어떻게 살아야 하나?'라는 질문을 죽을 때까지 고민한다.

이 질문에 대한 깊고 현명한 답을 찾기 위해 나는 지난 15년 동안 많은 연구와 사례 실험을 거듭했다. 거기서 얻어진 것들을 뉴욕대학교 스턴 경영대학원에 개설한 '비커밍 유Becoming You'라는 강의 프로그램에 담았다. 그리고 그 강의에서 얻어진 놀라운 결과를 이 책에 고스란히 담았다. 위대한 시인으로 살았던 메리 올리버Mary J. Oliver조차 땀범벅이 된 얼굴을 쓱 문지르며 "이 격정적이고 귀한 단 한 번뿐인 삶을 어떻게 쓸 것인지, 말해보라"고 젊은 독자들에게 화두를 던졌다. 이 화두를 잘 풀어나가기 위해서는 먼저 '자기 자신이 되어야 한다.'

그래서 뜨겁게 환영한다, 수지 웰치의 '비커밍 유'에 온 당신을.

사람은 자신에게 주어진 질문에 대한 답을 찾아냈을 때 가장 큰 행복을 느낀다. 아니, 좀 더 정확하게 말하면 진정한 답을 찾아가는 '과정'에서 벗어나 있지 않다고 느낄 때 충만한 행복을 느낀다. 이탈하지 않고 묵묵히 가면 결국 답을 찾아낸다. 어떻게 해야 이탈하지 않을 수 있을까? 비커밍 유, 바로 '당신 자신이 되기'를 한순간도 잊지 않을 때다.

당신이 누구인지 정확하게 파악하고 움직이게 되면 어떤 방향으로 나아가야 하는지 그 목적을 찾을 수 있게 된다. 그렇다. 인생의 목적을 찾으면 마침내 우리는 완전한 행복과 자아 실현으로 가는 길을 발견하게 된다. 이 책이 그 길로 당신을 안내할 것이다. 매일 우리를 찾아오는 '어떻게 살아야 할 것인가?'라는 화두는 결국 다음 질문과 같다.

'내가 살고 있는 인생과 내가 살고 싶은 인생 사이에는 무엇이 존재하는가?'

우리는 흔히 선언한다.

'딸아이가 내년에 대학 입학만 하면, 나는 정말 자유인이 될 거야!'
'5년만 이 회사를 다니자고. 그다음엔 내 마음대로 살아볼 거야!'
'자, 이제 내 차례라고. 모두들 충분히 내 보살핌을 받았으니까, 이
젠 내가 나를 돌볼 차례야!'

하지만 우리는 1년, 3년, 5년이 흘러도 여전히 흙투성이 얼굴을 쓱
문지르며 어떻게 살아야 할지 몰라 먼 하늘을 바라본다.

이유는 간단하다.

내가 누구인지 잘 모르기 때문이다.

내가 어떤 일을 잘하는지, 어떤 일을 간절히 원하는지 모르기 때문
이다.

나 자신이 어떤 것으로 이루어져 있는지 잘 모르기 때문이다.

내가 어떤 사람인지 모르기 때문에, '내가 이끄는 삶'의 시간은 오
지 않는다.

"제가 십자말풀이를 정말 좋아한다는 사실을 깨달았습니다. 그래
서 회사를 그만두고 남은 여생은 하루종일 십자말풀이에 몰두할 생
각입니다."

사직서를 내면서 직장상사에게 이렇게 말할 사람은 없다. 십자말
풀이를 즐기기 위해 회사를 그만두는 것은 현실적으로 가능하지도
않다. 당장 생계는 어떡할 것인가? 그럼에도 우리는 여전히 꿈꾼다,
여유롭게 일어나 커피를 마시고 책을 읽고 산책을 하고 낮잠을 즐기

기 위해 회사를 그만두는 삶을. 하지만 그런 삶은 오지 않는다. 대부분 지긋지긋하게 오랜 세월을 출퇴근에 매달려 살다가 문득 생을 마감한다. 우리가 간절히 원하는 삶은 생계를 포기한 대가로 얻어지지 않는다.

'비커밍 유' 수업을 통해 자신의 길을 발견한 학생들은 '그토록 간절히 원하는 삶'의 정의를 다음과 같이 내린다.

> "아침에 눈을 뜨면서 '오늘 하루가 너무나 기대돼!'라는 생각이 드는 삶입니다."
> "'내가 이렇게 살아 있고, 살아 있다는 것은 얼마나 신나는 일인가!' 라는 생각으로 열어가는 삶입니다."

커피, 독서, 산책, 십자말풀이와 상관없이 매일 이런 아침을 맞는 것이 곧 우리가 간절히 원하는 삶이다. 원하는 삶은 현실 도피가 아니라 현실에 굳게 발붙이고 서서 그 토대를 적극적으로 변화시킬 때 얻어진다. 그리고 이 변화는 언제나 '나 자신'에서 출발한다. 우리는 모두 커피, 독서, 산책, 십자말풀이할 시간이 없어도 매일 아침 너무나 기대되고 신나는 하루하루를 살 수 있다.

기원전 800년경 씌어진 1만 5,000행의 대서사시 《일리아스Ilias》에 등장하는 아킬레우스Achilleus는 온갖 음모와 배신, 고난과 역경을 극복하고 마침내 위대한 영웅이 된다. 무엇이 그를 영웅의 삶으로 이끌었을까?

그는 매 순간 끝까지 포기하지 않고 자신이 무엇을 하기 위해 태어났는지를 알아내려고 했다. 그렇다. 무엇을 하기 위해 이 세상에 왔는지를 찾아내는 사람이 성공적인 삶을 얻는다. 성공하는 사람은 늘 삶의 '의미 찾기'를 포기하지 않는 사람이다.

나는 수업에서 종종 미국의 헤비메탈 밴드 디스터브드Disturbed의 콘서트 실황이 담긴 영상을 보여준다. 화려한 불꽃이 튀어오르고 샤우팅이 가득하고 헤드뱅잉이 난무하는 무대가 아니라 사이먼 앤 가펑클Simon And Garfunkel의 〈침묵의 소리The Sound of Silence〉를 조용하고 아름답게 커버한 무대를 말이다.

"자, 드러머를 잘 보세요."

영상을 틀며 나는 학생들에게 권유한다.

"드러머의 얼굴을 잘 보세요."

학생들은 곧 내가 무얼 말하고자 하는지 알아차린다. 드러머는 황홀경에 빠져 공중부양이라도 할 것 같은 표정이다.

"그는 자신의 목적을 찾은 사람의 얼굴을 하고 있습니다."

드러머는 자신이 원하는 일을 하고 있다. 여러 가지 선택지 가운데 자신이 '가장 중시하는 가치관Values'에 부합하는 삶을 선택했다는 뜻이다. 그는 또 자신이 '가장 잘하는 일'을 하고 있다. 자신의 재능과 적성Aptitudes을 찾았다는 뜻이다. 그리고 그는 드러머로 일하면서 경제적 자립이 가능한 수입도 얻고 있다. 즉 그는 '가치관', '재능과 적성', '경제적 자립이 가능한 관심 분야'라는 조건을 모두 충족하는, '초월의 영역Area of Transcendence'에 진입해 있다.

이를 그림으로 나타내면 다음과 같다.

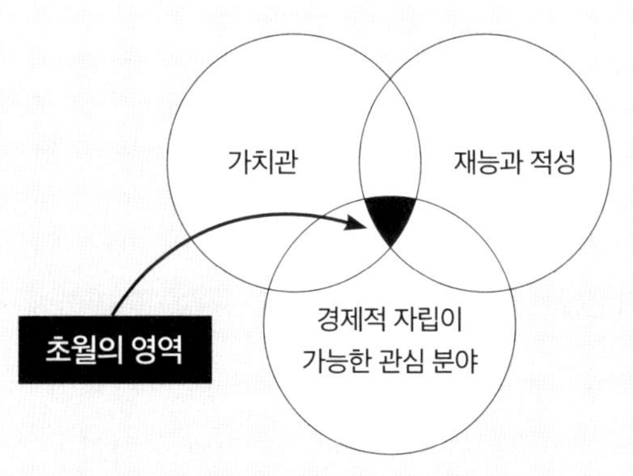

　나만의 가치관과 적성, 그리고 경제적 자립이 가능한 일의 교집합인 '초월의 영역'을 발견하는 것이 이 책의 궁극적인 목표다. 초월의 영역을 찾는 일이 쉬울까? 당연히 아니다! 쉬울 수가 없다. 하지만 이제부터 이 책에서 만나게 될 다양한 아이디어와 계획들을 실행에 옮기는 노력과 숙고가 있다면, 내 수업에 참여했던 많은 학생들이 그러했던 것처럼, 당신도 마침내 초월의 영역에 이르게 된다.

　몇 년 전 내 수업에 참여했던 '타치Tachi'라는 학생이 생각난다(타치를 비롯해 이 책에 나오는 모든 인명은 개인정보 보호를 위해 각색되었다).

　타치의 가족은 대만 출신으로 대부분 금융계에서 일하고 있었다. 그는 다섯 살때부터 수학과외를 받았고 대학에서는 경영학을 전공했다. 졸업 후 7년 동안 런던에서 금융 애널리스트로 일했던 그는 돌연 그 일을 그만두었다. 뭔가 자신이 잘못된 인생 길로 들어섰다는 느낌을 지우지 못했기 때문이다. 하지만 가족이 걱정하지 않게 경영대학원에 진학했다. 투자은행으로 진로를 바꾸기 위해 더 공부를 하기 위해서였다고 가족에게 말했지만, 사실 인생에 대해 좀더 생각할 시간을 벌기 위한 선택이었다.

타치는 '비커밍 유' 강의의 수강 신청 버튼을 눌렀다. 월스트리트의 잘나가는 드러머였던 그는 이 수업을 신청할 이유가 없었다.

"왜 일을 그만두었는지는 잘 몰랐어요. 다만 아무 생각 없이 숫자에나 파묻혀 사는 삶을 살아서는 안 된다는 것은 분명하게 느꼈어요."

그렇다. 이것이 곧 내면의 목소리를 들은 사람의 대표적인 예다. 어떤 일을 선택해야 할지는 잘 몰라도, 자신의 선택이 뭔가 잘못되어가고 있다는 것은 분명하게 알려주는 것이 당신 내면의 목소리가 하는 일이다.

타치는 수업에 열렬히 참여했고 자신만의 초월의 영역을 발견했다. 그는 수업의 마지막 날, 학생들 앞에 서서 이렇게 말했다.

"제 초월의 영역은 킴 카다시안을 스타일링하는 것입니다."

학생들이 박수를 치며 웃어댔다. 그는 늘 말끔한 슈트를 차려입은 모범적인 은행원의 모습이었는데, 뭐? 패션 스타일리스트?

교실 뒤에 앉아 있던 나는 타치의 부모님이 대학원장님께 전화를 걸어 학비 환불을 요구하는 상상을 했다. 마냥 웃을 일이 아니었음에도 나 또한 웃음을 참지 못했다.

"친애하는 교수님과 친구들에게 큰 웃음을 주게 되어 다행입니다. 하지만 저는 월스트리트에서 경력을 쌓으며 큰 부를 얻는 게 제 삶의 전부가 아니라는 것을 깨달았습니다. 그래서 늘 제가 중요하지 않은 사람이 된 것 같은 느낌에 불편했던 겁니다. 명예와 부가 중요하지 않은 사람은 다른 길을 가야 합니다. 저는 패션계에서 성공할 때까지 수많은 실패와 좌절을 맛볼 것임을 잘 압니다. 어쩌면 죽는 그날까지 성공 못 할지도 모릅니다. 하지만 정말 괜찮습니다. 아무 일도 일어나지 않는 평생보다는 짜릿하고 가슴 뛰는 하루를 사는 게 제게는 가장 중요합니다."

이제 아무도 웃지 않았다. 타치는 그날 수업에 모인 학생들이 그토록 원하는 삶에 한 걸음 들어서고 있었다. 마침내 그는 마젠타 벨벳Magenta Velvet을 소유하는 데 성공했다. 마젠타 벨벳은 '우아함을 잃지 않으면서도 자신의 개성을 대담하게 드러내는 창의적인 에너지'를 상징한다. 월스트리트에서는 찾지 못한 자신의 색깔을 찾아낸 것이다.

가치관이야 그렇다 치고, 타치는 패션계로 진출할 만한 재능과 적성이 있었을까? 학기 내내 진행했던 적성검사 결과에서 그는 패션 디자인에 필수적인 공간시각화 능력과 선형적 사고력 측면에서 매우 뛰어난 점수를 기록했다.

사실 그는 어렸을 때부터 그림에 소질이 있었다. 하지만 가족에게는 보여줄 수 없어 옷장 속에 스케치북을 숨겨두었고, 결국 CAD/CAM 소프트웨어, 이어서 AI 툴로 옮겨갔다. 타치는 또 최근 자신이 디자인한 스케치를 보여줬고 다시 한번 박수갈채가 쏟아졌다.

그렇다면 타치의 패션계 진출은 경제적으로 지속가능한가? 좋아하는 일을 하면서 돈도 충분히 벌 수 있냐는 말이다.

"수영장이 딸린 저택은 살 수 없을지도 몰라요. 그건 견딜 수 있어요. 하지만 제가 지금 이 길을 선택하지 않으면, 내가 디자인한 옷을 입은 킴 카다시안이 인터넷을 발칵 뒤집어놓는 일이 일어날 확률은 제로입니다. 제 꿈이 전혀 실현될 확률이 없는 세상에서 살고 싶지 않습니다. 그럭저럭 살아갈 만큼만 벌면 충분해요. 진심입니다.”

타치의 초월 영역은 ‘여성들이 쳐다보지 않고는 못 배길 옷을 만드는 창작활동의 일원이 되고 싶은 것’이었다.

“앞으로 2~3년은 월스트리트에서 더 일할 생각입니다. 거기서 얻는 수입으로 패션계 진출을 위한 유명 학원 몇 개에 등록해 열심히 공부할 거예요. 제 선택이 단순한 충동이 아님을 스스로에게 보여줄 겁니다.”

어떤가? 새로운 삶을 선택한 타치가 월스트리트의 애널리스트로 살았을 때보다 훨씬 더 탄탄해보이지 않는가? 분명한 ‘목표’가 있기 때문이다. 목표가 없는 불완전한 애널리스트로 사는 것보다 목표가 분명한 패션디자이너 지망생으로 사는 것이 더 안정적이고 완성적인 삶이라는 사실을 당신도 충분히 생각해보기 바란다.

마지막으로 나는 질문했다.

“부모님은 뭐라고 하실 것 같아요?”

타치는 잠시 숨을 골랐다. 학생들은 드디어 올 것이 왔다는 눈빛이었다.

“‘아들아, 결국 이렇게 되는구나’라고 하실 것 같습니다.”

타치의 부모님은 타치의 진짜 모습을 알고 계셨다. 우리의 진짜 모습은 우리가 생각하는 것만큼 잘 숨겨져 있지 않다. 오랜 세월에 걸쳐 다양한 길을 걸어왔고, 다양한 길로 새롭게 나서는 수많은 학생들을 지켜본 결과, 나는 다음의 사실을 알게 되었다.

‘자신이 가야 할 길을 사람들은 이미 알고 있다. 다만 그 길을 어떻게 가야 할지를 잘 모를 뿐이다. 대부분의 사람들은 이미 자신만의 초월의 영역에 다다라 있다. 단지 그 사실을 모를 뿐이다.'

당신이 길을 잃은 사람이 아니라는 사실만 잃지 않으면, 인생은 반드시 달라진다.

애나Anna의 경우를 살펴보자.

애나는 여덟 살짜리 딸을 키우는 마흔네 살 싱글맘이었다. 여러 개의 메디컬 스파를 운영하는 CEO이기도 했던 그녀는 당시 더 많은 지점을 인수해나가는 과정에 있었다. 회사가 빠르게 성장함에 따라 더 뛰어난 경영자로서의 역량이 필요하다고 느낀 애나는 경영대학원에 진학해 MBA 과정을 밟게 되었다.

'비커밍 유' 강의의 첫 수업이 열리면 나는 학생들에게 왜 수강신청을 했는지에 대한 간단한 에세이를 주문한다. 그러면 대개 밴드 U2의 명곡 〈나는 아직 찾고 있는 걸 찾지 못했어I Still Haven't Found What I'm Looking For〉의 다양한 버전을 읽게 된다.

그런데 애나의 경우, 그것보다 좀 더 난감한 처지였다.

"항상 불안해요. 일에 열중하면 형편없는 엄마가 되고, 엄마 역할에 충실하면 회사가 형편없어져요."

애나의 글은 이렇게 시작됐다.

"경영자는 정말 챙겨야 할 일이 많아요. 책임져야 할 일도 산더미구요. 집에 돌아와도 해야 할 일과 역할은 조금도 줄어들지 않죠. 언제나 사람들 속에 있음에도 혼자라는 생각이 들어요. 그러다가 번아웃이 왔어요. 아무리 머리를 쥐어짜내도, 더 이상 아이디어가 나오지 않아요."

애나는 왜 '비커밍 유' 수업이 필요했을까?

"이제는 제가 제 자신을 감당하기가 힘겹습니다. 제가 어떤 사람인지, 어디로 가야 하는지 말해줄 누군가가 정말 필요합니다."

마지막 줄을 읽으며 나는 조교에게 말했다.

"더 큰 배가 필요하겠어."

'비커밍 유' 수업이 만만치 않은 상대를 만났음을 직감했다.

학기 초, 애나는 조용하고 침울해 보였다. 하지만 가치관과 재능, 적성, 경제적 자립이 가능한 분야에 대해 깊이 파고들면서 점점 밝아지기 시작했다. 토론에도 활발하게 참여했고 몸짓과 태도에는 에너지가 넘쳤다.

수업 마지막 날, 애나는 최종 발표를 가장 먼저 하겠다고 자청했다.

'인생을 어떻게 살아야 할까?'라는 초월의 영역에 관한 질문에 애나는 또박또박 힘주어 대답했다.

"지.금.처.럼. 살.아.갈. 것."

애나는 '변화'가 아니라 현재의 삶과의 '화해'가 필요하다는 것을 깨달았다. 사실 그녀는 자신의 가치관에 부응하는 삶을 살고 있었다. 그녀는 자신의 일을 좋아했다. 그리고 그 일에서 얻어지는 성취를 소중히 여겼다. 아울러 그녀에게는 사랑하는 딸이 있었다. 딸아이는 그녀가 살아가는 원동력이었다. 그녀는 명성을 원했고 천 명 가까운 직원을 거느린 CEO였다. 그리고 매년 자신을 위해 BMW 자동차를 구매했다.

애나는 웃으며 이렇게 말했다.

"독일 자동차가 제 솔직한 가치관들 중 하나였네요."

애나의 적성 또한 현재 하는 일과 잘 맞았다.

"저는 제가 지금 가장 잘하는 걸 백이십 퍼센트 해내고 있었어요."

경제적 자립이 가능한 분야인가?

"고령화사회에서 제 사업은 향후 10년간 성장이 가속될 것이라고 확신해요."

애나는 자신을 '재발견'하는 데 성공했다. 변화만큼이나 재발견도 초월의 영역에서 중요하다는 사실을 애나는 생생하게 증명해냈다.

"저는 이 수업을 통해 '죄책감'을 내려놓는 법을 배웠어요."

훌륭한 엄마, 뛰어난 CEO가 되는 데 필요한 것은 죄책감이 아니라 '자기 긍정'이었다. 일을 줄이고 딸과 더 많은 시간을 보낸다고 해서 뛰어난 CEO가 되는 것은 아니었다. 야근을 많이 한다고 해서 훌륭한 엄마가 되지 못하는 것은 아니었다. 지금 자신이 발딛고 있는 현실을 받아들이고, 자신을 온전히 신뢰하면 딸아이와 직원들도 애나를 신뢰한다는 사실을 깨달았다.

어찌 보면 당연하다. 딸은 자기 자신을 사랑하는 엄마를 사랑한다. 엄마가 자학과 자책에 휩싸여 있으면, 딸은 결국 엄마 곁을 떠나고 만다. 매일 두려움과 불안에 떠는 CEO를 신뢰할 직원은 없다. 가족의 사랑을 받으며 자신감에 넘치는 표정으로 출근하는 CEO에게서 자신과 회사의 미래를 점친다.

"그러니까 저는 충분히 괜찮은 사람이었어요. 그걸 발견해서 얼마나 좋은지 몰라요."

애나의 얼굴에서 밴드 디스터브드의 드러머가 보였다.

이 책은 당신의 진정한 변화를 도울 것이다.

이 책은 당신의 진정한 재발견을 도울 것이다.

변화와 재발견이, 당신의 삶을 새로운 방향으로 이끌어갈 것이다.

1

비커밍 유
: 잃어버린 나를 찾아가는 여행자를 위한 안내서

'비커밍 유' 수업에는 학부생, 경영대학원생 등 뉴욕대 학생들을 넘어 현직 청소년 상담사, 전업주부, 프로그래머, 회계사, 변호사, 경력 단절 여성, 회고록을 작성 중인 은퇴한 CEO에 이르기까지 다양한 사람들이 참여한다.

그들의 화두는 하나다.

'이게 내 인생의 전부일까?'

그들의 토론은 늘 하나의 질문으로 귀결된다.

'한 번뿐인 인생, 어떻게 살아야 할까?'

치열한 토론과 경청이 이 질문을 점점 더 가치 있는 것으로 만들어나간다. 이 질문은 종료되지 않는다. 이 질문을 종료시키지 않는 것이 이 수업의 목적이요, 나아가 인생의 과업이다. 가치 있는 질문이 가치 있는 답을 만들어내고, 가치 있는 답이 가치 있는 질문을 만들어내는 삶을 찾는 것, 그것이 '비커밍 유'의 목표다.

그럼, 이제 함께 이 여정을 시작해보자.

이 책은 크게 3부로 이루어져 있다.

1부에서는 '가치관'에 대해 탐색할 것이다.

2부에서는 '재능과 적성, 그리고 성격'에 대해 파악할 것이다.

3부에서는 '경제적 자립이 가능한 관심 분야'에 대해 살펴볼 것이다.

이 여정 속에서 당신은 다양한 배경과 삶의 단계에 있는 사람들이 가치관, 재능과 적성, 관심 분야를 조합해 초월의 영역에 이르게 된 이야기를 만나게 될 것이다. 그들 중에는 당신이 잘 아는 누군가를 떠올리게 하는 사람도 있을지 모른다. 그리고 이 여정을 통해 당신은 당신 스스로에 대해 더 깊이 이해하게 될 것이다.

2024년 나는 6개월에 걸쳐 25~44세의 직장인 500명을 대상으로 정밀한 설문조사를 진행한 적 있다. 핵심은 '당신 자신에게 가장 중요한 가치관 3개는 무엇입니까?'라는 주관식 질문이었다. 이 덕분에 나는 총 4,500개에 이르는 응답을 수집할 수 있었는데, 이 중 80%는 가치관이라고 할 만한 것이 되지 못했다.

즉 사람들은 '가치관'이란 단어를 귀에 못이 박히도록 듣고 살아왔지만, 정작 그게 정확히 무엇인지는 알지 못하고 있었다. 가장 많은 답은 '사랑, 진리, 용서, 정의, 존경' 등과 같은 추상어였다. 물론 이런 단어가 한 사람의 가치관을 대변하지 못하는 것은 아니다. 하지만 가치관을 구체적인 단어나 표현으로 정의할 때 삶의 변화와 재발견이 훨씬 더 가능해진다.

가치관이란 우리의 행동과 결정을 이끄는 욕구, 동기, 믿음이다. 흥미롭고 에너지가 넘치는 삶을 추구하는 데 필요한 것이 가치관이다.

'풍요한 삶을 살고 싶다'보다 '부자가 되고 싶다'가 더 생생한 가치관이다. '세상의 평화'보다 '세상의 기근을 없애는 것'이 더 에너지가 넘치는 가치관이다. 가치관은 동기를 부여할 수 있어야 한다. 강력하고 매력적인 동기, 듣기만 해도 가슴이 뛰는 단어로 만들어져야 한다.

가치관은 우리 안에 존재하는 열망, 의지, 신념을 구체적인 동기와 목적으로 만들어준다. 이를 통해 우리가 어떤 일을 하고, 누구와 평생을 보내고, 어디에 살고, 심지어 휴가를 어디에서 보내야 할지를 결정하는 데 영향을 미친다.

가치관을 지루하고 평범하고 고리타분한 단어로 만들어서는 안 된다. 당신이 생각할 수 있는 가장 멋진 표현으로 만들어내야 한다.

1부에서는 이처럼 가치관을 구성하는 단어와 의미를 더 깊게 들여다볼 것이다. 당신이 어떻게 살아야 하는지를 이미 알고 있음에도 불구하고, 왜 그에 따라 살아가지 못하는지에 대해 살펴볼 것이다. 나는 이 같은 현실이 얼마나 당신의 삶을 훼손하는지를 설명하기 위해 '가치관 파괴의 4대 기수Four Horsemen of Values Destruction'에 대해 당신에게 알려줄 것이다.

1부에서는 내가 브리스톨대학교 박사과정에 있을 때 개발한 '가치관 식별 항목들'을 소개한다. 이는 실증적 데이터와 연구자료를 바탕으로 만들어졌으며 인간의 핵심가치를 15개로 나누고 각각의 가치관이 '연속성'을 가지고 있음을 발견해낸다. 사람들이 갖고 있는 가치관은 높거나 낮거나 그 중간이거나 등등 각기 수준이 다르다. 즉 우리는 모두 자신만의 가치관 DNA를 갖고 있는 셈이다. 가치관 DNA는 우리가 누구인지, 어떤 사람이 되고 싶은지, 그리고 이 질문들 사이의 간극이 얼마나 되는지를 알려준다.

가치관 식별 항목? 연속성? 당황할 것 없다. 장담하지만 당신은 내가 '가치관 다리Values Bridge'라고 이름 붙인 식별 항목들을 쉽고 명확하게 이해하게 될 것이다. 실제로 많은 사람들이 '가치관 다리' 테스트를 통해 가치관이 무엇인지 온전하게 이해하게 되었고, 또 당연하게도 자신의 진정한 가치관을 찾았기 때문이다.

1부의 마지막 장까지 읽고 나면 당신은 당신이 어떤 삶을 원하는지 알려주는 '가치관 목록'을 만들게 될 것이다. 그리고 그 목록은 지금 머릿속에 떠오르는 것들과는 사뭇 다를 것이다.

2부를 마칠 때면 당신은 '재능과 적성'에 관한 목록도 갖게 될 것이다. 사람들은 대체로 가치관보다 재능과 적성이란 개념을 더 쉽게 이해한다. 2024년 실시한 설문조사에서 가치관과 마찬가지로 자신의 적성 3개를 적게 했다. 솔직히 말해 전체 응답 중 14%는 전혀 이해할 수 없는 것들이었다. 그리고 16%는 '성격적 특성'을 적어냈다. 성격적 특성은 물론 적성이 될 수도 있다. 하지만 대부분의 경우 이 둘은 서로 다르다. 또 51%는 훈련을 통해 습득한 '기술'을 적어냈다. 이 또한 틀렸다고는 할 수 없지만 엄밀히 말해 적성은 아니다. 결국 전체 응답자 중 약 19%만이 제대로 본인의 적성을 적었는데, 그마저도 대부분

‘창의력’, ‘커뮤니케이션 능력’, ‘컴퓨터 활용 능력’과 같은 상투적인 내용이었다.

재능이나 적성의 좋은 예는 무엇일까?

서로 관련이 없어 보이는 정보의 조각들을 연결해 구체적인 해결책을 만들어내는 능력이 곧 적성이다. 자기 검열 없이, 집착이나 고집 없이 자유롭게 많은 아이디어를 떠올릴 수 있는 능력이 곧 적성이다. 방대하고 복잡한 프로젝트를 기획, 진행하면서도 전체 흐름을 놓치지 않는 능력 역시 적성의 좋은 본보기다.

쉽게 말해, 적성은 대부분 ‘타고난 것’이다. 그리하여 적성은 재능, 성향, 역량 등의 다양한 이름으로 불린다. 그리고 종이 위에 손으로 써내려가는 글씨처럼 저절로 드러나게 되어 있다. 2부가 끝날 때면 당신은 지금보다 더, 혹은 난생처음 자신의 적성에 대해 정확히 알게 될 것이다.

3부는 당신에게 꼭 맞는 삶을 지속하면서도 충분히 금전적인 보상을 얻을 수 있는 직업과 분야를 찾을 수 있도록 도울 것이다. 특히 지금처럼 그 어느 때보다 불안정한 경제상황 속에서도 말이다.

글로벌 비즈니스맨들의 소셜 미디어 플랫폼인 ‘링크드인LinkedIn’은 대부분의 직업군에서 ‘연간 50%의 기술 교체율’이 일어날 것이라고 보고한다. 이를 풀어서 말하자면, 만일 지금 하는 일을 성공적으로 해내기 위해서 10가지 기술이 필요하다면 내년에는 그중 절반이 쓸모없어지고, 그 대신 새로운 5가지 기술을 익혀야 한다는 뜻이다. 끊임없이 새로운 기술을 습득하고 새로운 전문성을 획득하기 위해 노력해야 하는 현실 앞에서 우리는 다음의 질문과 직면한다.

'자고 일어나면 바뀌는 세상에서 내게 꼭 맞는 일을 찾는 노력을 왜 해야 하는 거지? 어차피 모든 게 다 바뀔 텐데?'

이런 의문이 드는 건 타당하다. 내가 〈마이애미 헤럴드The Miami Herald〉 기자로 일할 때만 해도 모든 사람이 아침마다 종이신문을 읽었다. 두세 종류의 신문을 아침 내내 탐독하는 사람들도 많았다. 그래서 나는 특종을 몇 개 터뜨리고, 퓰리처 상 후보에도 오르고 하면 평생 신문기자로 일할 수 있을 거라고 믿어 의심치 않았다. 만일 그때 누군가 내게 넌지시 이렇게 말했다면 어땠을까?

"머지않아 종이신문은 공룡들처럼 멸종하고 말 거야."

오늘날 종이신문은 거짓말처럼 사라졌다. 하지만 나는 멸종되지 않고 뉴욕대학교 경영대학원 교수가 되었다. 내가 이 자리에 오기까지, 신문기자로서의 삶과 경험이 지대한 영향을 끼쳤다. 변화란 그런 것이다. 새로운 것을 받아들이고 이를 발전시켜나갈 수 있는 '경험의 적립'을 우리는 참된 변화라고 부른다.

AI 시대가 오면 인류는 멸종할 것인가? 그렇지 않을 것이다. 끊임없이 새로운 것을 받아들이고, 이를 자신의 삶에 적용해나가는 사람은 더 큰 기회를 맞이할 것이다. 당신이 추구하는 가치, 당신이 가장 잘할 수 있는 적성에 부합하는 일은 어디 저 멀리 떨어져 있는 것이 아니다. 당신이 무슨 일을 하든, 당신의 가치와 적성에 어울리는 삶이 거기에 반드시 존재한다. 그것을 발견해내는 것이 당신의 임무다. 3부를 마칠 즈음, 당신은 당신의 가치와 재능과 적성에 부합하는, 그러면서도 경제적 자립이 가능한 관심 분야 목록을 갖게 될 것이다.

자, 이제 여정의 끝에 다다랐다. 거기에는 '초월의 영역'으로 이끄는 지혜가 당신을 기다리고 있다. 사실 여기에 이르면, 이미 당신은 당신 자신만의 초월의 영역을 알고 있을 것이다. 내 말을 믿어도 좋다. 당신은 반드시 찾게 될 것이다. 이 여정의 동지들과 내가 그곳으로 당신을 이끌 것이다(초월의 영역을 발견하기 위해 더 짜임새 있는 안내가 필요하다면 www.suzywelch.com의 자료실을 방문하도록 하라. 그곳은 당신을 위한 보물 창고다).

인생의 목적을 잃었다는 생각이 들 때마다 나는 아들 마커스를 낳던 날 아침을 떠올린다. 마커스는 내 자궁 안에서 거꾸로 뒤집어져 있었다. 스물세 시간의 진통 끝에도 분만의 기미가 보이지 않았을 때 나는 의사에게 외쳤다.

"더 이상은 못하겠어요, 선생님!"

주치의가 코웃음을 치며 말했다.

"다들 그렇게 말해요. 아기가 곧 태어난다는 뜻이죠."

마커스가 태어났고, 신께 맹세하건대, 아기는 나를 향해 미소를 짓고 있었다.

기필코 당신은 초월의 영역을 찾게 될 것이다. '비커밍 유' 수업에 참여했던 사람들처럼. 당신은 당신이 해낼 것임을 이미 알고 있다. 인생은 언제나 이미 알고 있는 것들의 발견이다. 그 발견은 너무 힘들어 죽을 것 같을 때 비로소 얼굴을 드러낸다.

이 책은 다니던 직장을 떠나 새로운 업을 찾으라는 이야기를 하지 않는다. 올림픽 피겨 스케이팅 선수처럼 멋진 트리플악셀을 뛸 무대를 찾으라는 것이 이 책의 본질에 더 가깝다. 당신이 어떤 일을 하든 간에, 그곳에서 우아하고 아름다운 트리플악셀을 뛸 수 있는 기회를 찾을 수 있느냐가 중요하다.

'비커밍 유' 수업을 통해 나는 어제까지 무표정한 얼굴로 출근하던 사람이 이제 활짝 웃으며 트리플악셀을 꾸준히 연습하고 선보이는 사람으로 변화한 사례를 많이 알고 있다. 이 책은 그런 사람들의 이야기다. 이 책을 탐독하면 당신도 그 이야기의 주인공이 될 것이다.

시드Sid는 트리플악셀을 뛰는 경험이 얼마나 인생에서 중요한지를 잘 보여주는 사례다. 그는 유명 컨설팅 회사에 다니다가 우연한 기회에 스턴 경영대학원에 개설된 '비커밍 유' 수업에 참여했다. 그에게 중요한 업무 스킬은 숫자 계산, 데이터 분석, 전략 기획, 전략적 사고 등이었다. 그리고 그는 '현재집중형' 인간이었다. 현재집중형 인간은 일에 파묻혀 살기 때문에 다른 기회나 방향의 탐색을 매우 꺼리는 경향을 갖는다. 그런데 시드는 '비커밍 유' 수업의 적성검사를 통해 자신이 '공간시각화Spatial Visualization' 영역에서 뛰어난 재능을 갖고 있음을 발견했다. 공간시각화 능력이란 쉽게 말해 눈앞에 없는 입체적인 사물이나 공간을 마음속으로 시뮬레이션하는 두뇌 능력을 뜻한다.

시드는 컨설팅 회사로 복귀하면서 줄곧 '공간시각화'를 떠올렸다. 그러고는 숫자와 전략에 매달려 사느라 전혀 생각지도 못했던 '공간시각화' 작업을 일터에서 그려보기 시작했다. 일터라는 공간을 새로운 경험의 공간으로 재구성해내자, 일터의 문화가 바뀌기 시작했다. 이를 지켜보는 동료들도 박수와 응원을 보냈다. 힘겨웠던 출근이 '뭔가 설레는 일'이 생길 것 같은 기대로 바뀌기 시작했고, '몸값 올리기'라는 목표가 얼마나 자기 삶에서 작은 부분인가를 깨닫기 시작했다. 결국 그는 트리플악셀을 계속 연습하다가, 컨설팅을 해주던 레스토랑 사업을 친형과 함께 인수했다. 그리고 그의 레스토랑은 트리플악 셀을 뛰는 사람들로 가득찬 힙한 공간으로 명성을 얻었다.

시드는 이렇게 말했다.

"삶이 즐거워요. 그게 제가 얻은 최고의 명성입니다."

단지 적성에 맞지 않는다고 덜컥 회사를 그만두어서는 안 된다. 충동적인 퇴사보다는 회사를 자신의 적성에 부합하도록 바꿀 수 있는지 먼저 생각하는 사람이 트리플악셀에 성공한다. 이 책이 그 일을 드라마틱하게 도울 것이다.

'비커밍 유'에 참여했던 한 학생이 졸업 후 링크드인에 이런 글을 쓴 적이 있다.

"나는 대학 때 미술을 전공했다. 그동안 살아오면서 숱한 그림을 그렸지만, 내 자화상을 그려본 것은 '비커밍 유' 수업에서가 유일했다."

한 가지만 당신에게 주문한다. 철저하게 자신에게 솔직해져야 한다. 이 책에서 마음에 들지 않는 부분이 있다고 해도 기꺼이 받아들여야 한다. 다른 사람들에게 보여주는 얼굴이 아니라 철저하게 당신만이 볼 수 있는 자화상을 그려야 한다. 시늉만 하면 당신이 원하는 삶을 발견할 수 없다.

애써 외면하고 부정하려 했던 것들을 인정해야 한다. 많은 돈을 원하면 그것에 충실해야 한다. 배우자에 대한 높은 기준을 갖고 있다면 그것에 충실해야 한다. 외적인 성공이 내 삶에 얼마나 중요한지에 대해 솔직하게 털어놓을 수 있어야 한다. 욕망은 절대 부끄러운 것이 아니다. 당신의 진정한 욕망이 무엇인지도 모르는 삶을, 아니 무엇인지 모르는 척하는 삶을 사는 것이 부끄러운 것이다.

이 책은 자신에게 가차없이 솔직한 사람을 돕는다. 당신이 열망하는 것, 당신을 움직이게 하는 것이 무엇인지 마음을 열고 귀 기울이면 이 책의 모든 곳에서 기대 이상의 것들을 발견하게 될 것이다.

이 책은 당신이 지금껏 보지 못했던 것들을 보게 할 것이다. 놓친 것들을 꽉 움켜쥐게 할 것이다.

마지막으로 '비커밍 유' 수업이 어떻게 나를 바꿨는지 들려주고자 한다.

수업에서 내가 가장 좋아하는 테스트는 '에니어그램Enneagram'이라고 부르는, 고대부터 내려온 성격검사다. 그래서 나는 에니어그램의 전문가인 라사낫 다스Rasanath Das를 강의에 초빙해 학생들의 적성과 진로 선택을 돕고 있다. 라사낫 다스는 인도에서 엔지니어로 일하다가 코넬대학교 경영대학원에 진학했고, 졸업 후 월스트리트의 투자은행에서 일한 경력을 갖고 있다. 그러다가 몇 년 후 라사낫은 깨달음을 얻어 승려가 되었다. 낮에는 은행에서 일하고 밤에는 구도자로 살았다. 그로부터 약 7년 후, 라사낫은 수도원을 떠나 '업빌드Upbuild'라는 코칭 단체를 만들었고, 20년이 지난 지금 라사낫은 세계 최고의 에니어그램 권위자가 되었다. 그리고 현재 내가 소장으로 있는 뉴욕대 경영대학원 산하 '목적과 웰빙 연구소'의 방문 연구원으로 일하고 있다. 뉴욕대는 라사낫이 학생들에게 자신의 엄청난 지혜를 공유해주는 걸 더할 나위 없는 행운이라고 여기고 있다.

라사낫이 다음과 같이 말했을 때 나는 그가 '더할 나위 없는 행운'

으로 느껴지지 않았다.

"수지 교수님, 에니어그램에서 '성취자' 유형이시죠?"

"네, 맞아요."

"성취자 유형들은 인정받지 못하는 기분이 들면 방방 뛰며 난리를 치죠? 어떻게 해서든 사람들에게 박수를 받아야 직성이 풀리죠?"

라사낫은 이 지구상에 존재하는 가장 착한 사람 중 한 명이다. 그는 누군가의 인생을 송두리째 바꿀 만한 폭탄 발언을 할 때조차 세상에서 가장 따스한 미소를 짓고 있었다.

물론 성취자 유형이 나쁜 사람이 아니다! 모든 성격에는 장점이 있고 단점이 있다. 성취자 유형들은 창조적 행동에 뛰어나다. 하지만 스트레스를 받거나 뭔가 부정당한 느낌이 들 때는 '파괴적 행동'을 보이기도 한다.

뭔가 치부를 들킨 것처럼 나는 얼굴이 빨개졌다. 학생들의 웃음소리가 마치 비웃음처럼 들리기까지 했다. 아, 제발! 그건 다 젊을 때 그랬던 거라고! 이제 내 나이 예순넷이야. 더 이상 그런 행동은 하지 않는다고!

그런데 문득 내면에서 이런 소리가 흘러나왔다. 아니야, 수지야. 너는 그렇게 행동할 때가 지금도 분명 있어. 예전만큼 자주는 아니지만 여전히 그렇게 행동하는 걸!

나는 이런 내 모습을 받아들이기 싫었던 걸까?

너무나 싫다.

하지만 이런 내 모습을 받아들이는 게 내게 도움이 될까?

굉장한 도움이 된다.

사실 당시 나는 어떤 직책을 제안받아 뉴욕대 강단을 떠날 고민을 하고 있었다. 안타깝게도 자세히 말할 수는 없지만, 정부 고위직에 해당한다는 정도만 밝히겠다. 그 직책을 맡게 되면 나는 건물 꼭대기 층에 있는 사무실에서 많은 사람들에게 보고를 받게 될 것이다.

마음속 깊은 곳에서부터 나는 그 일을 하고 싶지 않다는 걸 알고 있었다. 왜냐하면 내 적성과 전혀 맞지 않았기 때문이다. 그리고 더 끔찍한 것은 내 영혼을 즐거움으로 채워주고 실제로 내가 잘하는 일을 그만둬야 하기 때문이었다. 그럼에도 불구하고 나는 그 제안과 관련한 회의에 모두 참석했다. 그 직책을 맡으면 세상에서 가장 박수를 많이 받는 여자가 될 거라는 걸 알기 때문이었다!

라사닛의 유쾌한 핀잔은 내 인생을 구한 유레카의 순간이었다. 사람들의 박수를 원하는 삶은, 역설적이게도 내가 덜 원하는 삶임을 라사닛은 깨우쳐주었다.

우리는 욕망에 솔직해야 한다. 그래야만 따라서는 안 될 욕망을 구별해낼 줄 알게 된다. 내가 누구인지를 솔직하게 인정하는 것은 두려운 일이다. 초라하고 창피하기까지 하다. 하지만 우리를 변화시키는 것은 예쁘고 화려한 자화상이 아니다. 솔직하고 적나라한 자화상이다.

초월의 영역으로 가는 여정은 쉽지 않을 것이다. 하지만 당신의 참모습이 담긴 자화상을 갖고 이 여정을 끝까지 마치고 나면 당신은 마음과 영혼이 부르는 소리를 듣게 될 것이다.

2

인생은 안 좋은 것이 좋아지는 과정이다

최근 스턴 경영대학원 동창회에서 졸업생들을 위한 강연을 의뢰해왔다.

"수지 교수님, '비커밍 유'를 주제로 강연해주시면 졸업생들에게 큰 힘과 위로를 주실 수 있을 것 같습니다."

나는 기쁜 마음으로 승낙했다. 학교는 얼마나 평온한 항구요, 사회는 얼마나 거센 바다이던가. 내 강연이 거친 항햇길에 나선 젊은 사람들에게 조금이나마 도움이 될 수 있기를 바랐다.

강단에 서자 졸업생들은 힘껏 박수를 치며 나를 반겼다. 하지만 그들의 얼굴에는 피로감과 막연한 불안 같은 것이 담겨 있었다. 나는 내가 해줄 수 있는 사회생활에 관한 구체적이고 실용적인 모든 조언을 주었다.

그리고 마지막으로 이렇게 덧붙였다.

"제가 드린 조언들이 먹히지 않는다고 해서 슬퍼하거나 노여워할 필요 없어요, 하하. 다 괜찮을 겁니다. 괜찮지 않은 것들이 다 괜찮아지는 게 인생이더라고요. 단, 절대 포기만 하지 않으면요."

그때 한 여성이 손을 들었다. 그녀는 컨설턴트로 일하고 있었고, 그녀 옆에 앉아 있던 남편은 은행원이었다.

"정말 괜찮아질까요? 저희 부부는 학창시절 열심히 공부해서 남들이 부러워하는 직장을 얻어 사회에 나왔죠. 하지만 매일 사람들에게 둘러싸여 녹다운이 됩니다. 모두가 저희 부부의 에너지를 갉아먹으려고 작정하고 덤벼드는 것 같아요. 남편이나 저나 일을 계속할 수 있을지 몰라 힘겹습니다. 멀리멀리 아무도 없는 곳으로 도망갈까 궁리 중이에요. 하하."

나는 미소를 지으며 말했다.

"당신은 무엇을 믿나요?"

뜻밖의 질문이었는지 그녀는 잠시 생각에 잠겼다가 입을 열었다.

"글쎄요. 생각해본 적이 없네요. 제가 무엇을 믿을까요? 제가 무엇을 믿어야 할까요? 모르겠습니다, 교수님."

남편이 혼란스러워하는 그녀의 손을 꼭 쥐었다.

"도망가지 않고 이 자리에 온 당신을 믿으면 됩니다. 도망칠 생각이었으면 여기 안 왔겠죠. 어떻게든 버티고, 이겨내려고 여기 온 거잖아요?"

그녀가 진지한 얼굴로 나를 바라보았다.

"그러려고 용기를 내 사람들 앞에서 당신의 아픈 속내를 솔직히 보여주기까지 하잖아요. 그런 당신을 믿으세요. 옆에서 당신의 손을 잡아주는 남편을 믿고 가는 겁니다. 인생은 안 좋은 것이 좋아지는 과정이에요. 다만 그걸 믿지 않으면 포기하게 되죠. 포기하면 인생은 피어날 방법이 없습니다. 꽃은 겨울에도 봄에는 자신이 피어난다는 걸 믿어 의심치 않죠. 그러니까 그 혹독한 추위를 견뎌낼 수 있는 겁니다. 이건 그냥 비유가 아니에요. 이게 진짜 우리의 삶입니다."

두 사람은 강연이 끝난 후에도 나와 긴 대화를 나누고는 충만한 얼굴로 돌아갔다. 나와 내 삶이 점점 좋아질 것이라는 믿음이 강해질수록 인간은 그 중심이 쉽게 무너지지 않는다. 중심이 무너지지 않으면 인생은 얼마든지 좋아진다. 인생은 안 좋은 것에서 좋은 것으로 이동하는 과정이 아니다. 다시 강조하지만, 안 좋은 것이 좋아지는 과정이다. 이 과정을 지켜보고 싶다면, 먼저 나 자신을 믿어야 한다.

점점 좋아지고 단단해지고 경이로워지는 나를 만드는 첫 번째 단계는 나 자신을 믿는 것이다. 삶이 힘겨울 때마다 노여워하거나 슬퍼하지 말고 질문을 던져라.

'나는 무엇을 믿는가?'

고치고 싶어하는 사람이 이긴다

이 책을 집어든 당신은 열여덟 살일 수도 있고 예순여덟 살일 수도 있다. 목숨을 걸고 전혀 모르는 타인을 구하려는 사람일 수도 있다. 혈액이나 신장을 기꺼이 기증하는 사람일 수도 있다. 새로 전학 온 아이에게 친구를 소개해주려고 늦게까지 교실에 남아 고민하는 교사일 수도 있다. 새벽 한 시에 일을 마치고 귀가하다가 타이어가 펑크 난 여자를 도저히 그냥 지나치지 못해 유턴을 하는 노동자일 수도 있다. 물론 내가 상상도 못할 악행을 저지르는 사람일 수도 있다! 어쩌면 당신은 대부분의 사람처럼 살면서 종종 나쁜 짓도 하고 실수도 하는 보통사람일 확률이 가장 높다.

당신이 어떤 사람이든 상관없다. 다만 당신은 백 퍼센트 다음과 같은 사람이다.

'나쁜 일, 잘못된 행동, 그릇된 생각을 고치고 싶어하는 사람이다.'

그런 사람이 아니라면 당신은 이 책을 집어들었을 리가 없다. '비커밍 유' 수업에 참여한 모든 사람은 '고치고 싶어하는 사람'이다. 그래서 더 나은 삶으로 나아가는 기회를 찾아낸다. 당신이 어떤 사람이든 상관없다. '고치고 싶어하는 사람'이면 '비커밍 유' 수업에 참여할 자격이 있다.

부자도, 빚더미에 앉은 사람도, 자신감에 넘치는 사람도, 상담이 필요한 사람도 '비커밍 유'를 통해 자신의 삶을 개선해나간다. 나는 그런 사람을 가리켜 '삶의 의미를 찾는 사람'이라고 부른다.

나는 '비커밍 유' 수업을 통해 수천 명에 이르는 '삶의 의미를 찾는 사람'을 만났다. 그들에게는 한 가지 공통점이 있었다. 바로 다른 사람들보다 압도적으로 '낙천적'이라는 것이다. 고치고 싶어하는 사람은 더 나은 삶과 세상을 향한 열망을 갖고 있다. 그 열망이 그를 낙천적이고 긍정적인 사람으로 변화시킨다는 사실을 나는 수업을 통해 생생하게 깨닫게 되었다.

나는 대학 강단에 서기 전에 신문기자로 일했다. 사회부 기자로 일하면서 인간이 저지를 수 있는 모든 악행의 현장에 서 있었다. 당시 나는 인간에 대한 끔찍한 혐오에 시달렸다. 어떻게든 그 혐오와 염세적인 세계관에서 벗어나고자 노력했다. 그러니까 나 또한 '고치고 싶어하는 사람'이었던 것이다. 결국 나는 대학으로 돌아왔고, '비커밍 유'라는 수업을 만들었고, 거기서 '고치고 싶어하는 사람'을 수없이 만났다. 그 결과, 지금은 그 누구보다 낙천적인 사람이 되었다. 즉 나는 삶의 의미를 찾는 사람이 되었다.

삶의 의미를 찾는 사람이 되면, 모든 주변 환경이 그에 맞춰 변화하기 시작한다. 타인이 내 에너지를 갉아먹는 삶에서 타인을 돕는 삶으로 바뀐다. 도망치고 싶었던 삶이 단단하게 버티고 극복하는 삶으로 바뀐다. 삶에 짓눌렸던 일상이 삶의 주인이 되는 일상으로 바뀐다.

'비커밍 유'는 고치고 싶어하는 당신의 열망에 불을 지필 것이다.

삶은 놀랄 정도로 짧고, 놀랄 정도로 길다

삶이 조금씩 자신을 무너뜨리는 것 같아서 '비커밍 유'에 참여한 사람도 있고 어떤 사람은 어느 날 갑자기 충동적인 고민에 빠져 이 수업에 들어오기도 한다.

우리는 모두 '존재론적 고민'을 안고 살아간다. 흥미로운 사실은,

천차만별의 삶을 살아도 결국 우리는 같은 질문을 던진다는 것이다.

　　'나는 누구이고, 어떻게 살아야 하는가?'

　싫든 좋든 우리는 두 가지 삶을 동시에 살아간다. 하나는 계획대로 흘러가는 삶이고, 다른 하나는 계획대로 흘러가지 않는 삶이다. 따라서 우리는 최대한 현명한 계획을 세워야 하고, 계획대로 되지 않는 삶 또한 최대한 현명하게 통제할 수 있어야 한다.

　'나는 누구이고, 어떻게 살아야 하는가?'라는 질문은 이 두 가지 삶을 동시에 살아가는 당신에게 보험이 되어준다. 굳이 답을 내기 위해 조바심을 낼 필요 없다. 포기하지 않고 노력하며 꾸준히 이 질문을 자신에게 던지면, 당신의 삶은 몰라보게 달라진다.

　한때 내 영혼을 바쳐 좋아했던 친구와 20대 시절 절교를 한 적이 있다. 그러고 나서 그녀와 다시 만나 실컷 울면서 화해한 것은 예순이 넘은 시기였다. 무려 40년을 서로 그리워하고 괴로워했던 것이다. 하지만 그녀는 극적인 재회가 있은 지 몇 달이 지났을 때 바이러스성 뇌염에 걸려 혼수상태에 이르렀고, 내가 지켜보는 앞에서 세상을 떠났다. 40년 전 절교를 했을 때처럼 흔해빠진 작별인사도 없이.

　인생은 놀랄 만큼 짧고, 또 놀랄 만큼 길다. 인생은 천천히 펼쳐지다가 갑작스럽게 폭발한다. 흘러가는 대로 살면 안 된다. 흐름을 지혜롭게 통제할 줄 알아야 한다. 내 인생의 흐름에 방향을 제시할 수 있어야 한다. 놀랄 만큼 짧은 행복 앞에서 한없이 다정할 줄 알아야 하고, 놀랄 만큼 긴 고난과 인내의 시간 앞에서 무쇠처럼 강할 줄 알아야 한다.

싫든 좋든 우리는 모두 죽는다.

죽음은 언제나 우리의 코앞에 와 있다.

내가 누구인지 묻지 않으면, 어떻게 살아야 하는지 고뇌하지 않으면, 죽음 앞에서 속수무책이 되고 만다. 죽음을 두려워하지 않는 사람은 겁이 없거나 남들보다 용기가 많아서가 아니다. '우리는 모두 죽는다'는 것을 잊지 않고 살아가기 때문이다.

관계, 아이디어, 그리고 실행력

'비커밍 유' 수업을 통해 나는 자신의 직업 커리어를 성공적으로 만들어가는 수많은 사람을 통해 성공에 필요한 궁극적인 3가지가 무엇인지를 파악해낼 수 있었다.

첫째, 개인적인 관계Personal Relationship의 질이다.

둘째, 아이디어Idea의 질이다.

셋째, 실행력Execution의 질이다.

먼저 개인적인 관계에 대해 이야기해보자.

그들은 이른바 '인맥 쌓기'를 싫어했다. 인위적이고 가식적이고 효과도 없는 인맥 쌓기는 빛 좋은 개살구다.

그들은 말했다.

"무작정 연락처를 돌리고 명함을 많이 받아서 뿌듯해하는 사람은 되지 말아야 해요. 뭔가를 받을 기대를 하지 않는 관계를 만드는 게 중요합니다. 기브 앤 테이크가 명확한 사회생활에서 그런 관계가 가능하냐고 반문하는 사람들도 많죠. 답을 말씀드릴게요. 네, 얼마든지 가능합니다."

언젠가 뉴욕대 졸업식장에서 연설을 한 적이 있다. 그때 나는 한 가지만 강조했다.

"형식적인 관계에 매달리느라 여러분의 소중한 시간을 쓰지 말기를 바랍니다. 여러분이 원하는 것은 여러분을 가장 잘 아는 사람이 갖고 있습니다."

1995년 나는 하버드대 신문사에서 일하면서 굉장히 똑똑한 젊은 에디터와 빠르게 친구가 되었다. 졸업 후 우리는 서로 다른 일을 하게 되었고 각자 다른 도시로 이사를 갔다. 하지만 꾸준하게 연락을 하고 지냈다. 사실 우리는 서로를 많이 좋아했다. 둘 다 달리기를 사랑했고 그 친구의 영향을 받은 나는 채식주의자가 되었다. 내 남편이 세상을 떠났을 때 그 친구는 아주 멀리 있는 내 집까지 찾아와 긴 시간을 위로해주었다.

나의 사랑하는 친구 홀리스Hollis.

그녀가 바로 이 책의 편집자다.

그녀는 철저한 프로페셔널이다. 그래서 나는 그녀의 피드백을 통해 더 나은 원고를 만들 수 있었고, 마침내 〈뉴욕 타임스New York Times〉 베스트셀러 작가 반열에 오르는 영광을 얻기도 했다. 둘도 없는 친구 사이이지만, 그녀가 우정 때문에 내 모자란 원고를 출간하지는 않았다. 일과 우정을 엄격하게 구별할 줄 아는 좋은 친구가 내가 원하는 성공을 갖고 있었다.

‘비커밍 유’ 수업에 참여한 다양한 학생들도 서로에게 좋은 친구가 되어주는 것이 얼마나 가치 있는 일인지를 잘 알고 있었다.

그들은 말한다.

“삶을 고치고 싶어하고 더 나은 방향으로 이끌어가고 싶은 사람, 그런 사람을 곁에 두어야 합니다. 그 사람이 내 삶을 바꿀 것이니까요.”

또한 ‘아이디어’에 대해 그들은 당신에게 좋은 소식을 전해준다.

성공을 위해 많은 아이디어가 필요하지는 않다는 것이다. 하지만 반드시 ‘좋은 아이디어’는 갖고 있어야 한다. 어떻게 해야 좋은 아이디어를 가질 수 있을까?

그들은 말한다.

“사람들의 불편을 해결해주는 아이디어가 좋은 아이디어입니다.”

‘비커밍 유’ 수업을 누구보다 열심히 참여했던 세일즈맨이 있었다. 그는 자동차를 파는 딜러로 일하면서 매해 최고의 실적을 냈다. 비결은 간단했다. 자동차를 구매하러온 고객이 말도 안 되는 싼 가격을 부르면 그는 미소를 지으며 질문을 던졌다.

“어떻게 이런 금액을 산정하셨는지, 괜찮으시다면 편하게 설명해주시겠어요?”

이런 질문은 고객을 무장해제시켜 친구로 만드는 좋은 아이디어다.

아마존을 만든 제프 베이조스_{Jeff Bezos}도 1994년 차를 몰고 미국을 횡단하던 도중 다음의 아이디어를 떠올렸다.

‘꼭 책만 팔라는 법은 없잖아? 고객들이 원하는 것을 모두 온라인으로 팔면 좋아하지 않을까?’

제프 베이조스는 걸출한 비즈니스맨이다. 동시에 고객의 불편을 먼저 생각하는 좋은 친구이기도 하다.

천재적인 아이디어보다 좋은 아이디어가 더 뛰어난 효과를 발휘하는 것이 인생이라는 무대다.

마지막으로 '실행력'에 대해 이야기해보자.

내 수업에 참여하는 학생들은 모두 5주 동안 '360도 피드백' 과정을 거친다(360도 피드백에 대해서는 이 책의 후반부에서 자세하게 다룰 것이다). 360도 피드백이란 과거와 현재 동료, 상사, 후배직원 등 최대 20명에게서 익명으로 나에 대한 평가 피드백을 받아 성적표처럼 정리하는 것이다. 물론 피드백은 솔직하고 냉정해야 한다. 그것이 생명이다.

어떤 학생들은 360도 피드백을 통해 생각보다 자신이 훨씬 혁신적이고, 협동적이며, 성실한 사람이라는 걸 깨닫는 놀라운 경험을 한다. 또 불안과 스트레스에 시달리는 어떤 사람들은 긍정적인 에너지로 가득한 피드백을 통해 많은 사람들이 자신을 좋아해주고 있다는 느낌을 만끽하기도 한다.

물론 자신의 기대와는 정반대의 피드백을 받는 학생들도 많다. 월스트리트에서 일하다가 패션 업계로 진출한 타치를 기억하는가? 그는 자신이 군인처럼 묵묵하게 직장을 다니고 있다고 생각했다. 하지만 360도 피드백을 받아보니 동료들은 그를 과묵한 사람이 아니라 냉소적이고 차가운 사람이라고 평가하고 있었다.

타치는 깜짝 놀랐다.

"맞아요. 세상에, 그들은 어떻게 제 실제 모습을 정확히 알고 있었을까요!"

또 다른 학생 사라_{Sarah}는 360도 피드백 결과를 검토하고는 곧장 상담을 요청했다. 그녀는 울먹이며 말했다.

"교수님, 피드백 결과가 처참하네요. 제가 정말 리더가 될 수 있을까요?"

그녀의 피드백 성적표를 들여다보니 리더십 역량이 낮게 나와 있었다. 피드백의 모든 지표는 사라가 어떤 경우에도 프로젝트를 빈틈없이 수행하는 미해군 특수전 개발팀에 적합하다고 가리키고 있었다. 그녀의 실행력은 거기에 있었는데, 리더십 항목에서 가장 낮은 점수를 받은 그녀는 경영대학원을 마치면 곧장 CEO로 한 회사에 영입될 예정이었다.

"사라, 정말 CEO가 되고 싶어요?"

"아니요! 경영자라뇨! 제가요? 전 경영전략의 '경'자만 들어도 멀미가 나요."

"그런데 왜 CEO 자리 제안을 수락한 거예요?"

"언젠가는 CEO가 되어야 하는 거 아닌가요? 직장인들은 다 그렇게 생각하지 않나요?"

나는 그녀의 손을 꼭 잡았다.

"아니요. 그러지 않아도 절대 상관없어요. CEO가 아니라 COO(최고운용책임자)가 되는 건 어때요?"

"정말이요? 그래도 돼요?"

"그럼요. 사라가 COO를 원하는 게 업계에 알려지면, 이번에는 CEO들이 사라를 영입하려고 줄을 설 거예요."

경영대학원에 다니는 것도, 직장에서 일을 하는 것도, 인생을 살아가는 것도 모두 '진짜 내 얼굴'을 찾기 위해서다.

사라, 타치, 그리고 '비커밍 유'를 수강한 모든 사람이 말한다.

"내가 어떤 사람인지 정확하게 알면, 내가 어떤 일을 해야 하는지도 정확하게 알게 됩니다."

어떤 일을 해야 하는지 정확하게 아는 사람만이, 최고의 실행력을 발휘한다.

괜찮은 삶은 결코 괜찮지 않다

이 책의 첫머리에 적혀 있던 메리 올리버의 말을 기억하는가?

당신에게 인생은 단 한 번뿐이고, 그 인생은 격정적이고 귀하다. 하지만 많은 사람들이 이 소중한 삶을 너무 쉽게 포기하고 만다.

'벨벳 관Velvet Coffin 증후군'이라고 아는가? 벨벳 관은 너무 안락해서 빠져나오기 힘든, 그러나 결과적으로는 커리어의 죽음을 맞이하게 되는 직장 환경을 뜻한다. 벨벳은 높은 연봉, 뛰어난 복지, 쾌적한 근무 환경, 낮은 업무 강도와 같은 달콤한 보상을 뜻한다. 관은 그 안락함에 취해 더 이상의 도전이나 자기계발을 멈추고, 결국 직업적 경쟁력을 상실해 경력의 죽음에 이르는 것을 의미한다.

벨벳 관은 인생 어디에나 존재한다.

이렇게 살면 안 된다는 것을 잘 알면서도 우리는 멈추지 못한다. 멈춰서 자신을 돌아보지 못한다. 아주 작은 보상이라도 존재하면 인간은 기어코 거기에 안주하려는 본성을 갖고 있다.

'그래도 이 정도 인생이면 괜찮잖아? 인생 뭐 별 거 있나!'

이런 타협과 굴종이 고통을 치유해줄 리 없다. 마약은 고통을 가중시킬 뿐이다. 우리가 벨벳 관 뚜껑을 열고 뚜벅뚜벅 걸어나가야 할 이유는 단 하나다. 이렇게 살아서는 안 된다는 문제 제기를 끊임없이 하지 않으면, 평생 세상에 고용되어 노예처럼 살다가 내팽겨쳐지기 때문이다. 안락하다고 해서, 관 속으로 스스로 걸어들어갈 셈인가?

괜찮은 삶은 없다. 괜찮지 않은 삶만이 우리에게 주어졌을 뿐이다. 이 책이 당신을 벨벳 관에서 꺼내줄 것이다.

쉽게 얻어지는 것은 없다

어느 날 딸아이와 함께 강아지들을 데리고 숲을 산책하다가 문득 이런 대화를 나누게 되었다.

"엄마는 워커홀릭이죠. 통 재미라는 걸 몰라요."

"하나만 알고 둘은 모르는구나. 재미있으니까 홀릭이 되지."

그러자 이브Eve는 한숨을 쉬며 말했다.

"고통을 즐기다니, 도사가 됐군요."

물론 나는 도통한 사람이 아니다. 하지만 비틀즈의 링고 스타Ringo Starr가 한 말에는 전적으로 동의한다. "쉽게 얻어지는 것은 없어."

이브는 잘못 봤다. 나는 고통을 즐기지 않는다. 다만 내 경험에 따르면, 거의 모든 좋은 일은 감정적·지적·육체적·정신적 고통을 동반한다. 나는 그것을 알고 있었고, 그렇기에 고통을 피하지 않아도 됐다. 예상 가능한 고통은 그렇게 고통스럽지 않기 때문이다.

신뢰할 수 있는 결혼.

큰 사고 없이 자라준 아이들.

상처를 이겨낸 우정.

멋진 성과를 가져다준 좋은 아이디어.

어디서 어떻게 일해야 하는지 아는 것의 즐거움.

마음껏 방황하되 방향을 알고 있기에 두렵지 않은 것.

이런 것들은 쉽게 얻어지지 않는다. 때로는 전쟁도 불사해야 한다. 이 책은 아이스하키 경기와 같다. 순조롭게 미끄러지는 순간이 있는가 하면 마스크를 잡아당기며 치열하게 몸싸움을 벌이고 얼음판을 피로 물들이기도 한다. 진실을 찾아내고 변화를 향해 나가는 여정은 절대 쉽게 얻어지지 않는다.

이 책은 여기까지 온 당신에게 쉽게 얻을 수 없는 것들의 빛나는 가치에 대해 알려줄 것이다.

자, 이제 정말 시작해보자!

1부

가치관

당신이 될 수도 있었던 사람이 되기에,

너무 늦은 때란 없다.

_조지 엘리엇

3

토니는 왜 경영대학원에 왔을까?

토니Tony의 이야기를 소개해보자.

토니의 가족들은 그를 '리틀 토니'라고 불렀다. 하지만 토니에게는 '리틀(작은)'이라는 단어와 어울리는 게 하나도 없었다. 195센티미터의 키를 가진 건장한 남성으로서 존재감도 굉장했다. 수업 첫날 토니는 자신만만하고 유머러스하며 열정이 넘치는 자기소개로 단번에 눈길을 끌었다.

"저는 뉴저지에 살고 있습니다."

토니는 활짝 미소를 지었다.

"메츠팀과 제트팀, 그리고 제 아내 제니를 사랑합니다. 3월에는 아들이 태어날 예정입니다."

박수가 터져나왔고 토니는 말을 이어갔다.

"경영대학원을 졸업하고 나면 맥킨지 컨설팅에서 일하고 싶습니다."

나는 웃지 않으려고 애썼다. 단 15초 만에 토니가 컨설팅과는 어울리지 않을 거라는 느낌이 들었다. 3시간 후 첫 수업이 끝났을 때 그 느낌은 확신으로 변했다. 토니가 토론에 적극적으로 참여한 덕분에 짧은 시간이었지만 사람들은 그에 대해 많은 걸 알게 되었다.

먼저 토니는 진심으로 엄청난 부자가 되고 싶어했다. 일론 머스크Elon Musk 수준의 그런 부자 말이다. 동시에 가족은 언제나 그의 삶에서 최우선이었다. 그는 어머니를 사랑하고 아내에 대해 말할 때면 존경과 애정이 가득 담긴 표정을 지었다. 그리고 뉴저지에서 소방관으로 일하는 형제들을 소개할 때는 자부심이 엿보였다. 그의 여동생은 토니 부부의 옆집에 살고 있었다.

"동생의 아이가 태어나면 우리는 사촌간인 아이들을 친형제자매처럼 키울 겁니다."

토니에게서는 두 가지 가치관이 뚜렷하게 나타난다.

첫째, '어플루언스Affluence'의 가치관이다. 이 가치관은 '부유함의 수준'을 삶의 핵심 기준으로 삼는다.

둘째, '패밀리센트리즘Familycentrism'의 가치관이다. 이 가치관은 말 그대로 '가족'을 삶의 핵심 기준으로 삼는다.

이 두 가치관이 토니가 꿈꾸는 컨설턴트의 삶과 조화를 이룰 수 없는 것은 아니지만, 그렇다고 해서 딱히 잘 어울리는 것도 아니다.

나는 토니에게 풍요와 가족 외에 숨겨진 다른 가치관이 더 있을 것이라고 생각했다. 그리고 곧 그것이 무엇인지 알게 되었다. 수업이 진행되는 동안 다양한 활동과 검사를 통해 밝고 활기찬 토니의 삶의 이면에 먹구름처럼 드리운 아버지 '빅 토니'의 존재가 드러났다.

"저는 아버지와 매우 닮았고, 말투도 비슷해요. 그래서 사람들은 제가 전화를 받으면 '어떤 토니입니까?'라고 묻곤 했어요. 하지만 분명히 말씀드리지만 저는 제 아버지가 아닙니다."

나는 토니가 그렇게 말한 이유를 알아차렸다. 빅 토니는 사랑이 넘치고 아이들에게도 다정하며 지역사회에 헌신하는 사람일 것이다. 하지만 고집 또한 대단할 것이다. 리틀 토니는 아버지를 사랑했지만, 아버지의 모든 면을 받아들이지는 않는 것처럼 보였다.

빅 토니는 아메리칸 드림 그 자체였다. 작은 식료품 가게 창고 직원으로 사회에 첫 발을 내딛은 그는 여러 일자리를 거쳐 마침내 아파트에 가전제품을 설치하는 매장을 운영하게 되었고, 그의 사업은 매년 100만 달러의 매출을 올렸다.

사람들은 리틀 토니가 당연히 경영학을 공부한 후 부친의 뒤를 이을 거라고 생각했다. 리틀 토니도 그런 기대에 충실히 따랐지만 그게 오히려 화근이었다. 럿거스대학교의 빛나는 졸업장을 손에 넣자마자, 리틀 토니의 눈에는 아버지의 사업에서 개선할 것들이 보이기 시작했다.

"아버지, 우리가 놓치고 있는 기회들이 있는 것 같아요. 조금만 마케팅 시스템을 바꾸면 수익이 몇십 퍼센트는 더 늘어날 거예요."

리틀 토니가 아버지 회사에서 일을 시작했던 2014년까지 회사는 그 흔한 웹사이트조차 없었다. 하지만 빅 토니의 고집은 보통 수준이 아니었다.

제품 가격부터 고객 서비스까지 고집 센 두 토니는 사사건건 부딪혔다. 해가 갈수록 상황은 더 심각해져만 갔다. 그렇게 8년의 세월이 흘렀고 마침내 한바탕 큰 싸움이 있은 뒤, 빅 토니는 리틀 토니를 해고해버렸다.

다행히 리틀 토니는 이런 결말을 예감하고 있었다. 때마침 뉴욕대 경영대학원의 합격통지서가 그의 책상 서랍 속에 있었다. 해고를 당한 토니는 곧장 아내에게 새로운 삶에 대한 계획을 밝히고는 등록금을 납부했다.

"대학원에서 공부하는 동안 저는 가족과 아버지의 회사에서 가능한 한 멀리 떨어져야겠다고 생각했어요."

토니가 상담시간에 내게 말했다.

"치열한 비즈니스 현장을 살펴 문제점이나 개선책을 찾아내는 일이 제게 잘 맞는다는 걸 깨달았어요. 그래서 컨설턴트가 되고 싶습니다. 물론 상사나 클라이언트들도 만만치 않겠지만 괜찮아요. 세상에서 가장 고집불통인 제 아버지도 겪었는 걸요."

"회사를 그만둔 후 아버지와의 관계는 어땠어요?"

"아주 가끔 아버지를 뵈러 갔어요. 하지만 별 대화는 나누지 않았어요. 다른 가족들의 전언에 따르면, 아버지는 여전히 고집불통이세요."

토니는 한숨을 길게 내쉬었다. 그런 다음 대화의 주제가 비즈니스 분야로 전환되자 눈을 빛내며 가전제품 산업의 성장 전망에 대해 해박한 지식을 내놓았다. 나는 점점 그가 흥미로워지기 시작했다.

토니는 머리가 좋을뿐더러 사업수완도 뛰어났다. 8년 동안 직원 채용, 가격 협상, 물류 시스템을 개선해 아버지의 사업을 탄탄하게 만들었다. 가업을 물려받아 더 크게 키우는 일에 토니는 재능도 있었고, 일론 머스크 같은 부자가 되겠다는 가치관에도 잘 부합하는 일이었다. '가업을 잇는다'는 것은 당연히 가족을 중시하는 가치관과도 조화를 잘 이루고 있었다.

이런 이야기를 털어놓으며 그는 눈시울을 붉히기까지 했다. 재능도 있고 적성에도 맞으며 지속가능한 경제적 풍요를 창출할 수 있는 공간에서 토니는 덜컥 해고를 당하고 말았던 것이다.

경제적 풍요와 가족중심의 가치관에 그가 선택한 컨설턴트의 삶이 과연 잘 부합할까? 상담 후 토니는 다양한 테스트와 처방을 통해 조금씩 바뀌어갔다.

4

나는 왜 나로 살지 않는가

토니는 자신의 가치관이 무엇인지 이미 알고 있었다. 다만 한 번도 다른 누군가에게, 심지어 스스로에게조차 자신의 가치관에 대해 털어놓은 적이 없었다. 나아가 그는 가치관을 직업관과 연결해볼 생각을 하지 못했다. 토니뿐 아니라 대부분의 사람들이 그렇다.

기업용 소프트웨어를 만드는 회사에서 중간관리자로 일하던 몰리Molly는 처음 나와 상담을 진행했을 때 이렇게 말했다.

"교수님, 무엇보다 저는 '흥미로운 인생'을 살고 싶습니다!"

열정에 찬 고백을 하는 그녀의 얼굴에서 나는 디스터브드 밴드 드러머의 무아지경에 빠진 얼굴을 보았다. 결국 그녀는 '글로벌 테크 기업의 인사팀장'이라는 초월의 영역을 발견해냈다. 인사팀장이 되면 세계 곳곳을 다니면서 현지 직원들의 고충을 들어주고 문제를 해결해줄 수 있었다. 동시에 모험을 만끽하는 지구별 여행자도 될 수 있었다. 현재 몰리는 1년에 절반은 국제공항에서 비행기를 타고 있다.

비반Vivaan은 뱅갈루 출신의 인테리어 디자이너였다. 그녀는 진로를 새롭게 바꾸기 위해 경영대학원에 진학했다. 하지만 어떤 길을 선택해야 할지는 아직 모르는 상태였다. 그래도 그녀는 자신이 어떤 사람인지에 대해서는 잘 알고 있었다.

"교수님, 저는 '아름다운 것들' 사이에서 살아야 해요. 특히 다른 건 몰라도 벽지만큼은 반드시 내 마음에 들어야 해요."

나도 벽지 색깔에 꽤나 집착을 하는 사람인지라 비반의 목소리에 담긴 선명한 열망이 놀랍지 않았다. 비반과 나는 '비홀더리즘Beholderism'이라고 불리는 가치관의 소유자였다. 비홀더리즘은 '아름다움은 보는 사람의 눈에 달려 있다'라는 문장으로 정의할 수 있다. 즉 예술이나 사물의 가치가 객관적으로 고정된 것이 아니라, 그것을 바라보고 해석하는 사람의 주관적인 인식을 통해 결정된다는 철학적 관점을 담고 있다. 그런 비반이 진로를 바꾸기 위해 경영대학원에 온 것이다.

"인공지능AI이 지배하는 시대에 겨우 벽지나 커튼 장식을 고르기 위해 제가 태어난 것은 아닐 거예요. 맞죠, 교수님?"

그녀는 초월의 영역을 발견했을까? 물론이다. 그녀는 자신의 색깔에 맞는 사람들을 설득해 함께 회사를 차렸다. 그러고는 저렴한 비용으로 천편일률적인 디자인의 아파트를 오직 집주인만의 색깔로 바꿔주는 인테리어 애플리케이션을 성공적으로 출시했다.

카일Kyle이 내 방을 처음 노크하고 들어왔을 때 그는 바이크 사고에서 회복한 지 꼭 4년이 지난 시점이었다. 새로운 삶을 얻어서였을까? 카일은 내가 만난 MBA 학생들 중 가장 열정적이었다. 친구들이 뉴욕이라는 대도시의 숱한 유혹에서 헤어나오지 못할 때도 카일은 매번 과제를 예술작품처럼 만들어왔다. 그는 자신에게 엄격했지만 타인에게는 우정과 관대함을 아낌없이 베풀었다. 그에게 타인을 이해하고 돕는 행동은 숨을 쉬는 것만큼이나 자연스러운 것이었다.

카일은 명확한 삶의 목적을 갖고 있었다.

"저는 사람들을 안내하고 싶습니다. 그리고 무엇보다 바깥에서 살아야 해요."

카일은 미국 서부 아이다호에 있는 보이시Boise로 갔다. 그곳을 찾는 등산객들을 아름다운 로키 산맥으로 이끄는 가이드로 일하면서 하루하루 충만한 삶을 살고 있다.

두 번째 척추를 들여다보라

모든 사람이 몰리, 비반, 카일처럼 자신의 가치관을 분명하게 알고 있다면 나는 뉴욕 북부 숲에서 반려견들이나 산책시키고 있을 것이다. 하지만 안타깝게도 많은 사람들은 자신의 가치관에 대해 아주 평범한 답을 내놓고 만다. 가족, 경제적 풍요, 평화, 건강, 그리고 나도 참 많이 쓰는 단어인 행복 등등. 가치관은 성탄 카드나 신년 엽서에 적는 형식적인 인사말이 아니다.

우리는 원기둥의 부피를 계산하거나 외국어를 배우는 데, 역사를 공부하는 데 너무 많은 시간을 보냈다. 반면에 어떤 삶을 살고 싶은지, 어떤 사람과 데이트를 해야 하는지, 어떤 곳에서 내 진가가 드러날 것인지에 대해서는 거의 생각할 시간이 없었다. 배움과 지식이 왜 삶과 연결되지 않는지에 대해 한번도 고민해본 적이 없었다.

게임 분야에서 디지털 마케터로 일하는 내 아들의 이력서에는 4년이란 시간을 중국어를 배우는 데 썼다는 사실은 기록되지만, 그가 게임 분야에 어떤 철학을 갖고 있는지는 가볍게 무시해도 아무 상관이 없었다. 아니, 좋은 학교, 좋은 학점, 권위자의 추천사가 있으면 '게임'에 대해 아는 것이 없어도 괜찮았다. 우리 연구소에서 일하는 젊은 여성 직원은 대학에서 철학을 전공했다. 하지만 자신이 배운 철학과 그녀가 일하는 회사 사이에 아무런 연결고리가 없어도 멀쩡했다.

그렇다. 우리는 아주 오랫동안 배우고 익힌 것들을 진짜 삶과 연결하는 법을 알지 못한다. 그래도 살아가는 데 지장이 별로 없기 때문에 겉으로는 멀쩡해보이지만 속으로는 병들어간다.

인간에게는 두 개의 척추가 있다. 등에 만져지는 척추는 신경세포, 조직, 뼈로 이루어져 있고, 신체의 움직임과 기능을 관장한다. 두 번째 척추는 우리의 마음에 있다. 믿음, 열망, 간절함에 바탕한 다양한 가치관들로 만들어진 이 두 번째 척추가 우리의 결정과 선택, 그리고 실천을 관장한다.

우리가 누구와 결혼을 할지, 어떤 일을 할지, 얼마나 많은 돈을 원하는지, 어디에서 살 것인지, 자녀를 몇 명이나 갖고 싶은지, 주말에 무엇을 할지, 얼마나 건강하다고 느끼는지, 연휴를 어디에서 보낼 것인지, 어떤 차를 운전하고, 어떤 강아지를 키우고 싶은지를 아는 것이 인생에서 가장 유용한 배움이자 공부다. '내 운명을 계획하는 법'과 같은 강의를 들을 기회가 없기 때문에 우리는 스스로 가치관을 적극적으로 찾아내야 한다.

몰리, 비반, 카일의 가치관은 언뜻 보면 간단해보인다. 하지만 그들은 '비커밍 유'를 통해 자신이 어떤 사람인지에 대해 충분히 생각할 시간을 가졌기 때문에 간단하면서도 탄탄한, 인생의 방향을 설정하는 데 지혜로운 안내자가 될 수 있는 가치관을 얻을 수 있었다. 나아가 그들은 내면에 있는 두 번째 척추를 적극적으로 만지고 들여다본 사람들이다. 그래서 그들은 자신의 욕망과 생각을 존중할 줄 알게 되었고, 타인 앞에서 당당하게 말할 줄 알게 되었다.

정해진 방법이나 비결은 없다. 그저 시간을 들여 내면을 들여다보면 충분하다. 그곳에 자신의 가치관을 관장하는 두 번째 척추가 있다는 사실만 신뢰하면 된다. 내면을 들여다보는 습관을 들이면 점점 그 어떤 것에도 영향을 받지 않은 순수한 열망이 나타날 것이다. 그 열망이 향하는 곳을 오랫동안 관찰해보라.

그러면 당신도 눈을 빛내며 내 방을 노크하게 될 것이다.

'비커밍 유'는 오직 당신만이 들어갈 수 있는 세계의 입구다.

나로 살면 가난해지지 않는다

자신의 가치관에 대해 알지 못하는 사람, 가치관은 찾았는데 그에 따라 살지 못하는 사람의 내면에는 앞에서도 언급한 '가치관 파괴의 4대 기수'가 자리잡고 있기 때문이다. 즉 경제적 안정Economic Security, 편의주의Expedience, 기대Expectation, 사건Event이다. 이 4대 기수는 가치관의 진정성을 무너뜨린다.

경제적 안정은 돈이 실제로 당신에게 얼마나 중요한지 여부와는 상관없이, 무조건 돈을 최우선으로 여기는 인간적 성향이다.

캐롤린Carolyn은 서른한 살의 로스앤젤레스 출신으로 유명 엔터테인먼트 기업의 이벤트 전문가로 일하고 있었다.

"교수님, '비커밍 유' 수업에 참여할 수 있게 도와주셔서 감사해요. 까놓고 말해, 지금 하고 있는 일이 너무 지겨워지기 시작했거든요."

그녀는 경영대학원생이 아니었지만 내 지인의 추천과 소개로 강의에 참여할 기회를 얻었다.

"캐롤린, 지금 다니는 직장이 첫 직장이에요?"

"아니요."

그녀는 지금 직장에 입사하기 전 10년 정도 영화와 TV 드라마 의상을 디자인하는 일을 했다. 캐롤린은 그 일을 할 때 자신이 얼마나 빛나고 행복했는지 신나게 털어놓다가 갑자기 움찔했다.

"교수님, 제가 왜 그렇게 멍청했을까요!"

돈 때문이었다. 의상 디자인은 캐롤린이 몹시 사랑하는 일이었다. 그녀는 세트장에 있는 모든 것, 즉 다양한 사람들과 매일 어떤 일이 벌어질지 몰라 가슴이 뛰는 출근, 그리고 창조적인 에너지를 사랑했다. 그 일은 그녀를 빛나게 만들어주었다. 하지만 그 일은 동시에 '불확실성' 때문에 그녀를 괴롭혔다.

수입이 불규칙했다. 항상 돈에 쪼들렸다. 일이 없을 때면 반강제적인 실업 상태에 놓여야 했고, 이는 궁핍했던 어린 시절의 고통스러운 기억을 떠올리게 했다. 늘 이곳저곳에서 의상 디자인 일자리가 생기

긴 했지만 캐롤린은 벼랑 끝에 서 있는 듯한 기분을 떨쳐낼 수가 없었다. 와인을 살 때도, 자동차 수리를 맡길 때도, 엄마를 모시고 병원에 갈 때도, 그냥 아무 일도 하지 않고 멍하니 앉아 있을 때도 돈 걱정이 머릿속을 떠나지 않았다.

월세를 두 달째 못 냈을 때 마침내 캐롤린은 할리우드 스튜디오에서 일하는 친구의 소개로 지금의 직장으로 옮겼다. 이제 그녀는 고정된 급여를 받을 수 있었고 건강보험도 제공받았다. 와인을 한 병 더 살 수 있었고 고물이 된 차를 폐차할 수 있었다.

"하지만…… 제 일은 아홉 살짜리도 할 수 있는 일이었어요. 고객들에게 줄 선물가방에 물병 같은 걸 넣는 일이었으니까요. 한 마디로 지루했어요. 하루 8시간만 일하면 됐지만, 18시간을 일하던 의상 디자이너 시절이 더 행복했다는 걸, 그게 진짜 내 삶이란 걸 교수님하고 있으니 불현듯 깨닫네요."

그녀의 재능과 적성은 명확했다. 공연 의상을 만드는 일이 그녀가 가장 잘할 수 있는 일이었다. 하지만 캐롤린에게는 '가치관'이 아직 부재했다. 그리고 의상 디자인 일을 경제적 자립이 가능한 일로 만들어야 했다.

나는 '식스 스퀘어드Six Squared' 연습을 통해 캐롤린의 가치관을 찾는 과정을 시작했다. 식스 스퀘어드 테스트는 두 개의 과제로 구성된다.

첫 번째 과제(과거와 현재)는 태어날 때부터 현재까지의 인생 이야기를 담은 자서전을 썼다고 가정하고, 그 책의 제목을 '여섯 단어'로 지어보는 것이다. 그리고 두 번째 과제(미래)는 현재부터 약 25년 후의 미래까지를 다룬 또 다른 자서전을 써본다고 상상한다. 그때 본인이

편집자가 아닌 자신의 삶의 저자가 되어, 완벽하고 가공되지 않은 꿈의 삶을 여섯 단어의 제목으로 표현하는 것이다.

이 테스트의 목적은 한 사람이 오랫동안 스스로 억눌러왔던 가장 깊은 열망과 진정한 가치관(예를 들어 성취나 정서적 풍요 등)을 마주하게 하는 데 있다. 즉 한 사람이 추구하는 핵심 가치를 명확히 함으로써 초월의 영역을 완성하도록 돕는 도구가 바로 식스 스퀘어드다.

첫 번째 과제를 받은 캐롤린은 휴대폰 메모장을 열어 타이핑을 하다가 최종 답안지를 내게 보여주었다.

It Was Rich, Until It Wasnt. (그때는 풍요로웠다. 그렇지 않다고 느끼기 전까지는.)

"풍요로웠다고요?"

나는 명확한 의미를 듣기 위해 물었다.

"네, 제 삶이요. 예전에는 지갑은 가난했지만 여기는 누구보다 풍요로웠거든요."

그녀가 자신의 가슴을 툭툭 치며 말했다.

"아프군요."

내가 말했다.

나는 캐롤린에게 두 번째 과제를 제시했다.

"아, 이건 정말 싫네요."

그녀가 즉각적으로 반응했다.

드문 경우는 아니다. 식스 스퀘어드의 두 번째 과제는 누군가에게는 고통스러울 수 있다. 우리는 오랫동안 마음속 가장 깊은 곳에 있는 열망에 접근하는 것을 스스로 허락하지 않은 채 살아왔기 때문이다.

거의 30분 동안 메모를 끄적거리며 고민하던 캐롤린은 마침내 내게 제목을 보여주었다.

The Oscar Was Worth the Cost. (오스카는 그만한 가치가 있었다.)

너무나도 명확한 제목에 그녀와 나는 웃음을 터뜨렸다.

"제가 의상 디자인 일을 얼마나 좋아하는지 말로는 다 설명할 수 없어요."

캐롤린은 미소를 지으며 말을 이어갔다.

"떠올리기만 해도 그 일이 너무 그리워요. 다른 사람들한테는 한 번도 말한 적 없는데, 교수님께는 왠지 말하고 싶어지네요. 언젠가는 오스카 트로피를 손에 들고 무대에 서서 제 자신에게 감사하다고 말할 거예요. 스눕 독Snoop Dog처럼요. 아직은 꿈에 불과하지만요."

스눕 독은 할리우드 명예의 거리에 자신의 별을 새기게 되었을 때 사람들에게 감사 인사를 전한 후 이렇게 덧붙였다.

"마지막으로 저는 저를 믿어준 스스로에게 고맙다는 말을 하고 싶습니다. 열심히 일해줘서 고맙고, 항상 나답게 살아줘서 고맙다. 스눕 독, 넌 굉장한 녀석이야."

감동한 사람들이 큰 박수를 보냈다. 누가 그토록 진실할 수 있겠는가?

캐롤린은 '진짜'가 되기로 결심했다. 그녀는 경제적으로 곤란을 겪더라도, 정서적이고 지적인 풍요가 있는 삶을 원했고, 그것이 간절했다. 그녀는 자신에게 있는지도 몰랐던 '가치', 즉 온 세상에 자신의 성공을 보여주고 그것을 인정받는 삶을 열망했다(이 가치를 '어치브먼트Achievement, 성취'라고 부른다)

"오늘 사직서를 낼 거예요."

캐롤린이 말했다. 그녀의 목소리에는 일말의 떨림조차 없었다. "제가 왜 제 자신에게 이런 짓을 하려 했는지 믿기지가 않네요. 이런 형편없는 타협을 선택하다니요!"

하지만 나는 충분히 이해할 수 있다. '경제적 안정'이라는 가치관 파괴의 기수가 사람들을 그들의 진정한 가치로부터 얼마나 멀리 끌고 가버리는지 수없이 보아왔기 때문이다.

형편없는 타협은 늘 일어난다. 왜냐하면 누구나 돈을 벌어야 하기 때문이다. 하지만 돈을 충분히 벌고 있음에도 우리는 매일 자문한다. 삶이 왜 이렇게 공허하냐고. 그리고 점점 뭔가 인생에서 빠져 있는 것 같은 결핍에 시달린다.

경제적 안정을 소홀히 여기라는 말이 아니다. 경제적으로 지속가능한지의 여부는 초월의 영역을 완성하는 데 중요한 역할을 한다. 다만 자신에게 필요한 경제적 안정이 어떤 수준인지를 깊이 숙고해보라는 것이다.

캐롤린은 물질적 궁핍보다는 정서적이고 지적인 궁핍을 더 못 견뎌했다. 반대로 말해, 자신의 재능과 강점을 발휘할 수 있는 현장에 있을 수 있다면, 물질적 궁핍은 충분히 견딜 수 있다는 사실을 새롭게 발견한 것이다. 자신의 열망을 실현하는 삶을 살면, 돈이 100달러만 있어도 1만 달러를 가진 사람보다 더 삶에 대한 만족도가 높을 수 있다.

물론 그 반대도 충분히 가능하다. 어떤 사람은 '돈'이 그 무엇보다 자신에게 중요한 가치일 수 있다. 그는 1만 달러를 갖는 것이 그 어떤 것보다 자신의 삶에 행복과 성취감을 가져다준다.

타인에게 피해를 주지 않는다면, 그 가치가 무엇이든 당신은 당신만의 가치관을 가질 권리가 있다. 그리고 다양한 삶의 경험을 통해 정직하게 그 가치에 도달했다면 아무런 문제가 되지 않는다. 문제는 자신의 가치관이 있어야 할 자리를 '경제적 안정'에 넘겨주는 것이다. 그렇게 되면, 당신은 즉시 삶의 주도권을 빼앗긴다.

"돈도 많이 벌면 좋죠! 그래서 오스카 트로피를 기필코 탈 거예요. 오스카 상을 받은 사람이 가난해졌다는 이야기는 들은 적이 없거든요. 돈 많이 벌면 저 같은 가난한 의상 디자이너들을 도울 거예요. 그들이 오스카 트로피를 탈 수 있도록 말이죠!"

이런 캐롤린을 어떤 세상이, 어떤 세계가, 어떤 신이 응원하지 않겠는가.

펀치를 아끼지 마라

편의주의는 자신의 내면에 갖고 있는 본질적인 필요Needs, 원함Wants, 욕구Desires보다 안락함, 편리함, 또는 최소 저항의 경로Path of Least Resistance를 더 우선시할 때 나타나는 현상이다. 당장의 편안함을 선택함으로써 장기적으로는 자신의 진정한 가치관을 훼손하게 된다는 점에서 가치관 파괴의 두 번째 기수 자격을 충분히 갖고 있다.

이 기수는 우리의 진정한 열망보다 편안함과 편리, 덜 부딪히는 길을 선택할 때 마주하게 된다. 간단히 말해, 나 자신으로 살기 위해 감수해야 할 정당한 고통을 외면하는 태도라고 할 수 있다.

나는 휴스턴에서 석유 시추 관리회사의 고위 간부들을 대상으로 강연할 때 제임스James를 만났다. 그날 강연 주제는 약간 아이러니하게도 '비커밍 유'와는 아무런 관련이 없는 '위기 관리'였다(내가 뉴욕대에서 가르치는 분야이기도 하다).

'아이러니'라는 표현을 내가 쓴 이유는 그때 제임스가 스스로 자초한 재난 한복판에 있었기 때문이다. 그 사실은 점심식사 도중 조용히 드러났다. 그와 나는 아이들에 대해 이야기를 나누기 시작했다. 그는 아직 열 살이 안 된 아이 셋을 둔 아빠였다.

그런데 아이들의 사진을 보여주면서 그는 눈물을 참으려 애쓰는 표정이 역력했다.

"저기 괜찮으세요?" 내가 물었다.

"아, 네. 괜찮습니다. 알레르기 때문에요." 제임스가 황급히 미소를 지으며 답했다.

그가 화장실을 가기 위해 서둘러 자리에서 일어났을 때 나는 속으로 생각했다. '안됐네. 이혼을 했거나, 아니면 이혼소송 중이거나, 둘 중 하나가 분명해보여.'

잠시 후 제임스가 돌아왔고 이번에는 내 아이들에 대한 이야기를 이어나갔다. 하지만 그는 다시 울컥하는 것 같았다. 마침내 그는 고개를 떨구고 낮은 목소리로 말했다.

"정말 죄송합니다. 사실…… 아내와 제가 별거중이라서요."

나이가 든다는 것은 이런 게 문제다. 노스트라다무스가 된 기분이 들곤 한다.

우리는 그날 친구가 되었다. 그리고 시간이 지나면서 나는 제임스의 인생 전반에 대해 알게 되었다.

"책을 읽고 글을 쓰는 대학교수가 되고 싶었죠."

그는 문학을 사랑했다. 옥스퍼드대에서 석사과정을 밟는 동안 두 편의 셰익스피어 희곡을 비교하는 학술서를 출간하기도 했다.

"저는 제가 무엇을 잘하는지, 무엇을 사랑하는지 언제나 명확하게 알고 있었어요. 바로 학교였죠."

제임스도 캐롤린처럼 자신의 재능과 적성, 관심 분야는 이미 정해진 사실이었다. 그에게 남은 숙제는 자신의 가치관을 따라 사는 것이었다. 나는 제임스에게 '비커밍 유' 수업에 참여할 것을 권유했고 그는 기꺼이 동의했다. 그런 그에게 나는 '누구의 삶을 원하는가?Whose Life Do You Want Anyway?'라고 불리는 차트를 연습시켰다(이 책의 '부록 2'에서 자세하게 다룬다.).

이를 통해 제임스는 그가 사랑하고 존경하고 부러워하는 삶을 사는 사람들의 목록을 작성한다. 여기까지는 쉽다. 그다음은 그 인물들을 한 명씩 한 명씩 살펴보면서 그들의 삶 가운데 어떤 면이 제임스를 매료시켰는지 정직하게 찾아내는 것이다.

그들이 가진 돈? 외모? 지위? 성격? 친절함? 지능지수? 그리고 나서 이번에는 그들의 삶에서 제임스가 원하지 않는 면이 있다면 무엇이든 찾아내야 한다. 그들의 이혼? 속썩이는 자녀? 부양해야 하는 부모? 명품 브랜드에 대한 집착? 정치적 성향?

목록은 길면 길수록 좋다. 긴 목록은 우리의 가치관을 드러내는 패턴을 발견하는 데 짧은 목록보다 훨씬 효과가 좋기 때문이다.

제임스도 마찬가지였다. 그의 차트에는 영국 문학계의 슈퍼스타인 이언 매큐언Ian McEwan과 마틴 에이미스Martin Amis, 두 명의 옥스퍼드대 교수, 그리고 〈뉴요커New Yorker〉의 편집장 데이비드 렘닉David Remnick이 포함되어 있었다. 각 인물에 대해 제임스가 작성한 '내가 좋아하는 면'에는 '영감에 찬 공간에서 글 속에 파묻혀지내는 것', '지적인 삶', '밤새 문학과 세상에 대한 열정 있는 토론' 등과 같은 문장이 적혀 있었다. 그런데 가슴 아프게도 모든 인물에 대해 공통적으로 적힌 문장이 하나 있었다.

'언제 어디서나 존중받는다.'

제임스의 목록에 오른 인물들의 삶에서 그가 원치 않는 면을 적는 란에는 딱 하나만 적혀 있었다. 옥스퍼드대 교수 두 명에 대해 적은 것인데, 두 사람은 모두 이혼한 상태였다. 그리고 제임스는 '지독한 외로움'이라고 적어놓았다.

"와우, 드디어 찾았네요, 당신의 가치관."

나는 그의 차트를 훑어보며 말했다.

"정말이요?"

제임스가 반신반의한 표정으로 물었다.

나는 하나하나 짚어주었다.

"당신은 동료와 공동체에게서 진지하게 인정받는 방식으로 가르치고 글을 쓰는, 문학 지식인의 삶을 살기를 갈망하고 있습니다. 타인의 조력 없이 오직 당신 스스로 얻은 성공으로 알려지기를 원하죠. 아울러 당신은 선하고 행복한 결혼 생활과 온전한 가정을 매우 소중하게 여겨요. 그리고 제 생각인데, 당신은 런던에서 살고 싶어하는 것 같군요.”

“읽고 쓰는 걸 좋아하는 사람이 런던 말고 살 곳이 또 있나요?”

그의 위트에 나는 웃으며 고개를 끄덕였다.

“무엇보다 제임스, 당신은 존중받는 삶을 살고 싶어합니다.”

좀 더 어려운 말로 하면, 제임스는 자신이 가진 지적인 역량, 전문성, 그리고 존재의 무게감을 공동체로부터 ‘온전한 권위’로 인정받기를 간절히 원했다.

하지만 그가 처한 상황은 심각했다. 제임스의 삶은 그가 선명하게 드러낸 가치관들과 전혀 부합하지 않았다. 다른 것들을 희생하면서까지 어떻게든 안전하게 지켜내고 싶었던 ‘결혼 생활’마저 파탄 나기 일보 직전이었다.

“수지 교수님, 제 인생이 왜 이렇게 됐을까요?”

제임스가 지금껏 한 번도 드러내지 않았던 자신의 열망 앞에서 눈시울을 붉혔다.

“사랑 때문입니다, 제임스.”

2012년 여름, 그는 친구들과 펍에서 시간을 보내고 있었다. 그때 젊은 미국 여성들이 웃고 떠들며 들어왔다. 그녀들은 클럽에 가기 전에 시간을 때우기 위해 펍을 찾았다. 제임스는 그녀들 가운데 가장 아름다운 여성에게 온통 마음을 뺏겼다. 그는 자신도 모르게 중얼거렸다.

"두고 봐, 난 저 여자와 결혼할 거야."

그리고 1년 후 그녀는 제임스의 청혼을 받아들였다.

그녀의 이름은 엘리자베스, 텍사스에 있는 석유회사 사장의 딸이었다. 결혼 후 제임스의 장인은 제임스의 직장 상사가 되었다.

종종 제임스는 40층에 있는 사무실 창 밖을 바라보며 생각에 잠기곤 했다.

'세상에, 내가 무슨 짓을 한 거지?'

또 어떤 날은 숫자가 가득 담긴 스프레드시트도 일종의 잘 짜여진 문법과 플롯을 갖추고 있다고 자기 최면을 걸기도 했다. '석유 산업의 역사'도 그가 읽었던 다른 소설들만큼이나 훌륭한 서사를 갖추고 있노라 생각하며 고개를 흔들기도 했다.

하지만 그가 흔들리지 않았던 진짜 이유는 엘리자베스 때문이었다. 그녀는 제임스 인생의 전부였다.

"아내는 다정하고, 격려를 아끼지 않는 사람이었죠. 그녀가 아이들에게 굿나잇 키스를 할 때면 '아, 나는 세상에서 가장 운이 좋은 남자야!'라고 속으로 외쳤습니다."

그 좋은 운에는 결함도 있었던 것 같다. 제임스는 뉴욕 출장 중 호텔 바에서 만난 한 여성과 외도를 시작했다. 엘리자베스는 2년 후 그들이 나눈 문자 메시지를 발견했다.

"아내는 조금의 화도 내지 않았어요. 언제나 그랬던 것처럼 침착한 어투로 조용히 그 관계를 정리해달라고 정중하게 요구했죠. 나는 그렇게 했습니다. 아내는 목사님께 부부 상담을 받자고 했고, 나는 동의했습니다."

제임스는 왜 외도를 저질렀을까?

"아내는 그런 사람이에요. 하늘이 무너져도 침착함을 잃지 않죠. 차라리 있는 대로 화를 내며 제 온 몸을 마구 할퀴어댔으면 '아, 이 여자도 나를 좋아하는구나'라고 생각하며 어떤 벌이든 감수했을 거예요. 저는 사랑하는 사람과 살면서 아이를 셋이나 낳았습니다. 가장 사랑하는 사람과 가장 사랑하는 가족을 만들었지만, 지독하게 외로웠습니다."

가족들은 멀어져갔고, 그는 더욱 열심히 일했지만 장인의 눈밖으로 점점 사라지는 느낌이었다. 제임스는 자신이 직접 만든 감옥에서조차 쫓겨날 처지에 놓여 있었다.

제임스가 엘리자베스에게 청혼한 이후 내린 모든 결정은 자신의 가치관에 따른 것이 아니었다. 그저 갈등을 피하기 위한 선택이었다.

텍사스로 가요, 제임스.

그래요.

우리 아버지 밑에서 일해요, 제임스.

그래요.

책 좀 그만 읽고 나가서 아버지랑 골프라도 좀 쳐요.

그래요.

나는 당신이 세례를 받았으면 좋겠어요, 제임스.

흠…… 그래요.

제임스는 엘리자베스를 위해 종교까지 바꿨다. 그의 상황은 '편의

주의'가 어떻게 가치관을 파괴하는지 보여주는 전형적인 사례다.

한 가지를 우리는 명심해야 한다.

사랑하는 사람을 위해 자신을 희생해서는 안 된다. 다시 말해, 사랑하는 사람을 진심으로 위하려면 자신을 희생해서는 안 된다. '내가 왜 이렇게 됐는데! 다 당신 때문에 이렇게 된 거야!'라고 끝없이 외치는 감옥에 갇히지 않으려면 절대 자신을 희생해서는 안 된다.

우리는 항상 어떤 '사건'이 일어나 편의주의 위에 쌓아온 모든 것이 완전히 깨져나가는 경험을 하게 된다. 바로 그 지점에서 우리는 결정해야 한다. 외면해왔던 자신의 가치관에 따라 살 것인지, 또다른 편의주의를 선택할 것인지.

"제임스, 앞으로 어떻게 할 생각이에요?"

"저는 행복한 결혼 생활과 가정을 원합니다. 이를 위해서는 다른 모든 가치를 포기해야 하겠지만요."

"왜 엘리자베스와 런던에서 사는 일, 학계로 복귀하는 일에 대해 논의한 적이 없는 거죠?"

제임스가 몰라서 묻느냐는 표정으로 나를 쳐다보았다.

"교수님, 그러면 싸움이 나니까요."

"때로는 싸워서라도 지켜야 할 가치가 있어요. 펀치 한 번 날려보지 않은 채 물러서다니요, 제임스!"

제임스는 고개를 떨구었다. 그리고 그의 알레르기가 다시 도졌다.

인생에서 뭔가 빠져 있다고 느낄 때, 인생이 뭔가 잘못된 방향으로 흐르고 있다고 느낄 때 우리는 '편의주의'에 대해 생각해야 한다. 뭔가로부터 도망치고 회피하고 있는 것은 아닌지 철저하게 살펴야 한다. '어, 이게 아닌데……'라는 생각이 자꾸 든다는 것은 편의주의에서 벗어나라는 진지한 경고임을 명심해야 한다.

최근에 나는 제임스에게 이메일 한 통을 받았다.

친애하는 수지 교수님,

제가 마침내 펀치를 날렸습니다. 엘리자베스에게 그녀를 너무 사랑해서 외로웠노라 말했습니다. 그리고 내 오랜 열망과 꿈에 대해서도 이야기했죠. 엘리자베스가 가만히 나를 포옹하며 말했어요. '이런 얘기를 왜 진작에 하지 않았어요?' 알레르기 때문이 아니라 정말 펑펑 울었습니다. 장인어른께도 솔직하게 용서를 구하고, 회사 일에 정진하겠다고 말씀드렸습니다. 아이들에게도 변함없는 다정한 아빠로 살려고 계속 노력하고 있어요. 지금 저는 런던에서 영문학 박사과정을 밟고 있어요. 동시에 장인어른 회사의 런던 지사를 만들어 일도 열심히 하고 있고요. 부부상담도 착실히 밟으면서 엘리자베스와의 관계도 회복하고 있습니다.

교수님 덕분에 깨닫게 되었습니다.

사랑은 희생이 아니라 '공유'라는 것을요. 사랑하는 사람과 행복하게 살려면 나의 열망과 꿈, 상대의 열망과 꿈을 조화시켜 나가야 한다는 것을요. 앞으로는 편하게 살지 않을 겁니다. 앞으로는 열심히 싸우고 노력하고 바로잡으며, 앞으로 나아갈 갑니다.

사랑은 은신처가 아니다. 사랑은 '은신처에서 빠져나오는 것'이다. 상대에 뒤에 숨는 게 아니라 상대와 함께 앞으로 펼쳐질 미래로 나아가는 것이다.

편의주의에게 펀치를 날린 세임스는 그 어느 때보다 더 풍요롭고, 더 구체적이며, 더 많이 공유되는 미래를 얻게 되었다. 과거에 대한 후회에 펀치를 날림으로써 미래를 얻은 사람의 하루하루는 글자 그대로 '가슴 뛰는 삶'이다.

절대 타인의 기대주가 되지 마라

비판이나 판단에 대한 두려움 때문에 자신의 가치관을 포기할 때, 당신은 세 번째 가치 파괴자인 **'기대'**라는 기수의 등에 올라타게 된다.

나는 데이드리Deidre가 열여섯 살 때 처음 만났다. 그녀는 내 지인의 결혼식 피로연에서 맨발로 춤을 추던 자유로운 영혼이었다. 그녀의 아버지는 이제 그만 앉으라고 데이드리에게 여러 번 손짓했지만 그녀의 계속되는 춤은 하객들을 매료시켰다. 타고난 천재 댄서였지만 그녀는 가족의 기대에 부응하기 위해 의과대학에 진학했다. 하지만 1년 만에 자퇴하고 버스킹 공연을 하러 유럽으로 떠났다.

그런데 코로나 펜데믹 직후 뉴욕에서 열린 행사에 참석했을 때 한 우아한 여성이 내게 다가왔다. 그녀는 데이드리의 언니로 유명 로펌의 변호사였다.

"수지 교수님이시죠? 뉴욕대에서 유명한 강의를 하신다는 소식을 들었습니다. 혹시 데이드리에게 앞으로 어떻게 살아가면 좋을지 조언을 주실 수 있을까요?"

그렇게 해서 나는 다시 데이드리와 재회했다. 그녀는 내 기억 속 자유로운 영혼과는 아주 다른 모습이었다. 심란할 정도로 야위었고, 침울해 보였고, 안절부절못했다. 눈빛도 탁하고 어두웠다. 내 머릿속 노스트라다무스가 이렇게 속삭였다. 이런, 마약이구나.

그녀는 아데랄Adderall 같은 약물에 의존하고 있었다.

"아데랄은 감각을 무감각하게 만들어줘서 좋아요."

데이드리는 기대에 부응하는 삶과 그 기대를 거부하는 삶 사이를 시계추처럼 오갔다. 유럽에서 버스킹을 하다가 직업을 가지라는 부모의 권유에 따라 메이시스 백화점 구매부 연수 프로그램에 참여했지만 그 노력은 6주를 넘기지 못했다. 그후 장애아동 시설에서 1년 동안 일했지만 잦은 결근으로 해고를 당했다. 법률사무 보조로도 일했지만 몇 달 후 그만뒀다. 나와 재회했을 때는 무직 상태였고 부모와도 매우 소원해졌으며, 언니의 집에 딸린 게스트룸에서 칩거하고 있었다.

이처럼 위태롭고 아슬아슬한 데이드리를 위해 나는 '프루스트 설문Proustish Questionnaire'을 준비했다.

프루스트 설문은 프랑스의 소설가 마르셀 프루스트Marcel Proust의 이름에서 따온 것이다(이 책의 '부록 3'에서 자세하게 소개한다). 이 설문은 19세기 말 프랑스의 사교 파티에서 유행하던 심리 테스트를 발전시킨 것이다. 당시 마르셀 프루스트가 열세 살 때, 그리고 스무 살 때 이 설문에 답변한 내용이 나중에 공개되면서 큰 화제가 되었다. 그의 답변이 매우 통찰력 있고 그의 예술적 세계관을 잘 보여주었기 때문에, 이후 이 설문 양식 자체가 그의 이름을 따서 '프루스트 설문'이라 불리게 되었다. 프루스트 설문은 단순하지만 강력하게 한 개인의 가치관을 파고드는 도구로 활용된다. 재미있고 자극적일 뿐 아니라 가치관에 대한 깊은 통찰을 더해준다. 데이드리 같이 예술적 감각이 뛰어난 사람에게 특히 효과적이다. 타인이 원하는 모습이 아닌 본연의 나를 찾는 작업의 핵심도구들 중 하나다.

데이드리의 답변을 확인해보자.

당신에게 완벽한 행복은 무엇인가요?

— 하늘에서 흘러나오는 음악에 맞춰 꽃밭에서 춤을 추는 것.

당신의 가장 큰 두려움은 무엇인가요?

— 감옥.

당신 인생의 가장 큰 사랑은 누구인가요?

— 나.

현재 당신에게 가장 가치 없는 것은 무엇인가요?

— 고상한 사람들의 컨트리클럽에 가입되어 있는 것.

당신의 좌우명은 무엇인가요?

— 나한테 조용히 있으라고 강요하지 마.

가치관은 다이아몬드 원석과도 같다. 이 원석을 깎고 다듬어 빛나는 보석으로 완성시키는 작은 도구들이 곧 식스 스퀘어드, '누구의 삶' 차트, '프루스트 설문'이다. 그리고 또 하나의 훌륭한 도구가 있다. 바로 '알파오메가Alpha Omega 테스트'다(이 책의 '부록 4'에서 자세하게 소개한다).

이 테스트의 이름은 그리스 알파벳의 첫 글자인 알파와 마지막 글자인 오메가에서 따온 '처음과 끝', '전부'를 상징한다. 즉 이 테스트는 인생이 시작된 순간Alpha부터 끝나는 순간Omega까지를 모두 아울러야 비로소 진정한 가치관이 드러난다는 통찰을 담고 있다.

알파오메가 테스트는 3가지 질문으로 구성된다.

첫 번째 질문은 현재의 정체성Identity과 성격을 둘러싼 가치관 파악에 도움을 준다.

"당신이 자리를 비웠을 때 사람들이 당신에 대해 뭐라고 말하길 원하는가?"

지난 몇 년 동안 알파오메가 테스트를 하면서 나는 이 질문에서 나올 수 있는 모든 답을 봤다. 그리고 대부분의 답은 응답자들의 내면에 깔린 가치관을 강하게 반영하고 있음을 알게 되었다.

어떤 젊은 교사는 이렇게 답했다.

"제가 방을 나서자마자 사람들이 내가 아버지처럼 나쁜 인간은 아니라고 해주면 좋을 것 같아요."

나는 이 답변에서 나쁜 아버지 밑에서는 나쁜 아들이 나올 것이라는 편견을 끊어내고자 하는 그의 강렬한 열망을 엿볼 수 있었는데, 이 열망은 지역선거에 출마하고자 하는 그의 꿈과도 깊이 연결되어 있었다.

앞에서 소개한 '리틀 토니'를 기억하는가? 이 질문에 대한 토니의 답은 무릎을 탁 치게 만든다.

"내가 자리를 비웠을 때 사람들이 '토니는 토니의 방식대로 살았어'라고 말하길 원합니다. 그리고 '그가 사랑하는 가족들의 삶을 더 좋게 만들었어'라고 덧붙이길 바라죠."

내가 감탄했던 이유는 토니의 답이 '나답게 살겠다는 강한 주체적 의지'와 '가족에 대한 기여'라는 두 가지 핵심 가치를 탁월하게 결합했기 때문이다. 나아가 이 답을 통해 그의 다른 열망도 엿볼 수 있었다. 뛰어난 사업가인 아버지 밑에서는 더 뛰어난 사업가 아들이 나오기 힘들다는 편견을 토니는 보란 듯이 뒤집고 싶어했다. 이를 위해 그는 열심히 아버지 회사에서 일했고, 해고를 당했지만 끝내 돌아와 가업을 더 탄탄대로 위에 올려놓았다.

이 질문에 대한 데이드리의 답도 완벽하게 데이드리다웠다.

"남들이 뭐라고 하든 무슨 상관이에요?"

그녀가 냉소를 지으며 말했다.

"사람들은 늘 저에 대해 이래라, 저래라 떠들어댔어요. 그 말을 다 귀담아들었으면 지금 저는 의사가 되었을 거예요."

나는 데이드리의 대답에서 강력한 '자기결정권Self-determination'의 가치관을 느꼈다. 자기결정권이란 타인이나 환경에 휘둘리지 않고 자기 삶의 궤도를 스스로 선택하는 '권한'과 '책임'을 의미한다. 이를 '비커밍 유'의 용어로 말하자면 에이전시Agency와 보이스Voice라고 한다. 사회와 질서에 순응하지 않는 사람들에게서 대표적으로 나타나는 가치관이다.

에이전시는 '주체성'으로 번역될 수 있다. 즉 자신이 아닌 다른 사람이 정한 규칙이나 규범에 얽매이지 않으려는 욕구다. 데이드리가 부모와 주변 사람들이 기대했던 '의사'라는 길 대신 자신의 자유를 선택한 것, 그리고 앞으로 소개하겠지만 부모와 벌였던 기나긴 협상을 '증오'했던 것은 그녀의 핵심 가치가 강력한 에이전시에 있음을 보여준다.

보이스는 자신의 생각, 욕구, 정체성을 세상에 가감 없이 드러내는 힘을 의미한다. 사회적 통념이나 타인의 기대에 맞추기 위해 침묵하지 않고, 자신의 진실된 목소리를 내는 것이다. '나한테 조용히 있으라고 강요하지 마'라고 답했던 데이드리의 좌우명은 그녀가 자신의 보이스를 지키기 위해 얼마나 치열하게 싸우고 있는지를 상징한다.

"맞아요. 그게 저예요." 데이드리도 동의했다.

알파오메가 테스트의 두 번째 질문은 라이프스타일을 둘러싼 가치관에 대해 묻는다. 인생의 시작(알파)에 대해 질문을 던져 어떤 삶을 살고 싶은지를 탐색한다.

"어린 시절 좋았던 점과 싫었던 점은 각각 무엇인가요?"

"언니가 있어서 좋았어요. 언니는 늘 든든한 제 편이었죠. 그리고 우리 집 강아지도 좋았고, 케이프코드에서 보낸 여름도 좋았어요. 푸른 바다 위로 붉게 퍼져가는 노을을 참 좋아했죠."

"그러면 싫었던 거는요?"

"길고 지루한 게임이요…… 원하는 걸 얻기 위해 부모님과 벌였던 기나긴 협상이요. 엄마아빠는 늘 저에게 다른 걸 원하셨어요."

"당신은 당신이 정하지 않은 규칙과 질서에 대해 정말 거부감이 강하군요."

"맞아요, 교수님. 거부하는 게 제 삶입니다."

나는 그녀에게 알파오메가 테스트의 마지막 질문을 던졌다.

"여든다섯 살 생일에, 뼈아프게 후회할 것 같은 일은요?

삶의 마지막 지점(오메가)에서 바라본 진정한 가치를 직면하게 한다. 데이드리가 난감해하는 표정을 지었다. 나는 좀더 쉽게 상황을 떠올릴 수 있도록 설명을 덧붙였다.

"인생의 마지막 단계에 다다른 모습을 상상해봐요. 실현하지 못한 꿈, 이루지 못한 목표나 치유되지 못한 관계 같은 것들 때문에 마음이 아픈가요?"

그녀는 고개를 끄덕였지만 여전히 아무 말도 하지 않았다. 그러다가 마침내 입을 뗐다. "저는 현재를 살아요. 미래에 대해서는 생각해본 적 없어요. 그리고 남들에게 어떻게 기억되는지 따위는 일말의 관심도 없어요."

'비커밍 유' 프로그램의 용어로 설명하면 '레이디어스Radius'에 대한 데이드리의 열망은 '무無'에 가깝다. 레이디어스란 한 개인이 사회적·문화적 영향력을 미치고자 하는 범위를 뜻한다. 나의 존재나 행동이 타인, 지역사회, 세상에 어느 정도의 수준까지 영향력을 미치기를 원하는지를 측정하는 척도다.

그녀가 원하는 것은 오직 '자신을 위한 자유'였다. 토니와 비교하자면, 토니의 레이디어스는 평균 수준이었다. 리틀 토니는 세상 전체보다는 자신의 가족이나 형제들에게 깊은 영향을 미치고 인정받기를 원했다. 토니는 여든다섯 살 생일에 제니와 가족들이 옆에 없으면 울음이 날 것이라고 했다. 정리하자면, 에이전시와 보이스는 '나 자신으로 살기 위한 내부적인 힘'을 뜻하고, 레이디어스는 '나의 가치가 외부로 뻗어 나가는 범위'를 의미한다.

결국 나는 데이드리의 언니가 바랐던 초월의 영역을 만들지 않았다. 데이드리는 정서적으로 너무나 혼란스러워했다. 과거의 상처와 분노 때문에 미래를 계획하기보다는 현재의 '자유(에이전시)'를 지키는 데 모든 에너지를 쓰고 있었다. 나아가 데이드리는 인생을 계획하는 걸 증오하는 유형이다. '완전한 독립 에이전시'가 그녀가 가진 핵심 가치관이었다.

모든 사람이 반드시 초월의 영역을 만들어야 하는 것은 아니다. 초월의 영역이 없어도 되는 사람 또한 존재한다.

나는 데이드리의 언니에게 조언했다.

"지금은 무엇보다 '존중'이 절실하게 필요합니다. 데이드리를 무조건 받아들이라는 게 아니에요. 그러면 오히려 역효과가 날 겁니다. 그녀와 대화할 때 경청과 존중이 그 바탕에 깔리면, 그녀는 스스로 회복할 겁니다. 다시 아름다운 춤을 추면서 건강하게 살아갈 겁니다."

'기대'라는 치명적인 기수에 관한 마지막 이야기를 소개해보자.

우리의 가치관을 파괴하는 기대는, 다른 사람들이 아니라 우리가 스스로에게 집착할 때 더욱 두드러지게 나타난다.

후안Juan은 성공한 사업가의 아들이다. 유복한 환경에서 자란 그의 꿈은 '외과의사'였다. 수술복을 입은 의사가 아닌 길은 한번도 생각해본 적 없다. 하지만 문제는 후안에게 의사가 될 재능과 적성이 없다는 사실이었다. 과학 성적이 뛰어나지 않았을뿐더러 무엇보다 피를 보면 기절하는, 미주신경성 실신 증상을 갖고 있었다.

하지만 후안은 의사가 되기 위해 치열하게 노력했다. 부모조차 그에게 다른 일을 해보는 것이 어떻겠냐고 권했지만 그는 막무가내였다.

"그건 제가 아니잖아요!"

고등학교 졸업 후 10년 동안 그는 의대에 진학하지 못했다. 그럼에도 미련을 못 버리고 의료 관련 일자리를 전전했다. 제약회사 영업사원, 의료기기 업체 마케터, 의생물학연구소 보조연구원으로 일했지만 스스로 관두거나 권고사직을 당했다.

그러던 어느 여름 날, 마침내 후안은 의료인의 길을 포기했다. 태어나면서 한 번도 의심하지 않았던 꿈을 내려놓은 것이다. 한결 가벼워진 마음으로 후안은 고등학교 동창을 만나러 그가 일하는 자동차 정비소에 갔다. 그리고는 오랫동안 정비소 창문에 붙어 있던 정비사 연수 프로그램 안내문을 들여다보았다. 후안은 천천히 수첩을 꺼내 전화번호를 적었다.

"오랜 집착을 내려놓자 거짓말처럼 내가 진짜 가야 할 길이 보였어요. 저는 손을 쓰는 일을 잘하고, 그래서 외과의사가 되어야 한다는 강박을 갖고 있었던 거예요. 그런데 손 쓰는 일을 환영하는 분야가 또 있더라고요. 메스가 아니라 스패너를 들라는 신의 계시를 받은 느낌이었어요. 설명할 수 없는 느낌이 몰려오면서, 황홀했습니다."

후안은 그 일을 잘했고, 사랑했고, 충분한 급여도 받았다. 그는 최고의 정비사가 되는 길을 누구보다 빠르게 질주하게 되었다.

우리가 가장 마지막까지 싸워 이겨야 할 대상은 타인의 기대가 아니라, '나는 반드시 이래야만 한다'고 믿는 우리 자신의 집착이다. 후안은 스스로 부여한 가짜 정체성을 내려놓았을 때 비로소 자신의 진짜 재능과 적성을 만났다. 스스로에게 걸었던 저주 같은 기대를 거두자, 비참했던 커리어는 가슴 뛰는 일상으로 바뀌었고, 경제적 보상과 명예는 덤으로 따라왔다.

절대 타인의 기대주가 되지 마라.

자신의 정체성을 의심하고 경계하고 때로는 과감하게 벗어던져라.
그러면 인생은 기어코 새로운 길을 만들어낸다.

의도적으로 되찾아라

마지막 가치관 파괴의 기수는 **사건**이다.

사건이란 인생에서 일어나는 모든 일(결혼, 이혼, 죽음, 사고, 파산 등)을 뜻한다. 이러한 사건들은 매우 파괴적이어서, 우리를 핵심 가치관에서 멀어지게 만들고, 그 멀어진 상태에 익숙해지게(정체되게) 만든다.

레이나Rayna를 처음 만난 것은 웹 세미나에서였다. 시작한 지 10분쯤 되었을 때 레이나는 내게 메시지를 보냈다. 보통 나는 발표를 할 때는 메시지를 확인하지 않지만, 그녀의 절박한 메시지는 차마 무시할 수가 없었다.

"숨이 막혀서, 교수님께 감히 도움을 청합니다!"

우리는 이튿날 곧바로 통화를 했다.

사건은 이랬다. 레이나는 마흔네 살로 디트로이트에 살고 있다. 그녀는 레스토랑 사업가 집안에서 자랐고 요식업계에서 일하는 것을 무척 좋아한다. 레이나의 최근 직업은 힙한 파인다이닝 식당에서 셰프부터 청소인력까지 60명의 직원을 관리하는 일이었다.

"이보다 제게 더 완벽한 직업은 없었죠."

그녀가 관리하는 직원들 중에는 그녀의 남편이자 수석 셰프인 글렌Glenn도 있었다. 어느 날 밤, 글렌은 레스토랑 냉장고에서 몇 파운드의 고기를 꺼내 자신의 자동차 트렁크에 실었다. 글렌의 말에 따르면 충동적으로 벌인 일이었다는데, 그의 모든 행동은 감시 카메라에 찍히고 말았다. 다음 날 아침 레스토랑에서 기다리고 있던 경찰은 글렌을 체포해갔다. 사장은 레이나 역시 해고했다.

"저는 결백해요. 아무것도 몰랐어요."

레이나가 답답한 얼굴로 말했다.

"만약 글렌이 이 일에 대해 사전에 조금이라도 제게 말했다면, 저는 글렌을 죽여버렸을 거예요. 사장이 나를 해고한 것도 무리가 아니죠. 사장은 제가 결백하다는 걸 알고 있었어요. 하지만 글렌의 아내인 저를 그냥 놔두기도 어려웠을 거예요."

레이나와 글렌의 결혼생활은 안그래도 조금씩 균열을 보이고 있었다. 그러다가 절도 사건이 일어나면서 그들을 파경으로 몰아넣었다. 서로를 고소하고, 서로를 할퀴는 고통으로 레이나는 망가지기 시작했다. 무엇보다 사랑하는 일을 잃었다는 사실이 그녀를 힘겹게 만들었다.

오죽하면 생면부지인 내게 SOS를 쳤을까. 그때 레이나는 13개월 동안 무직 상태였다. 친구의 집에 겨우 얹혀살고 있던 레이나는 내게 자신이 얼마나 불행한지 설명할 필요도 없었다. 그녀의 절망적인 눈빛이 모든 걸 말해주고 있었다.

나는 프루스트 설문의 질문들을 레이나에게 던졌다.

나는 절대로 ________에 대해 사과하지 않을 것이다.

이 질문에 즉각 레이나가 답했다.

"나는 절대로 나를 '해고시킨 사건'에 대해 사과하지 않을 것이다. 저는 잘못한 게 없어요. 저는 제가 업계의 성공신화가 되기를 열망했죠. 사람들은 제가 그렇게 될 거라고 믿었어요. 사과를 받을 사람은 저예요!"

행복이 무엇인지 모르지만, 나는 _________할 때는 절대 슬프지 않다.

레이나는 이번에도 즉각 답했다.

"제가 타인을 이끄는 일을 할 때요!"

"레스토랑을 운영하고 싶어요?" 나는 분명히 하기 위해 다시 물었다.

"어떤 일을 하든, 저는 리더인 제가 가장 좋아요. 그때 제 존재의 가치가 빛난다고 느끼거든요."

그녀가 반짝 눈을 빛냈다.

"그리고 레이나는 누구보다 리더의 역할을 잘해내왔죠."

나는 그녀에게 그녀의 빛나는 기억을 상기시켰다. 그녀는 반드시 이 사실을 기억해야 한다. 그녀가 겪은 해고와 이혼이라는 두 번의 악재는 그녀의 가치관을 관 속에 묻어버리기 때문이다. 내가 해야 할 일은 그녀의 성취를 일깨우는 것이었다. 그러지 않으면 상처를 준 사건들이 그녀를 관 속에 오랫동안 가둘 것이기 때문이었다.

"그러니까, 사장은 어디서 레이나 같은 인재를 다시 구하겠어요?"

"맞아요, 교수님!"

레이나는 입술을 지그시 깨물었다. 그러고는 결심했다는 듯 말했다.

“사장을 다시 찾아가보겠습니다. 다시 고용해주면 예전보다 더 뛰어난 매니저가 되겠다고 간절하게 청해볼게요.”

가치관을 되찾으면 큰 용기가 선물처럼 생겨난다.

여기서 우리가 정말 명심해야 할 것이 있다.

우연한 사건들 때문에 빼앗긴 가치관을 다시 되찾는 일은 우연히 일어나지 않는다. 즉 ‘의도적으로’ 되찾아야 한다.

이 책을 쓴 나도 ‘슬픔의 섬’에서 돌아온 경험이 있다.

나는 흥미진진하고 화려한 삶을 열망했다. 그래서 신문기자로 일했다. 하지만 영혼의 동반자이자 남편이었던 잭Jack이 신부전증 투병 끝에 세상을 떠나고 난 후 나는 외부와의 연락을 단절한 채 매일 숲속 깊이 틀어박혔다.

그렇게 5년을 살았다. 그 고요하고 정체된 삶에 너무 익숙해져 다시 세상으로 나갈 생각은 하지 못했다. 흥미진진한 삶을 살고 싶다는 내 핵심적인 가치관을 포함한 모든 가치관에서 멀어졌다.

그러던 어느 날 친구가 나를 찾아 깊은 숲 속으로 왔다. 그리고 그의 한 마디가 내 마음을 온통 뒤흔들었다.

“수지, 사람들은 당신을 5년이나 기다리고 있어요. 그들의 기다림을 헛된 것으로 만들지 맙시다.”

그가 돌아간 후 나는 NBC 방송국의 〈투데이 쇼The Today Show〉 감독에게 용기를 내 전화를 걸었다.

“무례하고 무리한 부탁인 줄 압니다. 제가 할 일을 주세요. 잘해낼게요.”

그리고 나는 세상으로 나왔다. 촬영 세트장에 들어선 순간 스피커에서 경쾌한 팝 음악이 울려퍼졌고 카메라는 바쁘게 돌아갔다. 커다란 조명이 밝게 무대를 비췄고 감독은 손을 들어 3-2-1, 카운트다운을 하고 있었다.

그때 문득 이런 생각이 들었다.

'정말 그리웠어!'

어떻게 나는 나의 핵심 가치관을 영원히 버리려고 했던 거지?

가치관 파괴의 기수들은 느닷없이 나타나 우리를 외딴섬으로 데리고 가버린다.

그래서 우리는 늘 고삐를 단단히 틀어쥐고 튕겨나가서는 안 된다.

원하는 삶을 살고 싶다면, '제자리'로 돌아가야 한다.

5

내가 누구인지 말해보라

큰아들을 대학교에 데려다주던 그날의 기억을 짧게 나누어 보고자
한다.

그날 팔로알토의 날씨는 완벽했다. 찬란한 햇살 아래 아름다운 캠퍼
스에는 부모와 아이들의 미소가 가득했다. 그 미소들은 마치 '우리가
해냈어! 그간의 고생과 희생이 헛되지 않았어!'라고 외치는 듯했다.

기숙사의 작은 방에 짐 정리를 마쳤을 즈음, 교내 안내방송이 울려
퍼졌다.

"신입생 오리엔테이션이 30분 후 시작됩니다. 부모님들께서는 오
후 4시까지는 떠나주시기를 바랍니다."

떠나라니? 이제 영영 가라는 말인가? 나는 사랑하는 아들을 바라
보며 엷은 미소를 지었다. 금발에 다정한 성품을 가진 나의 맏이는 내
가장 친한 친구이자 작가 지망생이었고, 용감한 레슬러이자 차세대

리더였으며, 동시에 그 자체로 장난꾸러기였다. 나는 내심 안내방송이 야속했다. '어떤 부모가 자식을 이렇게 빨리 떠날 수 있단 말인가!'

하지만 안내방송은 냉정했다. 20분, 15분, 그리고 10분. 작별을 재촉하는 목소리가 이어졌다. 마침내 나와 아들도 기숙사를 내려와 마당으로 향했다. 그곳에는 약 80명의 학생과 학부모가 어색한 공기 속에 둥글게 모여 서 있었다.

그때 어디선가 빛나는 눈을 가진 20여 명의 청년이 등장했다. 신입생이 아닌, 스탠퍼드대 재학생들이었다. 그들은 신입생들 사이에 한 줄로 서더니 기대 섞인 미소로 우리를 바라보았다. 무슨 일일까 싶어 나는 아들에게 몸을 기댔다. 중학생 때 이미 내 키를 훌쩍 넘어선 아들의 넓은 어깨를 꼭 움켜쥐자, 아들도 내 어깨를 단단히 잡아주었다. 마음이 아플 정도로 사랑스러운 나의 아들이었다.

리더로 보이는 학생이 작은 조율피리를 꺼내 소리를 냈다. 곧 합창단의 황홀한 화음이 교정에 울려 퍼졌다. 노래는 그 유명한 〈험한 세상의 다리가 되어Bridge Over Troubled Water〉였다. 가사 한 마디 한 마디가 청중의 가슴에 깊이 박혔다.

너의 눈에 눈물이 고여 있으면, 내가 그 눈물을 닦아줄게.
나는 항상 네 편이니까.

그 자리에 있던 부모들은 눈시울을 붉히기 시작했다. 내 뺨 위로도 뜨거운 눈물이 흘러내렸다. 아들과 내가 함께 겪어온 수많은 일들이 주마등처럼 스쳐 지나갔다.

삶이란 결국 서로를 위해, 그리고 자기 자신을 위해 다리를 놓는 과정이다.

'비커밍 유'가 바로 그 다리다. 지금의 나를 깊이 이해하게 함으로써, 내가 필요로 하고 갈망하는 미래로 향하는 길을 설계할 수 있도록 돕는 다리 말이다.

지금껏 우리가 왜 자신의 참된 가치를 잃어버리는지에 대해 살펴봤다면, 이제는 정반대의 이야기를 시작하려고 한다.

우리가 진짜로 원하는 삶이 무엇인지 파악하기 위해 나는 '가치관 다리Values Bridge'라는 평가도구를 활용할 것이다.

이를 통해 미래로 나아가는 다음 단계로 힘차게 전진해보자.

인생의 설계도, 15가지 핵심 가치관

인간에게는 15가지의 핵심 가치관이 존재한다. 우리 안에는 이 가치관들이 모두 들어 있지만, 사람마다 그 비중과 정도는 제각각이다. 이제 우리는 자신만의 '개인별 맞춤' 가치관을 찾기 위한 본격적이고 상세한 여정을 시작할 것이다.

각 가치관의 명칭과 특징을 배우는 것을 시작으로, 현재의 삶 속에서 그 가치관들을 얼마나 드러내고 있는지, 그리고 진정한 '나'는 그것들을 얼마나 표현하고 싶어하는지 정교하게 평가할 것이다. 이 과정을 통해 우리는 우리가 누려야 할 진정한 삶의 의미가 무엇인지 선명하게 이해할 수 있게 될 것이다.

이제부터 펼쳐질 이야기는 당신을 격렬하게 뒤흔들 수 있다. 그러니 안전벨트를 꽉 매기를 바란다.

먼저 15가지의 가치관이라고? 이 숫자는 어디에서 온 걸까?

나는 1995년부터 가치관이 인생과 커리어 선택에 어떤 영향을 미치는지 관심을 가졌다. 종종 이 주제로 언론과 잡지에 글을 쓰기도 했다. 하지만 정작 뉴욕대에서 가치관에 대해 본격적인 강의를 시작하면서야 깨달았다. 나를 포함해 그 누구도 가치관을 정의하는 용어를 만들어내지 않았다는 것을. 무엇보다 먼저 자신의 가치관을 명확하게 정의해야만 한 번뿐인 격정적이고 소중한 삶을 제대로 설계할 수 있다는 것을.

1988년 하버드대 경영대학원 원장이 사무실로 나를 불렀다.

"수지, 이제 곧 졸업이지? 박사과정을 밟는 건 어떠니? 어떤 일을 하든 너는 결국 학교로 돌아올 거야."

하지만 나는 졸업 후 베인앤컴퍼니에 입사했다. 이유는 간단했다. '빨리 취직해서 돈을 벌어 빚을 갚는 것', 그것이 당시 나의 하나뿐인 가치관이었다. 그런데 몇 년 후 나는 거짓말처럼 학교로 돌아와 박사과정을 시작했다.

그러니까 '돈을 벌어 빚을 갚는 것'이 내 본질적인 가치관이 아니었던 것이다. '가치관에 대해 깊이 공부하고, 거기서 얻은 앎과 지혜를 다른 사람과 공유하는 것', 그것이 내 진정한 가치관이었던 것이다.

나의 지도교수는 영국 브리스톨대학교의 그레이엄 애비Graham Abbey 박사였다. 나는 그레이엄 교수님과 함께 다양한 설문조사를 실시하고, 수많은 학술 포럼에 참여해 발표와 토론을 진행했다. 그리고 마침내 '웰치-브리스톨 가치관 목록Welch-Bristol Values Inventory'과 '가치관 다리'를 탄생시켰다.

웰치-브리스톨의 목표는 가치관 분야의 전통적인 연구 업적을 계승해 더 확장시켜나가는 것이었다. 나는 특히 일하는 시간과 장소를 중심으로, 디지털 시대가 가져온 변화와 중요한 문화적 트렌드를 포함해 오늘날의 세상을 반영한 도구를 개발하고 싶었다. 또 사람들이 자신의 가치관을 서로 비교함으로써 자신의 정체성에 대해 더 쉽게 이해할 수 있게 만드는 도구를 원했다. 그렇게 만들어진 핵심 가치관이 15가지다.

앞으로 이 15가지의 가치관에 대해 배우게 될 것이다. 그러고 나면 우리는 현재 삶에서 우리가 진정한 가치관을 얼마나 잘 드러내고 있는지, 그리고 앞으로 얼마나 더 잘 드러낼 수 있는지에 대해 놀라운 통찰을 얻게 될 것이다. 자아를 발견하고 참된 커리어를 설계하는 데 그 통찰이 얼마나 유용한지를 깨닫고 깜짝 놀라게 될 것이다.

각각의 가치관은 삶을 구성하는 원리다. 앞에서 살펴본 리틀 토니의 어플루언스Affluence와 패밀리센트리즘Familycentrism, 캐롤린의 어치브먼트Achievement, 데이드리의 에이전시Agency와 보이스Voice처럼 말이다.

당신이 15가지 핵심 가치관을 모두 이해하고, 자신의 삶 속에서 이를 자연스럽게 드러내고, 발견해내고, 발전시켜나가기를 진심으로 바란다.

내가 코드화한 15개의 가치관들은 '연속선상'에 존재한다. 타당성 검사를 바탕으로 가치관의 추구 수준을 '1에서 7까지의 점수'로 표시한다. 점수는 당신 스스로 매길 수도 있고, 당신을 잘 아는 '사람과 함께 각 가치관들을 살펴보면서, 당신이 어떤 사람인지에 대한 객관적인 피드백과 평가 점수를 얻을 수도 있다.

15가지 가치관 중에서 오직 딱 하나만 당신이 어떤 사람인지, 어떤 삶을 살고 싶은지를 완벽하게 나타내지는 않을 것이다. 서로 상반되고 상충하는 복수의 가치관을 동시에 갖고 있을 확률이 매우 높다. 또한 서로 엇비슷해 보이는 가치관들 사이에도 아주 섬세한 차이가 존재한다는 사실을 유념해야 한다.

중요한 것은 충분한 시간을 갖고 깊이 생각하는 것이다. 당신 자신에게 가장 솔직해지는 시간을 갖는 것이다. 다시 강조하지만 가치관들 사이에는 순위나 우열이 존재하지 않는다(좀 더 자세한 가치관 검사가 필요하다면 나의 웹사이트www.suzywelch.com를 방문하라. 그러면 무료로 검사할 수 있는 프로그램이 있다. 이 책을 다 읽고 난 후 방문하면 더욱 효과적이다).

이 책을 집필한 나의 가장 중요한 목표는 당신에게 당신만의 가치관 목록을 만들어주는 것이다. 그 목록들을 당신의 현재 삶과 일에 잘 반영해 새로운 미래로 나아갈 수 있도록 돕는 것이다.

내가 베인앤컴퍼니에서 계속 일했다면 안정적인 수입과 남들이 부러워할 만한 커리어를 쌓아갔을 것이다. 하지만 나는 학교로 돌아왔고 전혀 다른 삶을 살기 시작했다.

이 모든 변화의 밑바탕에는 내가 가장 잘 드러낼 수 있는, 나를 가장 잘 표현하는 가치관이 존재했다.

이제 당신의 차례다.

세상을 바꾸고 싶은 사람들, 레이디어스

앞에서 잠깐 살펴본 레이디어스Radius는 '사회적·문화적 영향력'을 추구하는 가치관이다. 사람은 누구나 정도의 차이는 있지만 이 세상에 어떤 방식으로든 흔적을 남기고 싶어한다.

예를 들어 레이디어스 점수가 6이나 7 정도로 강하게 나타난다면, 모든 결정이나 행동이 사실상 세상을 바꾸고자 하는 열망에서 비롯한 것이라고 볼 수 있다. 이는 유명세를 추구하는 것과는 다르다. 명성을 얻고자 하는 욕구는 잠시 후 살펴볼 '루미넌스Luminance'라는 가치관에 속한다. 반면에 레이디어스는 만일 자신의 삶이 폭탄처럼 이 세상에 떨어지면 얼마나 큰 분화구가 생길지를 생각하는 것이다.

어떤 사람들이 레이디어스를 최우선 가치관으로 삼을까?

물론 사악한 동기로 이 가치관을 품은 사람들도 존재한다. 영화 〈배트맨〉에 나오는 조커가 대표적인 유형이다. 훈족의 왕 아틸라를 비롯한 많은 독재자들이 여기에 속한다. 레이디어스가 자신의 사적인 이익과 결합되는 순간, 삶의 불행과 비극이 탄생한다.

하지만 '비커밍 유'를 통해 내가 만난 높은 수준의 레이디어스를 가진 사람들은 권력의 추구와는 거리가 멀었다. 그들은 대부분 고통받고 소외된 힘없는 사람들에게 인간의 존엄성을 회복시켜주고 싶은 마음 속 열망을 드러냈다.

브루스Bruce가 완벽한 예다. 대학 졸업 후 브루스는 워싱턴D.C. 도심에서 노숙자들을 위한 천주교 쉼터와 급식소를 운영했다. 마약으로 도시가 몸살을 앓던 시절이었음에도 그는 6년이나 그 일을 했다.

나아가 그는 세계 기근과 식량 불평등 문제, 동물에 대한 가혹행위를 발생키신 축산업 시스템의 개선을 위해 일했다. 그가 설립한 굿 푸드 인스티튜트The Good Food Institute는 미국 내 가장 영향력이 큰 기후 관련 자선단체로 평가받고 있다. 지구를 파괴하거나 동물을 해치지 않으면서도 인류가 건강한 음식을 섭취할 수 있는 계획을 브루스는 자기 삶에서 실행에 옮기고 있다.

그는 이렇게 말했다.

"지속가능하고 공정한 식량 시스템은 저절로 만들어지지 않습니다. 그렇다고 어렵지도 않습니다. 그것을 이루려는 '목적'이 있으면 누구든 시작할 수 있습니다."

바로 이 '목적'의 구체적 정의가 '가치관'이다.

레이디어스에 전혀 관심이 없는 사람도 있다. 성실하게 자녀를 양육하는 것으로 자신의 영향력 발휘가 끝났다고 생각하는 사람들도 많다. 그들은 세상이 어떻게 돌아가든지 상관없다.

어떤 학생은 이렇게 말하기도 했다.

"저는 흔적을 남기거나 타인에게 도움을 주는 것에 초점을 맞추는 삶에는 관심이 없어요. 하지만 레이디어스에 대한 제 목표는 분명 있어요. 최소한 부정적인 영향은 끼치지 말자는 거죠. 돕지는 못하더라도 해는 끼치지 말자는 게 제 목표입니다."

비틀즈의 멤버 조지 해리슨George Harrison은 인도의 신비주의에 심취해 있었다. 그는 힌두교의 믿음을 받아들여 금욕을 지키고 겸손하고 소박한 삶을 살았다. 2001년 쉰여덟 살의 나이로 해리슨이 시한부 선고를 받았을 때 한 기자가 조심스럽게 그에게 물었다.

"무엇을 남기고 싶습니까?"

그가 담담하게 답했다.

"무언가를, 왜 남기고 싶겠어요?"

조지 해리슨의 레이디어스 점수는 0점이었다.

당신은 어떤가? 당신의 레이디어스 점수는? 브루스와 비슷한가?
아니면 조지 해리슨? 이 둘 사이 어딘가에 있는가?

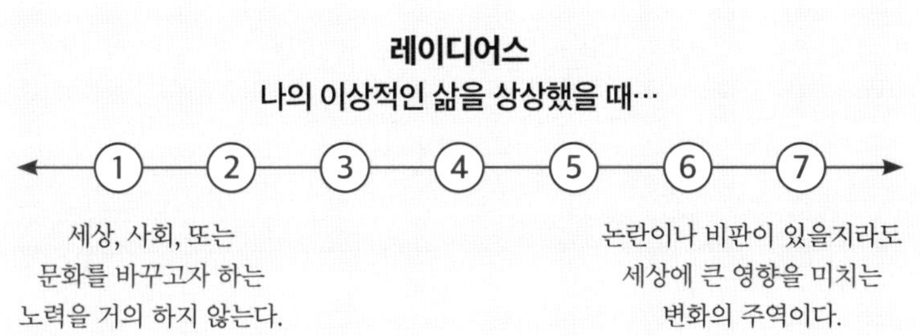

자극을 향한 열망, 스코프

스코프Scope는 '자극'을 추구하는 가치관이다.

혹시 이미 모든 걸 다 갖고 있고 더 이상 원하는 게 없어 무얼 선물
해야 할지 막막한 사람을 만나본 적이 있는가? 내 남편 잭이 우리 아
이들에게 그런 존재였다. 아이들은 잭을 정말 좋아했다. 잭도 아이들
에게 선물 주는 것을 즐겼지만, 정작 아빠에게 줄 만한 것이 없어 아
이들은 늘 끝없는 좌절감을 맛봐야 했다.

어느 해 크리스마스이브, 나는 당시 아홉 살이던 마커스와 쇼핑 중

이었다. 마커스에게는 딱 한 명을 위한 선물을 고르는 고통이 남았는데, 당연히 잭이었다. 우리는 백화점을 샅샅이 뒤졌다.

"설마 못 찾는 건 아니겠죠?" 마커스가 울먹였다.

잠시 후 갑자기 기쁨의 비명이 들렸다.

"찾았어요!"

내가 다가가자 마커스는 동전 따위를 담아두는 장식용 접시를 손에 들고 흔들어 보였다.

"글쎄다……" 하며 말리려던 찰나, 접시에 새겨진 문구가 내 눈에 들어왔다.

'단 하루를 살아도, 놀라운 삶을 살라.'

"아빠에게 완벽한 선물, 맞죠?" 마커스가 외쳤다.

나는 고개를 크게 끄덕였다.

잭은 스스로를 '에너지'에 중독된 남자라고 소개했다. 금요일 저녁이면 그는 "나가자고, 에너지를 찾으러 가자!"라고 외치며 내 팔을 끌어당겼다. 우리는 새벽 2시까지 펍을 드나들며 가는 곳마다 새 친구를 만들었다. 그는 파티를 즐겼고, 떠들썩한 분위기와 심지어 혼돈까지 사랑했다. 토론과 논쟁은 그 주제에 상관없이 그를 흥분시켰다.

글로벌 기업의 CEO였던 잭이 임원들을 대상으로 연설을 하는 걸 본 적이 있다. 그때 그는 이렇게 말했다.

"스스로 지루한 사람이라는 느낌이 드나요? 그러면 본인의 뺨을 후려치세요!"

사람들은 폭소를 터뜨렸다.

잭의 문제는 예측이 가능한 삶, 조용한 삶을 선호하는 사람들은 분명 어떤 고통스러운 병을 앓고 있다고 믿었다는 것이다. 그는 모든 사람에게 자극과 에너지가 필요하다고 믿었지만, 세상 사람의 절반 이상은 자극을 원하지 않는다.

잭은 스코프의 연속선상에서 아마 만점인 7점에 위치할 것이다. 그와 내가 잘 맞았던 이유 중 하나는 나 역시 스코프 점수가 6.5점 정도로 높았기 때문이다. 잭과 나는 그 자극이 설령 '고통'이라 할지라도 세상이 내게 줄 수 있는 모든 경험에서 얻는 배움을 위해서라면 기꺼이 감내하는 유형이다. 스코프 점수가 높은 사람들은 격정적인 삶이 아니면 죽음을 달라고 말할 사람이다.

하지만 분명히 해둘 것이 있다. 스코프 점수가 1점이나 2점인 사람이 실패한 삶을 살 확률이 높다는 것이 아니다. 이 점수가 낮다고 해서 지루한 삶, 지루한 사람이 되는 것은 아니다. 그들은 자신이 통제할 수 있는 속도와 감당할 수 있는 수준의 삶을 살기로 결정한 것뿐이다. 그들은 정서적·육체적 안정을 선호하고 평온함의 가치를 온전하게 아는 사람들이다.

내 동료들 중 한 명은 매년 이국적인 장소로 휴가를 떠난다. 휴가에서 얻은 경험과 배움을 중시한다. 아프리카, 호주, 남미, 동남아시아의 정글 속에서 텐트를 치고 며칠을 묵는 사람이다. 그는 여행자라기보다는 탐험가에 가깝다. 그가 찍어온 사진들은 동료들의 눈을 즐겁게 하고, 새로운 활력과 에너지를 얻은 그는 늘 부러움의 대상이다.

그런데 그의 스코프 점수는 3.5점이다. 3.5점이라고? 눈을 비벼봐도

틀림없는 점수다.

"허위로 답을 작성한 거 아냐? 자신을 속이면 안 돼!"

깜짝 놀란 내가 물었다.

"나는 분명 신나는 삶을 좋아해. 하지만 나는 그 신나는 삶을 나 홀로 조용히 즐기는 걸 좋아해."

또 다른 동료 마르시아Marcia의 스코프 점수는 2점이었다.

"나는 내년 오늘 오후 4시에 내가 무엇을 하고 있을지 알아야 해."

마르시아는 평생 불안 속에서 살았다. 불안은 잠잠하다가도 최악의 순간 불쑥 고개를 쳐들어 삶을 엉망으로 만들곤 했다. 그래서 그는 삶의 모든 일정을 미리 확정해둠으로써 불안이 비집고 들어올 틈(변수)을 원천적으로 차단했다.

"마르시아, 너는 불확실성을 견디지 못해. 그건 절대 잘못이 아니야. 다만 너는 그런 유형의 사람인 거지. 너 같은 사람은 지나친 자극을 미리 통제하고 조절해서 안전하고 평온한 수준으로 만드는 것이 좋아."

마르시아는 나의 조언을 적극적으로 받아들였다. 먼저 자신의 아파트를 화이트와 베이지 톤으로 심플하게 꾸몄다. 복잡한 장식이나 화려한 색채를 배제하고, 바람이 잘 통하고 햇볕이 드는, 글자그대로 '안식처'로 만든 것이다. 뇌가 처리해야 할 시각적인 정보량을 줄이면 자극을 줄이는 데 유용하다. 그녀의 아파트에 들어섰을 때 나는 다른 사람이 된 기분이 들었다. 마치 요가를 즐기고 캐모마일 차를 마셔야 할 것 같았다.

앞에서도 말했듯이, 스코프 점수가 낮은 사람들은 자신의 세계를

'감당할 수 있는 크기와 속도'로 조정하는 것이 중요하다. 그러면 전쟁터로 내몰리지 않는다. 마르시아는 자신의 낮은 스코프를 인정했고 그에 맞춰 삶의 모든 스위치를 '약'으로 줄였고, 그 결과 더 높은 수준의 삶을 살게 되었다. 그녀에게 '지루함'은 고통이 아니라, 불안을 잠재우는 가장 강력한 치료제였던 셈이다.

당신의 스코프 점수는 몇 점인가?

그걸 아는 것만으로도 당신의 삶은 크게 달라질 수 있다.

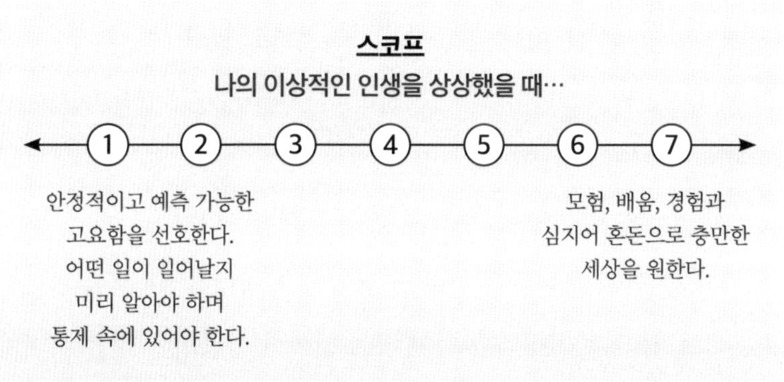

삶의 중력은 가족, 패밀리센트리즘

패밀리센트리즘Familycentrism은 '가족'을 중시하는 가치관이다. '비커밍 유' 강의를 시작할 때면 수강생의 약 90%가 가족을 자신의 핵심 가치관으로 꼽는다. 그럴 때마다 나는 깊은 한숨을 내쉰다. 도대체 그 '가족'이란 무엇을 의미하는가? 부모님 곁에 살기 위해 승진과 연봉 인상을 포기하겠다는 뜻인가? 아니면 부모님을 사랑하긴 하지만 일주일에 한 번 통화하고 일 년에 세 번 뵙는 것으로 충분하다는 뜻인가?

'비커밍 유'에서 정의하는 패밀리센트리즘의 핵심은 가족이 당신의 삶을 얼마나 주도하는지, 가족이 당신 삶에 뛰어난 추진력을 제공하는지를 이해하는 데 있다.

패밀리센트리즘 측정에서 7점을 받는 사람들이 분명 존재한다.

내 직장동료 톰Tom이 대표적인 사례다. 늦은 나이에 결혼한 그는 아이를 가질 수 없다는 사실을 담담하게 받아들인 후 입양을 선택했다. 불과 3년 사이에 그는 세 아이의 아버지가 되었다.

"톰, 너도 정말 대단하다. 보통 일이 아닐 텐데, 존경심까지 드는구나. 힘들어도 열심히 키워라."

톰이 영문을 모르겠다는 표정으로 나를 쳐다보았다.

"뭐가 힘들어? 아이들을 만난 건 엄청난 기적이야! 내 생애 최고의 순간이었지! 나는 아버지가 되기 위해 태어난 사람이야. 좋은 아버지가 되는 게 내 삶의 전부야."

어떤 사람도, 어떤 삶도 함부로 판단해서는 안 된다는 사실을 나는 톰 앞에서 새삼 깨달았다. 톰은 가족이 최우선인 가치관에 충실한 삶을 살았다. 모든 강의를 한 학기에 몰아넣음으로써 나머지 반년은 온전히 가족을 위해 헌신했다. 아이들의 학기와 캠프 기간에 맞춰 자신의 스케줄을 조정했고, 아이들에게서 전화가 오면 하던 일을 즉시 중단하는 사람이었다. 학예회나 학부모 상담을 놓치는 일은 그에게 상상조차 할 수 없는 일이었다.

이 삶이 톰에게는 가장 완벽한 행복이었다. 그래서 그는 모든 고통을 즐기고 역경을 극복해낼 줄 알게 되었다.

가족을 최우선 가치로 놓는다는 것은 가족의 기대와 부담을 짊어지는 것과는 완전히 다르다. 심각한 문제는 가족들에게 '가스라이팅'을 당하는 줄도 모르고, 가족을 자기 삶에 최전방에 놓는 사람들이다.

가족을 최우선으로 삼는 사람들은 가족을 위해 살지 않는다. 자신의 삶을 위해 가족의 가치를 중시하는 것뿐이다. 이를 착각해서는 안 된다.

서문에서 등장했던 MBA 학생 애나Anna를 기억하는가?

성장가도를 달리는 메디컬 스파 체인을 운영하던 그녀는 딸과 충분한 시간을 보내지 못한다는 죄책감에 시달리며 '비커밍 유' 강의실에 들어왔다.

애나는 다양한 가치관 탐색 활동을 하면서 변화에 눈을 떴다. 자신이 괴로워했던 진짜 이유가 '딸과 시간을 보내지 못해서'가 아니라 '부재로 인한 죄책감 그 자체'를 싫어했기 때문임을 깨달았다. 이 둘 사이에는 큰 차이가 있다.

솔직히 애나는 가족에 큰 가치를 두는 편이 아니었다. 그녀는 오빠만 편애하는 부모와 수년간 갈등을 빚어왔고, 결국 사이가 멀어졌다. 그녀는 자신의 성공을 좀처럼 인정해주지 않는 가족에게 상처받았다.

"일터에서 만난 내 직원과 동료가 제 가족이었어요. 제가 그들을 신뢰하는 만큼 그들 또한 저를 믿고 따르죠. 피는 물보다 진하지 않아요. 피는 피고, 물은 물이더라고요. 저는 물이 더 좋습니다."

애나가 딸을 사랑하지 않는다는 뜻은 결코 아니다. 그녀는 딸을 깊이 사랑하며, 즐거운 휴가, 유능한 보모, 아름다운 집, 그리고 매일 함께

하는 시간 등 다양한 방식으로 그 사랑을 표현한다. 하지만 딸에게 맞춰 자신의 삶을 재편하는 것이 그녀의 최우선 순위인가? 그렇지 않다.

그녀에게는 가족과는 본질적으로 다른 열망이 있다. 사업을 확장하고 부를 축적하는 것이다. 또한 높은 스코프 점수의 보유자인 그녀는 여행과 사교 활동을 통해 싱싱한 에너지와 자극을 얻는다. 애나의 패밀리센트리즘 점수는 3점이었다. 그리고 딸아이가 대학에 진학하면 2점으로 낮아질 것으로 예측됐다.

가족을 실망시켜서는 안 된다는 생각에 괴로운 사람들은 애나의 '솔직함'에서 힌트를 얻어야 한다. 안그런 척, 괜찮은 척하다가 인생을 다 날릴 게 아니라면 자신의 내면을 솔직하게 들여다보아야 한다.

당신의 내면에서 어떤 소리가 들리는가?

가족의 응원이 아니라 요구와 주문과 지적이 들린다면, 당신은 '가족'이라는 가치를 진지하게 재고해야 한다.

다시 강조한다.

가족이 정말 소중하면, 가족을 위해 살아서는 안 된다.

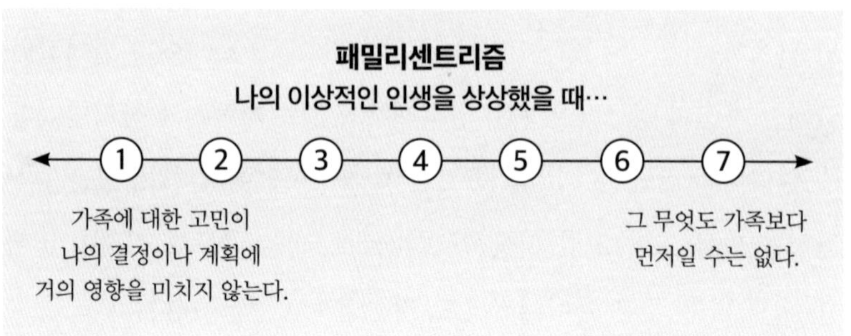

타인을 향한 헌신, 논 시비

논 시비Non Sibi는 라틴어로 '자신만을 위하지 않는Not For Oneself'이라는 뜻을 가진 단어다. 논 시비는 '타인에게 도움을 주는 것'을 최우선으로 삼는 가치관이다. 흔히 이타심Altruism이라고 부른다.

이타심이라는 단어를 놔두고 내가 굳이 라틴어 단어를 선택한 이유는 지적 허영심 때문이 아니라 도덕적 판단을 걷어내기 위해서다. '이타심'이라는 단어는 듣는 순간 머리에 후광을 두르고 걸어 다니는 성인군자가 연상되지 않는가? '비커밍 유'의 핵심은 도덕성의 검증이 아니다. 진정한 자신을 파악하고 그에 맞춰 삶을 설계하는 데 있다.

타인을 돕고 싶어하는 것은 어쩌면 인간의 본성일 수도 있다. 하지만 많은 경우, '보여주기 위해' 타인을 돕는다. 허리케인 현장에 헬기를 타고 나타나 담요를 나눠주는 정치인을 보면서 사람들은 감동이 아니라 혀를 찬다. '쯧쯧, 평소에도 좀 저러지.'

팬들에게 '사랑합니다!'를 외치면서도 사인을 요청하는 어린 팬의 손길을 귀찮다는 표정으로 뿌리치는 스타들도 많다.

카메라 앞에서의 선행을 두고 진정성 여부를 따지는 것은 내가 관여할 바가 아니다. 하지만 '비커밍 유' 과정에서는, 논 시비에서 '진정성'이 매우 중요한 평가 요소다.

자레드Jared는 대학 졸업 후 한 기업의 인사팀에서 4년 동안 만족스럽게 일했다. 그러다가 새로운 부서인 전략팀으로 발령을 받았다. 전략팀은 누구나 가고 싶어하는, 출세길이 활짝 열리는 부서였다. 하지만 그는 적성에 맞지 않는 업무 때문에 괴로웠다. 급기야 퇴사를 결정한 후 경영대학원에 진학했지만 2학년이 될 때까지도 자신의 진로에 대한 확신이 서지 않았다.

'비커밍 유' 수업 활동을 하면서 그가 제출한 식스 스퀘어드 테스트의 첫 번째 자서전 제목은 'Looking for a Way to Elevate(성장할 수 있는 길을 찾아서)'였다.

나는 그에게 물었다.

"당신이 갖고 있는 성장의 정의는 무엇인가요?"

그가 대답했다.

"타인의 성장을 돕고, 이를 통해 내가 성장하는 것입니다."

그의 두 번째 자서전 제목은 'And They All Said Thank You(모두 내게 감사하다고 말했다)'였다.

"와우, 자레드. 당신이 가야 할 길이 명확하게 보이는군요."

그가 활짝 웃었다. "네, 교수님! 저는 그 말을 기어이 사람들에게서 들어야겠습니다."

프루스트 설문에서도 그는 '누군가를 도울 때 절대 슬프지 않다'고 답했다. 여든다섯 살 생일에 가장 후회할 것 같은 일을 묻는 알파오메가 테스트에서는 '누군가를 더 돕고 싶었는데, 그러지 못해서 울음이 날 것 같다'고 답했다.

"인사팀으로 돌아가요, 자레드. 전 직장에 요청해봐요. 그게 마땅치 않으면 앞으로도 반드시 인사팀에서 일하도록 해요. 그곳이 당신이 있어야 할 곳입니다."

"정말 그렇겠죠?"

"만일 취업에 실패하면 나를 찾아와요. 내가 아는 검사 사무실에서 피해자 상담 일을 할 수 있게 추천해줄게요."

MBA 학위까지 있는 사람이 일할 자리는 아니라서 그저 농담처럼 던진 말이었다. 하지만 그의 눈이 휘둥그레졌다.

"진짜요, 교수님?"

자레드는 대기업 인사팀에 입사했다. 인사팀은 차갑고 냉철한 조직이다. 그래서 자레드 같은 인재가 더욱 필요하다. 논 시비 점수 7점에 빛나는 그의 타인에 대한 뜨거운 열정과 헌신이 인사팀의 부정적인 이미지를 상쇄시킬 수 있기 때문이다.

종종 안부를 전하는 그의 이메일에 따르면, 그는 회사에서 없어서는 안 될 사람이 되어가고 있었다. 그런 사람이 승진과 연봉 고과에서 낮은 점수를 받을 리가 없다. 전략팀에 들어갈 수 있는지가 중요한 것이 아니다. 어떤 자리와 직위에서든 간에, 그곳이 자신의 진가를 발휘할 수 있는 곳이면 보상은 자동으로 주어진다.

한편, 내게 개인적 상담을 의뢰한 케이티Katie라는 고객이 있었다. 이지적이고 총명한 그녀는 두 개의 회사를 키워 성공적으로 매각한 후 현재 세 번째 벤처기업의 CEO를 맡고 있다. 그녀는 나와의 상담에서 스스로를 '개발자', '기획자', '치열한 사람'이라고 묘사했다.

당시 그녀는 글로벌 테크 기업으로부터 최고임원직을 제안받고 고민 중이었다. 그 기업이 다니면 정말 성공한 커리어우먼이 될 터였다. 최고의 연봉, 최고의 사무실, 최고의 인센티브가 그녀를 기다리고 있었다.

그런데 그녀는 논 시비 테스트에서 2점을 받았다.

"남을 돕고 싶냐고요? 아니요. 인생은 각자도생이죠."

그녀의 고민은 테크 기업에 입사하면 8명의 최고 엘리트 직원을 맡아 교육과 감독, 관리를 해야 한다는 것이었다.

"제가 가장 싫어하는 일이에요. 잘하지도 못하고요. 하지만 저도 알아요. 언젠가는 관리직을 맡아야 한다는 걸요. 언제까지 혼자서 북치고 장구치고 할 수는 없을 테니까요. 성공적인 커리어를 쌓으려면 관리자가 되는 건 필수니까요."

"학교 다닐 때 걸스카우트 활동 같은 건 안 해봤어요?"

그녀가 어이가 없다는 얼굴로 나를 빤히 쳐다보았다.

"걸스카우트 애들이 만든 쿠키를 많이 사주기는 했죠."

내가 깔깔대고 웃자 그녀도 웃음을 터뜨렸다.

"케이티, 이직하지 말아요."

"흠, 아픈 데를 찌르시네요."

"당신은 타인이 아니라 당신 자신을 돕는 사람이에요."

케이티의 얼굴이 진지해졌다. 한참 동안 고요히 있던 그녀가 입을 열었다.

"한 번도 생각해보지 못한 말을 하시네요, 교수님."

그녀는 차가운 사람이 아니다. 반듯한 성품을 지녔고 기부도 꾸준히 한다. 직원들 사이에서 평판도 좋았다. 다만 그녀는 타인과 적당한 거리를 둘 수밖에 없는 사람이다. 자기 자신과 끊임없이 대화하고, 논쟁하고, 머리를 맞대고 궁리하는 삶을 강렬하게 원했고, 거기에서 얻는 성취가 대단했기 때문이다.

"케이티, 인생에서 꼭 거쳐야 하는 단계는 없어요. 우리가 해야 할 일은 하나에요. 내가 있어야 할 곳에 있는 것이죠."

케이티는 거부하기 어려운 매력적인 제안을 거부했다. 그러고는 다시 조그만 사무실로 돌아갔다. 그녀는 거기서 누구보다 빠르게 회사를 키워내 세상에 넘기는 일을 하면서 누구보다 가슴 뛰는 삶을 살고 있다.

가치관 탐색의 중요한 역할 중 하나는, 자신의 현재 위치를 새로운 관점으로 바라보게 하는 데 있다. 새로운 삶, 새로운 기회, 새로운 성공은 자세하게 뜯어보면 대부분 '재발견'에서 얻어진다.

타인을 돕는 데 흥미와 관심이 없다고 해서 죄책감을 가질 이유는 전혀 없다.

타인을 돕는 게 싫으면, 자기 자신을 도우면 된다.

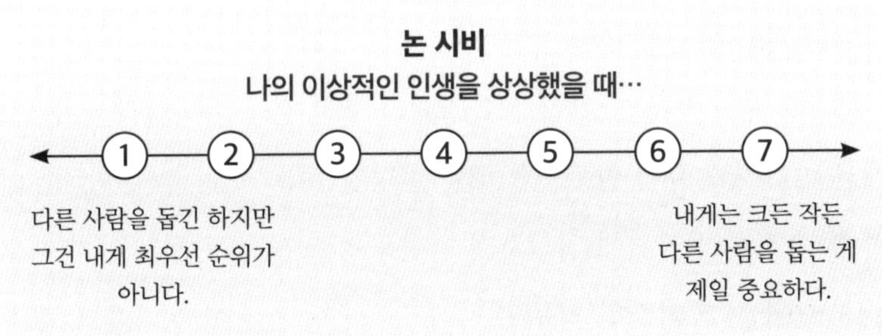

세상이 나를 알아보는 힘, 루미넌스

루미넌스Luminance는 '사회적 인정Social Recognition'을 추구하는 가치관이다. 이 가치관의 본질은 '명성Fame'이다. 스타덤이라 부르든, 유명세라 부르든 상관없다. 기본적으로 루미넌스 점수가 높을수록 '누구나 다 아는 사람이 되고 싶다'는 욕망이 강렬하다는 뜻이다.

사람들이 처음부터 자신의 루미넌스 점수를 솔직하게 털어놓지 못하는 건 놀라운 일이 아니다. 마치 '논 시비(이타심)'를 찬양하는 것이 미덕이고, 명성을 좇는 욕망은 속물적이거나 악한 것으로 치부되는 경향이 있기 때문이다.

이해는 한다. 하지만 다시 강조하건대, 진정한 '비커밍 유' 과정을 수행하고자 한다면 자신을 속여서는 안 된다.

나의 개인 고객이었던 그렉Greg은 '여든다섯 살 생일에 무엇을 후회할 것 같은가요?'라는 알파오메가 테스트의 질문에 입이 다물어지지 않을 만큼 놀라운 답변을 내놓았다.

"〈뉴욕 타임스〉 1면에 제 부고 기사가 실리지 않았다는 사실이요."

이는 괴물 수준의 루미넌스다.

그렉을 변호하자면, 그에게 유명세란 낯선 것이 아니었다. 그는 정계와 미디어계 유력 인사들을 배출한 명망 높은 가문 출신이었고, 대학 졸업 직후 백악관에 입성하며 탄탄대로를 걷는 듯했다. 하지만 오랜 세월에 걸친 과중한 업무 스트레스로 멘탈 건강이 무너졌고, 결국 심각한 우울증으로 입원 치료까지 받아야 했다.

약물 치료와 테라피를 통해 삶을 일정 수준 회복했지만, 그 모습은 예전의 꿈과는 거리가 멀었다. 그는 어머니와 함께 작은 아파트에 살며 친척의 회사에서 연구직으로 일해 소소한 월급을 받았다. 그렇게 소소한 일상을 버텨나가다가 문득 '비커밍 유' 프로그램을 만든 나에 관한 기사를 접하고는 내 방을 노크하고 들어온 것이다.

"간신히 숨만 쉬면서 살아가고 있어요. 그래도 이런 삶이 완전히 나

뻔 것만은 아니에요. 어머니가 시킨 간단한 심부름을 하고, 오디오북을 한 시간 정도 들으면 마무리되는 하루도 그럭저럭 괜찮아요. 하지만, 이런 하루하루로 생을 마감할 수는 없다는 생각이 들었어요, 교수님 기사를 보고선."

그의 나이 쉰다섯이었다. 냉정하게 말해, 그의 부고가 〈뉴욕 타임스〉 1면에 실릴 가능성은 거의 없었다. 나는 아주 조심스럽게 물었다.

"그 정도의 명성을…… 정말 얻을 수 있을 거라고 생각해요?"

그가 빙그레 웃었다.

"아니요. 하지만 가질 수 없다고 해서 갖고 싶어하지도 말라는 법은 없잖아요. 가질 수 없다고 제 꿈을 버릴 수는 없어요."

열망은 저절로 사라지지 않는다. 열망을 다루는 데는 두 가지 방법이 존재한다. 하나는 열망에 불을 지피는 것이고, 다른 하나는 열망을 내려놓는 것이다.

쉰다섯부터 여든다섯 살까지 그렉은 열망을 내려놓는 지혜를 터득하면, 열망에 매달리는 삶보다 훨씬 더 충만한 삶을 살 수 있다. 그렉은 〈뉴욕 타임스〉 1면 기사에 실릴 수 없는 꿈을 천천히 내려놓으면서, 즉 이룰 수 없는 꿈을 간직하면서도, 그것에 매달리지 않는 지혜로운 삶을 살아갈 것이다.

누누이 강조하지만, 중요한 것은 나의 열망이 무엇인지를 정확하게 알아내고 드러내는 것이다.

물론 열망하는 만큼의 명성을 실제로 얻는 사람들도 많다. 또 다른 고객인 배리Barry가 그랬다. 배리의 루미넌스 점수는 6점이었다.

로스엔젤리스에서 이혼 전문 변호사로 일하고 있는 그는 각종 시상식에서 의뢰인과 함께 레드 카펫을 밟는 것으로 유명하다.

배리는 스포트라이트를 사랑했고, 그 사실을 굳이 숨기려 하지 않았다. 다행히 그녀의 직업과 인생 계획에 걸맞게 스코프 점수 또한 7점으로 높았으며, 돈과 일에 관한 가치관 역시 그와 비슷한 수준으로 조화를 이루었다.

배리가 내게 이런 말을 했다.

"이 업계에서는 전략 없이 유명해지는 사람은 없습니다."

이 말에는 자신의 욕망(루미넌스)을 성공의 필수 요소로 받아들이는 냉철한 프로 의식과 솔직함이 담겨 있다. 이혼 전문 변호사 시장에서는 이미지와 평판이 곧 실력으로 직결된다. 베리가 셀럽들과 레드 카펫을 걸은 것은 단순한 허영심이 아니다. '나는 이만큼 영향력 있는 변호사다'라는 사실을 증명하는 마케팅 수단이다. 그는 자신의 명성이라는 가치를 철저히 계산하고 관리해야 할 '자산Asset'으로 생각했던 것이다.

"무명 변호사는 이 바닥에서 못 살아남아요. 유명해지고 싶다는 욕망을 명성 있는 고객들 앞에서 전략적으로, 솔직하게 드러내야 해요. 그러면 유명한 고객들이 자신들에게 어울리는 유명한 변호사로 만들어주죠."

배리의 이 말은 의미심장하다. 열망, 가치관은 그냥 주어지는 것이 아니다. 치열하게 노력하고 정교한 전략과 계획을 통해 열망과 가치관을 자신의 실력과 연결시킬 수 있을 때 비로소 원하는 삶을 살 수 있음을 우리는 기억해야 할 것이다.

자신의 욕망을 솔직하게 인정하는 것도 삶의 큰 무기가 된다. 원하는 것을 원하지 않는 척 살면 아무런 발전이 없다. 원하는 것이 있지만, 그걸 얻지 못해도 괜찮다는 생각 또한 〈이솝 우화〉에 등장하는, 높은 가지에 매달린 포도를 따 먹지 못해 변명만 늘어놓는 여우로밖에 살지 못하게 한다.

솔직하게 무엇을 원하는지 말하라. 그리고 말한 것을 얻을 수 있는 뜨겁고 치밀한 삶을 설계하라. 그러면 당신은 '비커밍 유' 강의에서 최고의 학점을 딸 수 있다.

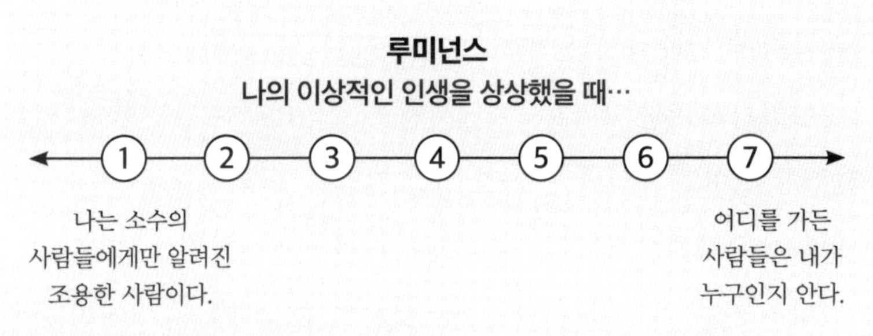

내 뜻대로 산다, 에이전시

에이전시Agency는 '자기결정권'을 중시하는 가치관이다.

이름은 밝히지 않겠지만, 할머니의 장례식에서 내게 몸을 기울이며 "여자가 하버드에 입학한 기분은 어때?"라고 물었던 삼촌이 있었다. 참으로 매력적인 인물이 아닌가?

삼촌의 발언은 전혀 놀라울 게 없었다. 그는 평생 하고 싶은 말을 거침없이 내뱉었을 뿐 아니라, 에이전시 측면에서 보자면 철저히 '자기가 하고 싶은 대로' 산 사람이었다.

삼촌과는 정반대편에서 '자기결정권'을 바탕으로 큰 성공을 거둔 사람들이 있다. 특히 사업가나 CEO에게서 이 같은 경향은 두드러진다.

스티브 잡스Steve Jobs가 대표적인 예다.

그는 스탠퍼드대 졸업식장에서 이렇게 연설했다.

"다른 사람의 인생을 사느라 시간을 낭비하지 마십시오. 타인의 생각에 갇혀 살지 마십시오. 타인의 의견이라는 소음이 여러분 내면의 목소리를 잠식하게 두지 마십시오."

한 마디로 말해, 인생을 주도적으로 살라는 메시지다.

에이전시가 비단 사업가들에게서만 높게 나타나는 것은 아니다. '비커밍 유' 강의를 개설한 후 가장 인상 깊었던 학생이 있다. 그녀는 글로벌 투자은행에서 애널리스트로 일하다가 경영대학원에 진학했다.

그녀는 한 학기 내내 수업시간에 조용한 학생이었다. 마지막 날에도 그녀는 그 흔한 슬라이드 한 장 없이 향후 40년의 인생 여정을 위한 '초월의 영역'을 발표했다.

"저는 앞으로 일하게 될 회사나 분야는 상관없습니다. 마케팅 팀장이든 물류 팀장이든, 제가 하는 일이 세상을 구하든 10억 달러를 벌든, 혹은 아무런 득실이 없든 중요하지 않습니다. 제게 중요한 건 오직 하나, 제가 규칙을 정하고, 아무도 제게 명령하지 않아야 한다는 것입니다."

그녀의 발표가 극단적이라고 지적하는 학생들도 있었다. 성공적인 커리어를 쌓으려면 타인과 의견을 조율하고 협업해야 한다는 생각을 가진 학생들의 공격에도 그녀는 흔들림이 없었다.

“독단적이라고요? 그래도 할 수 없어요. 저는 제가 결정하고, 제가 책임지는 삶을 살고 싶을 뿐입니다. 타인과 나누기에는 제 안에 제가 너무 많습니다.”

에이전시를 전혀 중요하게 여기지 않는 잰더Xander라는 학생도 있었다. 그는 ‘비커밍 유’의 문을 열고 들어기 전에 12년간 팟캐스트 플랫폼 회사에서 근무했다. 음향 엔지니어로 시작해 프로그램 기획, 섭외, 마케팅까지 총괄하는 자리에 올랐다. 일을 좋아했고, 동료들과 잘 지냈고, 급여에도 충분히 만족했다.

“승진했지만 점점 괴로웠어요. 저는 태생적으로 사람들에게 지시를 내리지 못하거든요. 제가 뭐라고 사람들 앞에 나서서 이래라, 저래라 하겠어요. 맞지 않는 옷을 입고 있으려니 불편해서 참을 수가 없었습니다.”

그는 유능한 직장인이었지만 결과에 대한 책임을 전적으로 지는 건 너무 어려워했다. 관리자가 마땅히 져야 할 책임의 그릇을 갖고 태어나지 못한 것이다. 그는 한 학기 동안 나와 충분히 대화를 나눴고 마침내 회사로 돌아갔다. 그가 돌아가 맡은 일은 음향 엔지니어였다. 그러면 한 학기 동안 잰더는 발전이 하나도 없었던 거 아니냐고? 그렇지 않다.

그는 그가 어디에 있어야 하는지 명확히 알고 돌아갔다. 그래서 당당하게 음향 엔지니어로 남겠다고 요구했고, 회사는 유능한 엔지니어를 마다할 이유가 없었다. 에이전시 점수가 1점에 불과한 그가 6점이나 7점이 차지해야 할 자리에 앉아 매일 괴로운 시간을 보냈다면 그의 삶은 어떻게 됐을까? 우리가 어느 순간, 멈춰 서서, 자신의 가치관과 정체성을 진지하게 탐색하는 시간을 가져야 하는 이유가 바로 여기에 있다.

내가 규칙을 만들어야 하고, 누구도 내게 명령할 수 없다고 선언한 학생은 어떻게 됐냐고? 그녀는 총동창회 모임에서 내게 달려와 반갑게 인사를 나누며 말했다.

"교수님, 사과를 잘하는 법에 대해서도 강의하시나요?"

당신은 자신에게 에이전시 점수를 몇 점을 주고 싶은가?

몇 점을 주어야 할지 모르겠다고?

그러면 다음의 질문을 검토한 후 아래의 그림에 점수를 표시해보라.

"내 삶의 운전대는 지금 누가 잡고 있는가?"

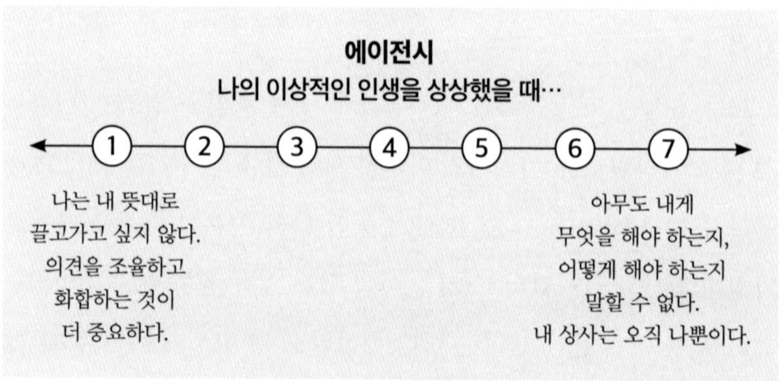

정상을 향한 갈증, 어치브먼트

어치브먼트Achievement는 '보여지는 성공Seen Success'을 중시하는 가치관이다. 즉 나 혼자만 아는 '내면의 만족'이 아니라 타인의 눈에 명확하게 인식되고 사회적으로 합의된 성공(타이틀, 연봉, 승진 등)을 열망하는 가치관이다.

수많은 찬사가 쏟아진 지 1년이 지나서야 나는 뒤늦게 드라마 〈더 베어The Bear〉를 보기 시작했다. 이 작품은 세계적인 셰프, 카미 베어자토Carmy Berzatto가 형의 죽음 이후 고향 시카고로 돌아와, 형이 남긴 허름한 샌드위치 가게를 운영하며 겪는 고군분투를 그린다. 화면은 가족 간의 깊은 상처와 갈등, 약물 중독, 그리고 언제 무너질지 모르는 위태로운 인물들로 가득 차 있다.

〈더 베어〉의 제2화를 보고 있을 때 딸아이에게 문자가 왔다.

"드디어 보기 시작했네! 드라마 어때요?"

"끔찍해! 너무 강렬해."

"엄마한테 너무 강렬하다고? 농담이지?"

"나도 이제 나이가 드나 봐. 다들 너무 소리를 질러대."

"계속 보세요. 엄마에 관한 드라마니까."

그날 밤 나는 에피소드 한 개를 더 시청했고, 딸아이의 말은 틀리지 않았다. 나는 '화려한 커리어'라는 허상의 점수판에서 반드시 최고점을 받아내야 한다는 카미의 강박에 깊이 공감했다. 자신이 선택한 분야에서의 탁월함을 타인에게 인정받고 싶은 그 간절한 마음을 말이다. 카미, '어치브먼트 7점 클럽'에 온 걸 환영해요.

물론 이곳이 항상 즐거운 곳만은 아니다. 모든 가치관이 그렇듯 타협과 희생이 뒤따르기 때문이다. 하지만 어치브먼트 가치관이 우리 안에 존재한다면, 그것 또한 부정할 수 없는 우리의 일부다.

어치브먼트는 앞에서 살펴본 루미넌스와는 분명하게 다른 가치관이다. 물론 두 가치관이 한 사람의 내면에 공존할 수도 있다.

어치브먼트는 협상에서의 승리, 탁월한 프로젝트 성과, 부의 축적, 높은 직위 등 객관적으로 측정 가능한 프로페셔널 영역에서의 성공과 인정, 존경을 추구한다. 대중은 잘 모르지만 업계에서 최고 연봉을 받으며 승승장구하는 CEO가 여기에 속한다. 어치브먼트 가치관을 추구하는 사람은 대중의 인기까지는 바라지 않는다. 하지만 최소한 자신을 잘 아는 사람들이나 회사 직원들, 해당 업계 사람들 사이에서는 '유능하고 뛰어난 인물'로 인정받고 싶어한다.

루미넌스는 '대중적 유명세'와 '스포트라이트'가 핵심이다. 세상 사람들에게 '알려지는 것' 자체에 목적을 둔다. 소셜 미디어 인플루언서나 인기 방송인 등 대중에게 얻는 인기와 관심이 가장 큰 삶의 에너지가 된다. 루미넌스 가치관을 추구하는 사람은 아무리 훌륭한 성과를 냈어도 타인이 알아주지 않으면 낙담과 좌절에 빠질 확률이 높다.

〈더 베어〉에서 카미가 메뉴를 전면 개편하는 장면을 떠올려보자. 수셰프 시드니는 경악하며 묻는다.

"도대체 뭐 하시는 거예요?"

카미는 눈 하나 깜빡하지 않고 답한다.

"시드, 우리는 별을 받을 거야."

그는 미슐랭 스타를 언급하며 사실상 이렇게 선언한 셈이다. '우리는 최고가 되어야 해. 최고가 되는 것만이 나를 살아 있다고 느끼게 하니까.'

나도 종종 그런 생각을 한다. 왜 일을 대충하려고 할까? 할 수만 있다면 최고가 되어야 하지 않는가?

오해는 마라. 나는 어치브먼트를 편애할 생각이 없다. 어치브먼트는 가치관이지, 미덕이 아니다. 다만 경계해야 한다. 박수받는 성공을 추구하다 보면 인간관계나 건강은 뒷전으로 밀려나기 일쑤다. 사람들에게 인정받기 위해 시작한 지나친 노력과 열정이 오히려 사람들에게 인정을 받지 못하는 결과를 낳을 수도 있다. 나는 천재 같은 머리를 갖고 맹목적으로 돌진하는 바보들도 많이 보아왔다.

미국의 41대 대통령 조지 H. W. 부시는 임종 직전 손녀 제나에게 울림 깊은 인생 조언을 남겼다.

"제나, 게임을 즐기는 걸 잊으면 안 돼."

방송국 특파원으로 일하면서 점점 더 완벽해지려고 하다가 삶이 엉망이 되어가던 제나에게 할아버지는 인생의 본질을 꿰뚫는 한 마디를 건넨 것이다.

성취에 대한 갈망은 인생에 필수적이다. 하지만 성취욕에 눈이 멀면 인생의 모든 순간에 필요한 지혜와 행동을 뒤늦게 깨닫게 된다. 뒤늦은 깨달음은 '후회'의 다른 이름이다.

'비커밍 유' 강의를 수강한 학생들 중에 제니와 라이언 부부가 있었다. 기업 변호사로 일하는 제니와 기업 임원인 라이언은 보스턴의 유능한 엘리트들이었다. 하지만 라이언은 학기가 끝난 후 회사로 돌아가지 않았다. 그는 부모와 MBA 동기들에게 인정받기 위해 어치브먼트를 추구했지만, 마침내 가치관을 파괴하는 '기대Expectations'의 등에서 내려오기로 결심했다. 라이언은 와이오밍에 땅을 사서 농사를 짓기 시작했다. 그리고 제니는 여전히 어치브먼트를 추구하는 기업 변호사로 남아 그 활약을 이어갔다.

제니는 이렇게 말했다.

"교수님이 보여주신 드러머의 얼굴이요. 라이언이 잡초를 뽑으면서 그 얼굴을 하고 있더라고요. 이제 그는 땅에게 자신의 성공을 보여주고 싶어하고, 그래서 세상에서 가장 정직한 민낯으로 행복을 만끽하고 있습니다."

어치브먼트 점수 2점과 7점도 얼마든지 공존이 가능하다는 사실을 두 사람은 생생하게 보여주었다.

정상을 향해 달리는 것은 인생에서 중요하다. 다만 누구보다 먼저 그 레이스를 '당신 자신'에게 보여줄 수 있어야 한다.

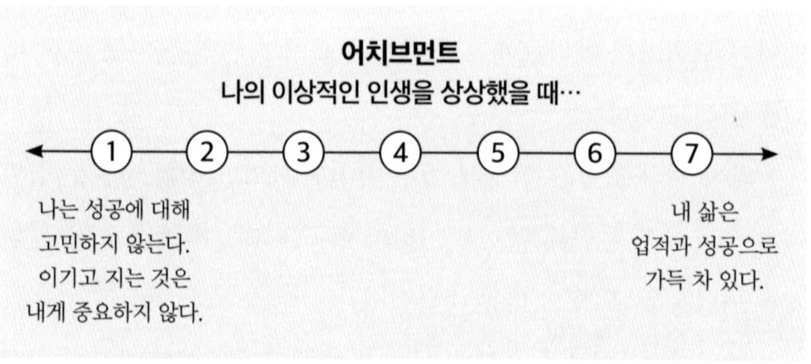

일이 곧 삶인 사람들, 워크센트리즘

워크센트리즘Workcentrism은 '일'을 중시하는 가치관이다.

대부분의 사람이 이상적인 삶을 떠올릴 때 '이건 좀 적었으면 좋겠다'고 생각하는 일순위가 바로 워크센트리즘이라는 사실은 놀랍지 않다. 심지어 나조차도 덜 갖고 싶은 가치관이니 말이다!

나는 내 워크센트리즘 점수를 7점 가까이 줄 것이다. 나는 자타가 공인하는 워커홀릭이니까. '일을 하고자 하는 욕망'은 내 거의 모든 결정과 행동을 좌우한다. 손녀를 얼마나 자주 만나는지, 운동을 얼마나 자주 하는지, 반려견을 하루에 몇 번 산책시키는지, 정원이나 도자기 스튜디오에 얼마나 자주 가는지조차 일의 스케줄에 따라 결정된다.

일은 언제나 내 인생의 최우선 순위였다. 오랫동안 그래왔고, 이런 내 모습이 쉽게 바뀔 것 같지 않다. 당장 이 엄청난 분량의 책을 완성하는 게 목표이기 때문이기도 하지만, 솔직히 말해 나는 일을 정말 사랑한다. 일은 재미있고 흥미롭다. 그래서 내가 가장 좋아하는 활동이다.

워커홀릭 주변에는 워커홀릭이 모여든다. 내 가까운 친구들도 대부분 이 가치관의 점수가 높다. 가장 친한 친구 수Sue는 목숨을 위협하는 바이러스성 뇌염에 걸린 적이 있다. 하지만 의사가 컴퓨터 화면을 봐도 된다고 허락한 그날, 그녀는 당장 책상에 앉아 업무를 시작했다. 몇 주 후 그녀는 내게 페이스타임을 걸어왔다.

"이번에 아팠던 건 다 잊을 거야. 이미 다 나았잖아. 사람들이 몇 달간은 쉬엄쉬엄하라고 하는데, 그 말을 들으니까 더 빨리 일하고 싶어. 내가 또 할 일이 많잖아. 일 말고는 재미있는 게 없어."

50대 초반의 부부인 버나드Bernard와 필리스Phyllis는 커플 상담 프로그램인 '비커밍 어스Becoming Us'의 고객이었다. 이혼 위기까진 아니었지만 상담이 필요한 상태였다. 첫 상담 때 내가 "이 시간이 도움이 되려면 무엇이 필요한가요?"라고 묻자, 필리스는 날카롭게 대답했다. "버나드의 일중독이 치료되어야 해요." 남편은 깊은 한숨을 쉬었다.

버나드는 글로벌 기업 GE의 임원이었다. 세계 각지를 돌며 승승장구했고 정상의 자리까지 올랐다. 필리스는 수십 년간 이 여정을 즐겁게 함께했지만, 아이들이 대학에 들어간 후 과부가 된 듯한 기분을 느끼기 시작했다.

"버나드는 GE와 결혼했어요." 그녀가 말했다.

"맞아요." 그도 동의했다.

"저는 사람들에게 버나드는 회사 로고를 엉덩이에 문신으로 새길 수만 있다면 새길 사람이라고 말하곤 한답니다."

"아내의 말은 사실이에요. 하지만 저는 바늘을 무서워해요. 그것만 아니면 정말 했을 겁니다." 버나드도 인정했다.

"이게 남편의 일중독을 증명하지 못한다면, 대체 뭐가 증명하죠?" 필리스가 내게 물었다.

"필리스, 버나드 씨는 워크센트리즘 가치관이 매우 높은 사람입니다. 일중독과는 좀 달라요."

"뭐가 다르다는 거죠, 교수님?"

"필리스 씨는 남편을 '중독'이란 병을 가진 사람으로 생각하세요. 제 말은, 음, 그러니까 병이 아니라는 겁니다. 다만 버나드 씨의 일을 중시하는 가치관이 무척이나 힘이 셀 뿐이에요."

버나드가 활짝 웃었다. "와우, 교수님. 멀쩡한 제가 수십 년간 오진의 누명을 쓰고 있었군요!"

상담이 진행되면서 우리는 모두 버나드에게 핵심 가치관을 내려놓으라고 요구하는 것이 불가능하다는 데 동의했다. 그 대신 큰 진전이 있었다. 필리스는 버나드에게 일이란 병이 아니라 가치관이라는 사실을 인정하기 시작했다. 이를 인정하고 나자 필리스는 생각이 달라졌다.

"교수님, 이제 제 가치관을 함께 찾아봐요."

버나드를 치료하는 대신 필리스는 자신의 삶을 고쳐나가기로 결심했다.

내가 가르치는 젊은 대학생들의 워크센트리즘 점수는 평균 4~5점 정도다. 우리 세대에 비하면 턱없이 낮은 수준이다.

내 강의에서 언제나 최고 학점을 따는 존Jhon은 어느 날 내게 불쑥 물었다.

"교수님, 펀임플로이먼트Funemployment가 뭔지 아세요?"

"뭐 임플란트?"

"하하. 펀임플로이먼트요. 말하자면 '실업Unemployment'이라는 비극을 '인생의 방학'이라는 희극으로 리브랜딩Rebranding한 겁니다. 요즘 젊은 세대들이 바로 펀임플로이먼트족이죠."

과거의 실업자가 '갈 곳 잃은 사람'이었다면 펀임플로이먼트족은 나 자신에게 '안식년'을 결재해준 인생의 CEO다. 과거 세대가 실업의 공포에 시달렸다면 요즘 세대는 실업 상태를 자기 인생의 업데이트 시간으로 간주한다. 새로운 일을 하기 전에 미뤄두었던 여행을 하고, 요리를 배우고, 책을 읽고, 자기계발을 하는 시간으로 실업 기간을 설정하는 것이다. 실업 기간을 고통스러운 대기 시간이 아니라 의도적으로 확보한 여가시간, 재충전의 시간으로 정의하는 것이다.

존은 이렇게 덧붙였다.

"회사가 나를 책임져주지 않잖아요? 그러니까 회사가 아니라 내가 나를 고용하는 것이죠. 나를 책임져줄 수 있는 사람은 오직 나뿐이니까. 그러니 일에 대한 충성도가 낮죠. 기존의 전통적인 워크센트리즘에서 '워크'를 새롭게 정의해야 할 것 같습니다."

펀임플로이먼트는 인생의 로그아웃이 아니라, 더 나은 버전으로 부팅하기 위한 '시스템 점검 및 업데이트' 시간이다. 따라서 펀임플로이먼트족은 게으른 청년들이 아니라 평생 직장이 사라진 시대를 대처하는, 아주 똑똑한 인생 경영 전략을 세운 청년들이다.

당신은 워커홀릭인가, 펀임플로이먼트족인가?

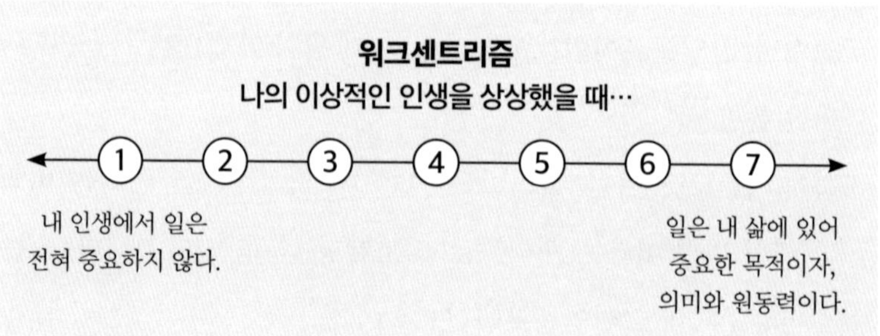

돈, 솔직해집시다! 어플루언스

마침내 올 것이 왔다. 어플루언스Affluence. 우리는 이제 모든 가치관 중 가장 중요하면서도, 가장 논란이 많고, 사람들이 가장 많이 거짓말을 하는 그 주제에 다다랐다. 쉽게 말해 '당신은 얼마나 부자가 되고 싶은가?'에 대해 파헤쳐 볼 시간이다.

일과 MBA를 병행하던 제이크Jake라는 학생이 '비커밍 유' 수강을 신청했다. 그는 굴지의 헤드헌팅 회사에서 눈부신 커리어를 쌓아 CEO의 비서실장 자리까지 오른 인재였다. 사실상 전략인사팀을 총괄하는 실세였지만, 정작 그는 회사 밖에서 자신의 '진짜 인생'을 찾고 싶어했다. 그 '진짜 인생'이 뭔지 알아내기 위해 내가 질문 폭격을 퍼붓자, 그는 떠나고 싶을 때 떠나는 해외여행과 〈월스트리트 저널〉 1면을 장식할 만한 성공을 꺼내보였다.

"그거 혹시 돈이랑 관련된 성공인가요?" 내가 찔러봤다.

제이크는 몹시 난감해했다. "아, 물론 돈도 좋죠. 하지만 제가 진정 원하는 건 경제적 안정이에요."

"경제적 안정이라…… 너무 포괄적인 말이잖아요. 자기 삶을 진짜 의미 있게 설계하려면 자신에게 '충분한 숫자'가 얼마인지 솔직해져야 해요." 나는 그를 몰아붙였다.

"숫자요?" 제이크가 엉덩이를 들썩이며 꼼지락거렸다.

"딱 떨어지는 액수를 말하라는 게 아니에요." 나는 그를 안심시키며 툭 던졌다. "이렇게 해보죠. 유럽 여행을 갈 때 일등석을 타고 싶나요, 아니면 전용기를 타고 싶나요?"

"당연히 전용기죠! 빌린 거 말고 제 전용기요!" 제이크가 흥분해서 외쳤다.

다음 질문으로 넘어가려는데, 그가 재빨리 말을 이었다. "얼마면 충분한지 알고 싶다고 하셨죠? 말할 수 있어요. 저는 그러니까…… 기절할 만큼 많은 돈을 원해요."

"비행기와 헬리콥터를 살 수 있을 정도로요?"

"비행기와 헬리콥터를 아이들에게 각각 사줄 수 있을 정도요." 그는 활짝 웃으면서 말했지만, 농담이 아니었다.

그 순간 나는 제이크가 고마워 죽을 뻔했다! 그의 탐욕스러운(?) 답변 때문이 아니라, 그 대놓고 솔직한 태도 때문이었다. '초월의 영역'을 다 찾아놓고도, 정작 '돈'이 얼마나 자기 인생에서 중요한지 솔직하게 밝히지 않아 모든 과정을 헛수고로 만드는 경우를 수도 없이 봐왔기 때문이다.

물론 공짜는 없다. 어플루언스에도 대가가 따른다. 어플루언스 점수가 7점인데, 동시에 '패밀리센트리즘(가족)'이나 '논 시비(이타심)' 점수도 높다? 미안하지만 인생은 그렇게 돌아가지 않는다. 주말마다 할머니 댁을 방문하고, 학부모 회의에 꼬박꼬박 참석하고, 급식소 봉사를 다니면서 '기가 막힐 정도로 많은 돈'을 모으기는 어렵다. 또한 어플루언스가 최상위권인데 '스코프(자극)'가 바닥인 경우도 거의 없다. 어플루언스와 상극인 가치관들은 앞으로 우리가 살펴볼 '사적인 즐거움', '자기 관리', '신앙' 등이다.

가치관들의 충돌을 피하려고 어플루언스를 딱 중간인 3.5점에 두는 사람들도 있다. '약간의 여유가 있는 편안한 삶'을 추구하는 것이다. 그들에게 돈은 삶의 엔진도 아니지만, 부족함 때문에 발목 잡히지도 않는 수준이다.

내 수업을 들었던 한 독일 학생은 MBA의 고정관념을 완전히 깨버렸다. 그의 '초월의 영역' 보고서에는 이렇게 적혀 있었다.

'직장 근처에 아파트를 빌리고, 일 년에 한 번 바닷가로 휴가를 갈 수 있을 정도면 충분함.'

그는 돈에 지배되고 싶지 않다고 설명했다. 그의 태도는 강의실 안

많은 학생에게 신선한 충격을 주었다. 아니, 저렇게 소박하고 검소한 MBA 학생이 있단 말인가!

그는 힘주어 말했다.

"부는 마약중독과 비슷하다고 생각해요. 임계점에 이르는 순간, 갑자기 우리가 인생에서 하는 모든 일이 부를 얻기 위한 수단으로 전락하고 마니까요."

그는 금욕적인 삶이 아니라 '단순한 삶'을 원했다. 그의 가치관 평가에서 어플루언스보다 점수가 낮은 건 루미넌스(명성)뿐이었다.

라이언 부부를 기억하는가?

그들은 내게 이렇게 말했다.

"우리는 근근히 살아가고 있습니다. 가난하다는 뜻이 아닙니다. '최소한'으로 살아가고 있다는 뜻입니다. 작은 것이 얼마나 충분한 것인지를 깊이 깨달았습니다."

타인이 당신에게 "그 정도 돈이면 충분해!"라고 말하는 것이 당신 삶에 무슨 의미가 있을까? 어플루언스에서 중요한 것은 '충분하다'는 기준을 남이 아닌 당신 스스로 정하고 받아들이는 것이다.

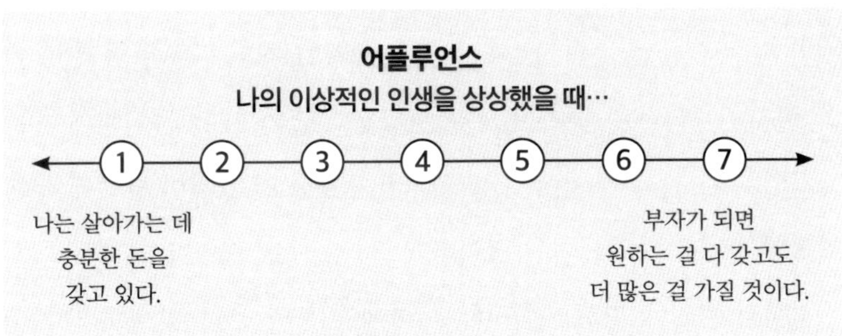

잘 먹고 잘 노는 기술, 유데모니아

유데모니아Eudemonia는 즐거움, 재미, 그리고 웰빙을 추구하는 가치관이다.

어느 해였던가, '비커밍 유' 강의에 범상치 않은 학생들이 몰려왔다. 그들에게 매주 세 시간씩 이어지는 강의는 수업이라기보다 그들만의 파티 같았다. 자기들끼리 옹기종기 모여 앉아 내가 강의하는 동안에도 신나게 개념 토론을 벌였고, 누군가 손을 들고 발표하면 환호성을 지르며 응원했다. 요란하게 조별 활동을 하는 그들을 보며 나는 속으로 생각했다. '세상에! 가치관 찾는 일이 저렇게까지 신날 일인가?'

물론 그럴 수 있다. 핵심 가치관이 유데모니아라면 말이다.

왜 이 가치관의 이름이 단순하게 '재미Fun'가 아닌지 궁금할 것이다. 이유는 간단하다. 유데모니아는 '재미'보다 훨씬 크고 깊은 개념이기 때문이다. 고대 그리스어로 웰빙, 행복, 좋은 영혼을 뜻하는 유데모니아는 스스로를 잘 챙기고, 기분을 좋게 만들며, 자신이 선택한 방식으로 삶을 풍요롭게 채울 때 만끽하는 즐거움을 의미한다.

벽난로 앞에서 타닥거리는 장작 소리를 들으며 책을 읽는 고요한 순간일 수도 있고, 광란의 파티에서 매혹적인 춤을 추는 밤일 수도 있다. 마사지, 테니스, 러닝, 뜨개질, 브라우니 굽기, 또는 늘어지게 자는 낮잠일 수도 있다. 무엇이든 상관없다. 중요한 건 그것이 당신에게 본질적인 즐거움을 주느냐는 것이다.

경험과 관찰에 따르면, 유데모니아에는 분명 문화적·세대적 DNA가 존재한다. 예를 들어 이탈리아인들은 태어날 때부터 이 가치관을 장착하고 나온다. 미국인(특히 나 같은 사람)이 이탈리아에서 사업을 하려면 일의 속도에 대한 기대치를 대폭 수정해야 한다. 좋고 나쁨의 문제가 아니라 그냥 그 동네 룰Rule이 그렇다. 사업 파트너가 일하다가 말고 돌연 2주 동안 휴가를 떠났다고 해서, 그리고 휴가지에서 날씨가 너무 좋아 한 주 더 머물다 가겠다는 이메일을 보내왔다고 해서 기분 나빠하면 안 된다.

세대 간 차이는 더 극명하다. 외부 강사로 초대를 받아 다른 학교의 경영대학원생들과 대화할 기회가 있었다. 커리어 조언부터 AI, 경제 트렌드까지 다양한 주제로 이야기를 나눈 끝에 담당 교수가 말했다.

"자, 이제 수지 교수님께 무엇이든 물어보세요!"

첫 번째 질문, 두 번째 질문, 그리고 세 번째 질문까지 결론은 하나였다.

"교수님의 즐거움은 뭐예요?"

나는 순간 말문이 막혔다. 오랫동안 변함없이 유데모니아 점수가 1~2점 언저리인 나에게, 글쎄, 즐거움이 뭐냐고? 글쎄, 즐거움?

최근에 대학생 40명을 대상으로 '가치관 다리' 평가를 했더니 절반이 유데모니아를 최우선 가치로 꼽았다.

한 학생은 자신의 '초월의 영역'을 발표하며 이렇게 말했다. "9시 출근, 5시 퇴근하는 공무원으로 살면서 틈틈이 세계 여행을 다닐 거예요. 제 마음의 평화보다 중요한 건 없으니까요."

돈은 언제 모으냐고? 걱정 마라. 다행히 그녀에게 '어플루언스'는 있어도 되고, 없어도 되는 가치관이었다.

유데모니아의 가치관을 갖는다고 해서 죄책감을 가질 필요는 없다. 일이 최우선이고, 즐거움은 모르는 척 사는 게 미덕인 시대는 지났다. 유데모니아의 가치관을 전혀 갖지 않는 것이 문제라면 문제다. 생의 마지막 날, 그 사실을 알고는 뼈아픈 후회 속에 눈을 감을 수도 있으니까.

종종 나는 유데모니아를 '결혼 생활의 가치관'이라고 부른다. 부부 사이에 즐거움을 추구하는 방식이나 정도가 너무 다르면 심각한 문제로 이어질 수 있기 때문이다. 반대로, 둘 다 이 가치관이 비슷하게 높다면 관계는 강철처럼 단단해진다.

내게 상담을 받은 몇몇 부부는 쌍방 불륜, 파산, 알코올 중독이라는 막장 드라마급 위기를 겪고도 헤어지지 않았다. 둘 다 유데모니아 점수가 7점 만점이었기 때문이다. 상황이 최악일 때 그들은 요트를 타거나, 춤추러 나가거나, (한번은) 아일랜드로 배낭여행을 떠났다. 이른바 '노는 코드'가 맞는다는 사실이 그들의 결혼 생활을 몇 번이나 구원한 것이다.

직장 생활에서도 유데모니아 점수는 중요하다. 대학 시절 앤서니Anthony라는 친구가 있었다. 그는 캠퍼스의 전설이었다. 비상한 머리로 과제를 후딱 해치우고는 남은 시간을 유희를 좇는 데 썼다.

앤서니가 곧 파티였고, 파티가 곧 앤서니였다. 코듀로이 셔츠나 입고 다니던 모범생인 나조차 그의 명성을 익히 들었을 정도이니 말 다 했다. 나는 룸메이트에게 약간 빈정거리듯 말했다. "앤서니는 졸업하고 웨딩 플래너나 하려나 보네."

하지만 뛰어난 성적으로 졸업한 그는 곧바로 월스트리트에 취직했다. 당시 금융계는 파티 피플이 성공하기 딱 좋은 곳이었다. 그는 남의 돈으로 클라이언트들에게 밥을 사고 클럽에 데려가며 엄청난 실적을 올렸다. 사람들이 취할수록 그의 성과급은 천장을 뚫었다. 높은 유데모니아 가치관과 직업이 완벽하게 결합된 사례였다.

하지만 2008년 금융 위기로 월스트리트의 절반이 쓸려나갈 때 앤서니도 직장을 잃었다. 쾌락을 좇던 그가 생존에 매달려야 했다. 시장이 회복된 후 영업직에 재취업했지만, 타격 입은 회사는 더 이상 흥청망청 쓰는 법인카드를 용납하지 않았다.

앤서니는 그 삭막한 곳에서 채 1년을 버티지 못했다. 결국 그는 프랑스 남부로 떠나 니스 해변에서 천막으로 둘러싼 클럽을 지금까지 운영하고 있다. 그가 미국을 떠날 때 그의 유데모니아도 충실하게 그를 따라간 것이다.

비단 앤서니뿐 아니다. 누구도 유데모니아의 그림자를 뿌리칠 수 없다. 따라서 유데모니아의 점수가 높든 낮든 간에, 좋은 인생을 살려면, 내 인생에 본질적인 즐거움을 주는 것들을 잘 관리해야 한다.

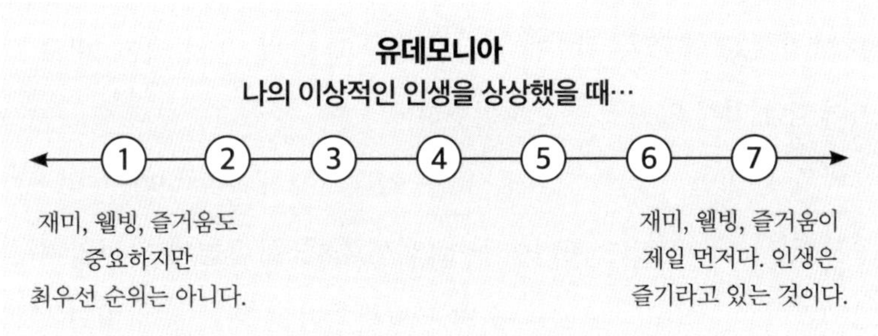

보는 즐거움의 미학, 비홀더리즘

비홀더리즘Beholderism은 '외적인 아름다움'을 추구하는 가치관이다. 외적인 아름다움이란 사물이 우리 눈에 어떻게 보이는지, 그리고 우리가 타인의 눈에 어떻게 비치는지를 모두 포함한다.

나는 비홀더리즘 성향이 다소 지나친 편이다. 방에 들어서자마자 코스터(컵받침)가 제자리에 없는 것을 본능적으로 감지하고, 꽃다발과 쿠션의 패턴이 조화를 이루지 못하면 풍수지리적인 불안감에 시달린다. 그래서 건축 사진작가 피터 에스터존Peter Estersohn과 나는 환상의 짝꿍이다. 감각적인 심미안을 지닌 그와 나는 미술 전시회를 함께 다닌다. 최근 브루클린 미술관에서 열린 프랑스의 전설적인 패션 디자이너 티에리 뮈글러Thierry Mugler의 회고전에서, 그와 나는 '시각적 아름다움과 완벽한 조형미'를 구현한 극강의 비홀더리즘을 맛보았다.

"구조, 비율, 소재를 다루는 뮈글러의 감각은 가히 천재적이야! 옷이 마치 정교한 조각 같아!" 피터가 흥분해서 외쳤다. "맞아, 바로 그거야!" 나 역시 열정적으로 동의했다.

미학에 대한 이러한 집착을 너무 껍데기에만 매달린다고 비판할 수도 있다. 일리 있는 지적이다. 그래서 많은 사람들이 자신의 핵심 가치관이 비홀더리즘으로 나오면 당황하거나 주춤한다. 하지만 전문가로서 조언하건대, 그런 걱정은 접어두라.

내 경험상 비홀더리즘은 예술과 창작자에 대한 깊은 경외심이자, 창의성에 대한 본능적인 끌림이다. 나아가 비홀더리즘은 인생이라는 무대의 조화와 질서를 얼마나 중시하는지를 보여주는 척도이기도 하다. 혼란스러운 세상에서 우리가 유일하게 통제할 수 있는 영역은 '아름다움'이다.

그래서 비홀더리즘이 높은 사람들은 아무리 조건이 좋아도 근무 환경이 엉망진창이거나 사내 정치가 극심한 문화는 견디지 못한다. 아름답고 우아한 커뮤니케이션을 추구하는 그들에게 고성, 야유, 협잡, 음모, 편가르기 등은 곧 '지저분함'이다. 비홀더리스트(내가 만든 신조어다)는 '분명한' 아름다움을 추구한다. 비홀더리즘은 단순히 어떻게 보이는지에만 집중하는 것이 아니다. 우리 자신이 어떻게 보이는지, 때론 우리 가족과 친구들이 어떻게 보이지는지까지도 포함되어 있다.

서문에서 소개했던 타치Tachi를 기억하는가? 부모의 뜻대로 금융계에서 성실히 일하던 그는 '비커밍 유' 수업을 통해 자신이 킴 카다시안의 옷을 디자인해야 한다는(적어도 시도는 해봐야 한다는) 사실을 깨달았다.

패션업계 종사자가 으레 그렇듯 타치의 비홀더리즘 점수는 최상위권이었다. 그가 남긴 말은 영원히 잊을 수 없을 것 같다.

"은행에서 일할 때 가장 싫었던 점은, 입고 싶은 대로 옷을 입지 못한다는 거였어요. 스타일이 없는 삶을 강요받은 거죠. 상상할 수도 없는 삶을 견디고 있었던 거죠."

이 말은 사막을 횡단하는 사람에게 '물 없이 가라'고 하는 것과 다름 없다. 나는 타치가 이제 마음껏 스타일을 즐기며 비홀더리즘을 만끽하길 바란다.

비홀더리즘은 동네 헬스장에서도, 파리와 밀라노의 거리에서도 발견된다. 건강을 위해 운동하는 것은 대표적인 유데모니아(웰빙)의 영역이다. 하지만 자신을 가꾸는 데 평균 이상의 시간과 돈을 쓰고, 멋지게 보이는 것 자체가 본질적으로 좋은 일이라 믿는다면, 그것은 비홀더리즘이다.

오래전 유명했던 샴푸 광고의 카피가 떠오른다.

"아름답다고 나를 미워하지 마세요Don't Hate Me Because I'm Beautiful."

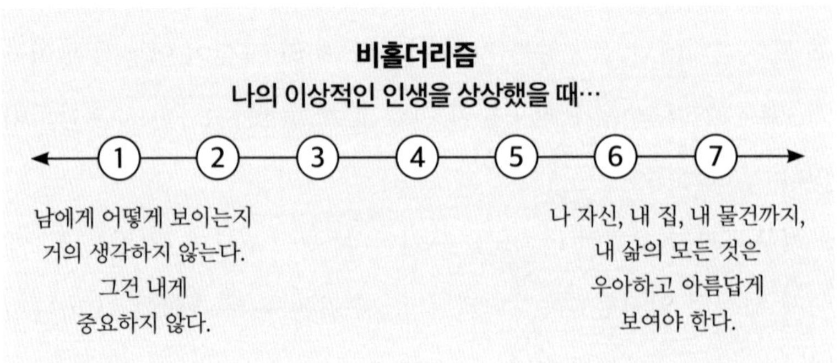

세상에 나를 외치다, 보이스

보이스Voice는 '창의적인 자기 표현'을 추구하는 가치관이다.

"아니, 제가 틱톡을 왜 봐요? 그건 애들이 춤추는 거나 보는 어플 아닌가요?"

내가 자문을 맡은 한 CEO의 진지한 물음이었다. 그와 핵심 임원진, 그리고 나는 회의 중간에 간단히 점심을 먹고 있었다. 누군가 틱톡에서 유행하는 밈Meme 이야기를 꺼내자 대화의 물꼬가 터졌다. 알고 보니 CEO를 제외한 우리 모두는 즐거운 '스크롤 중독자들'이었다.

하지만 CEO는 달랐다. 그는 인류의 미래를 걱정하듯 고개를 저으며 투덜댔다. "도대체 남의 집 거실에서 요상한 춤을 춰대는 걸 왜 보고 있는 겁니까? 아니, 애초에 그런 짓을 왜 하는 거냐고요!"

왜 그런 짓을 하냐고? 순진하시네. 당연히 '창의적 관종력'이 충만한 사람들이니까 그러는 거지!

'비커밍 유' 수강생들 중 예일대학교에서 건축을 공부하는 사람이 있었다. 내가 아는 가장 똑똑한 여성인 그녀는 주말이면 예술가 친구들과 스털링 기념 도서관 앞에 모여 기이한 퍼포먼스를 벌이곤 했다. 슬로모션으로 허공에 대고 진공청소기를 돌리는 마임이었다. 누군가는 이 독창적인 자기 표현에 박수를 보냈지만, 누군가는 '공부하다 미쳤나 봐!' 하는 표정으로 혀를 차며 지나갔다. 후자들은 천재 괴짜들이 뿜어내는 저 날것 그대로의 욕구, 즉 있는 그대로를 드러내고 싶은 그 뜨거운 충동을 죽었다 깨어나도 이해 못 할 것이다.

예술가나 작가들의 보이스 점수가 하늘을 찌르는 건 당연지사다. 그들은 평생 자신의 내면을 끄집어내 타인이 소비할 수 있도록 전시하는 사람들이니까.

450만 명의 팔로어를 거느린 인스타그램 시인 루피 카우르Rupi Kaur는 이렇게 말했다.

"시는 내게 숨을 쉬는 것과 같다. 그러므로 나는 시를 쓰지 않으면 질식해 죽을 사람이다."

유명 예술가들만 보이스가 높은 것은 아니다. 아름다운 네일 아트로 교실을 환하게 만들어내는 초등학교 선생님, 온몸에 신념을 새긴 텍사스의 비건 타투이스트, 수술실의 숨 막히는 침묵을 견디다 못해 주말이면 캔버스에 색을 쏟아붓는 심장외과 의사도 있다. 인류 사회의 정의를 위해 피켓을 들고 행진하는 활동가들도 마찬가지다. 이 가치관의 결과물이 꼭 예술일 필요는 없다. 내가 누구인지, 무엇을 믿는지, 그리고 내가 남들과 어떻게 다른지를 세상이 알아주기를 바라는 그 욕망의 본질은 같다.

반면에 보이스 점수가 낮은 사람들은 스포트라이트를 질색한다. 이 스펙트럼의 반대편 끝에는 튀는 것보다 조직에 녹아드는 '위장술'을 선호하며, 전체를 위해 기꺼이 자신의 개성을 희생하는 사람들이 있다.

이런 성향을 이야기하다 보니 자연스럽게 다음 주제인 '빌롱잉 Belonging'이 떠오른다. 하지만 그전에, 당신의 목청이 얼마나 큰지부터 확인해보자.

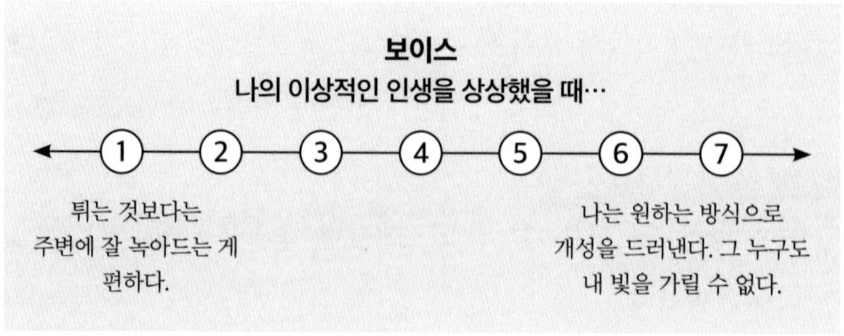

함께일 때 빛나는 사람들, 빌롱잉

빌롱잉Belonging은 '유대감'을 추구하는 가치관이다.

나는 고등학교 동창을 세 부류로 나눌 수 있다고 믿는다.

첫째, 동창회에 절대 참석하지 않는 부류.

둘째, 5년 혹은 10년 주기로 생존 신고만 하는 부류.

셋째, 동창회를 직접 주관하는 부류.

그렇다. 이것이 바로 우리가 이야기하려는 빌롱잉의 '낮음', '보통', '높음'의 척도다. 빌롱잉은 당신이 모임에 얼마나 적극적으로 참여하고 오래 머무는 사람인지를 보여준다. 달리 말해, 어떤 집단이든 그 안에 속하는 것에 얼마나 강하게 이끌리고 만족감을 느끼는지를 나타내는 지표다.

빌롱잉 점수가 높은 사람들에게는 공통된 3가지 특징이 있다.

첫째, 그들은 친구 부자 또는 모임 부자다. 만일 당신이 1년에 참석해야 할 결혼식이 11개나 되고, 그중 6개를 위해 여권을 챙겨야 한다면? 축하한다. 당신은 지금 높은 빌롱잉을 활짝 꽃피우고 있는 것이다. 회사 복도를 지나며 마주치는 모든 사람과 인사하고, 사내 봉사활동마다 개근 도장을 찍는다면? 이보다 더 확실한 증거는 없다.

둘째, 단체 가입 중독자이거나 열혈 헌신자다. 뉴욕대에 입학하자마자 동아리 6개에 가입한 존슨Johnson을 나는 유쾌하게 기억한다. 투자 동아리부터 러닝 크루까지, 그는 사람과 연결될 기회라면 무엇 하나 놓치고 싶지 않아 했다. 강의실만으로는 그의 '관계 욕구'를 채우기에 역부족이었다.

내 팀원 중 별명이 '미세스 YPO 아메리카'인 친구도 있다. 그녀는 YPO(Young Presidents' Organization, 1950년 미국에서 설립된 전 세계 젊은 경영인들의 리더십 커뮤니티)의 모든 행사에 참석하는 것도 모자라, 현재 지부 이사까지 맡고 있다. 덕분에 주말마다 8시간짜리 회의에 갇혀 지내지만, 그녀는 극도로 까다로운 조건을 내건 이 커뮤니티의 '핵심 멤버'가 되었다는 느낌을 몹시 사랑한다.

셋째, 조직 생활의 부조리를 견디는 내성이 강하다. 관료주의, 내부 갈등, 사내 정치……. 그들이라고 해서 이런 고질적인 병폐가 안 보일 리 없다. 하지만 그들은 다른 사람들보다 훨씬 잘 견딘다. 그들에게 이런 문제는 자신보다 더 큰 무언가에 속했다는 즐거움을 위해 치러야 할 작은 입장료 정도다.

빌롱잉 점수가 낮은 사람들은 '넓고 얕은' 관계보다 '좁고 깊은' 관계를 선호한다. 이 스펙트럼의 왼쪽 끝에 있는 사람들은 배우자나 가족, 혹은 소수의 친구하고만 소통하길 원한다. 조직화된 활동보다는 자신이 직접 계획한 활동을 즐기는 그들에게 회사 생활에 대해 물으면, 3점인 사람은 '글쎄, 좀 회의적인데?'라고 답할 것이고, 1점인 사람은 단호하게 말할 것이다. "나는 회사를 믿지 않습니다."

자신의 위치를 헷갈려 하는 사람들을 위해 내 이웃에 사는 월로우 Willow의 이야기를 해보자.

엄격하고 보수적인 집안에서 자란 월로우는 온힘을 다해 자신을 다르게 정의하려고 애썼다. 그녀는 짙은 화장과 화려한 옷차림을 즐겼고, 운전면허를 따자마자 매주 머리색을 바꿨다. 하지만 부모님은 화를 내지 않았다. 월로우는 유머러스하고 솔직하며, 그야말로 명랑한 독창성 그 자체였으니까.

그런 그녀가 외로운 홈스쿨링을 마치고 대학에 진학했을 때 얼마나 사람이 고팠겠는가! 윌로우는 특히 '여학생 사교 클럽'에 대한 열렬한 로망이 있었다. 윌로우가 클럽에 들어갔다는 소식을 알리는 그녀 엄마의 문자 메시지는 기쁨으로 가득 차 있었다. "선배들이 윌로우를 일순위로 뽑았대요! 아이가 행복해서 날아다녀요."

하지만 봄방학 때 돌아온 윌로우의 소식은 반전이었다. 그녀는 클럽에서 가차 없이 쫓겨났다. "도대체 무슨 일이 있었던 거야?"

"수지 아줌마, 아주 못된 기집애들이었어요."

낮은 빌롱잉이 폭발하는 순간이었다! 윌로우는 사람들과 어울리기를 좋아했지만 또 그만큼 자유로운 영혼이기도 했다. 그녀처럼 보이스(표현)와 에이전시(주체성)는 높은데 빌롱잉은 낮은 사람은 획일적인 집단에 오래 속해 있을 수 없다.

유데모니아와 마찬가지로 기업 문화에도 빌롱잉 점수가 존재한다. 어떤 회사는 사교 활동을 장려하고 협업에 보상을 주는 '높은 빌롱잉 문화'를 가진다. 반면 어떤 회사는 철저히 개인 성과 위주이며 친목을 꺼리는 '낮은 빌롱잉 문화'를 가진다. 어느 쪽이 더 낫다고 말하진 않겠다(솔직히 나는 전자를 선호한다).

중요한 것은 궁합이다. 빌롱잉 욕구가 높은 당신이 각자도생이 미덕인 회사에서 일한다면? 그건 꽤나 고통스러운 일이 될 것이다.

오해는 마라. 빌롱잉 점수가 낮다고 해서 외톨이라는 뜻은 아니다. 쫓겨난 윌로우를 보라. 그녀는 여전히 친구가 굉장히 많다. 다만 그 친구들 역시 그녀처럼 개인주의가 강하고 '소속감'보다는 다른 강렬한 가치관으로 뭉친 영혼들이다.

이 모든 결정은, 결국 당신의 몫이다.

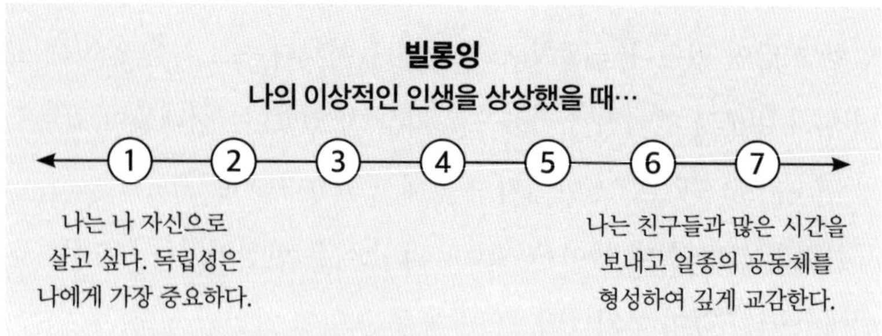

내가 살아야 하는 곳이 나다, 플레이스

플레이스Place는 '장소Location'를 중시하는 가치관이다.

몇 년 전 나는 넬슨Nelson이라는 모범생과 함께 완벽에 가까운 '초월의 영역'을 설계한 적이 있다. 그는 수업에 열정적이었고, 과제는 훌륭했으며, 내 연구실 문턱이 닳도록 드나들었다. 마침내 우리는 그의 가치관, 적성, 그리고 경제적 자립의 가능성까지 완벽하게 통합된 커리어 로드맵을 완성했다. 그의 꿈은 메이저리그MLB 데이터 분석 전문가였다.

하지만 치명적인 문제가 하나 있었다. 넬슨이 절대 양보할 수 없는, 그러나 내게는 단 한 번도 말하지 않은 '그것'이 뒤늦게 튀어나온 것이다.

그는 반드시 인디애나폴리스에 살아야 했다. 아내의 가족이 그곳에 살고 있었고, 그는 아내에게 그곳을 떠나지 않겠노라 굳게 약속했기 때문이다.

뭐라고요? 인디애나폴리스? 메이저리그 구단 취업은 그 자체로 바늘구멍인데, 메이저리그 팀이 없는 도시에서 메이저리그 팀에 취직하겠다니! 이건 어려운 게 아니라 불가능한 일이었다.

"왜 진작 인디애나폴리스 이야기를 안 했어요?"

나는 우리가 쏟아부은 시간이 주마등처럼 스쳐 지나가는 걸 느끼며 답답함에 물었다.

"어디에 살고 싶은지가 '가치관'이라고는 생각 못 했어요." 그가 천진하게 대답했다.

"당연히 가치관이죠! 당연히!" 나는 항변하듯 외쳤다. 하지만 곰곰이 생각해보니 그의 말이 옳았다. 나는 학생들에게 그것에 대해 가르친 적이 없었다.

틀림없이 '어디에 사느냐'가 삶을 결정한다

이제 이 항목은 내 커리큘럼에 정식으로 포함되었고, 보다시피 '가치관 목록'의 한 축을 담당하게 되었다.

만일 당신이 인디애나폴리스, 휴스턴, 뮌헨 같은 특정 도시에 살아야 하거나, 반드시 산이나 바다 곁에 있어야 숨이 트인다면 스스로 '플레이스 가치관'에 높은 점수를 주어야 한다. 반대로 '어치브먼트(성취)', '스코프(자극)' 등 다른 가치가 훨씬 중요해서 사는 곳따위는 아무래도 상관없다면 낮은 점수를 매기면 된다.

삶을 설계할 때, '플레이스'처럼 모든 가능성을 단숨에 제약하거나 확장할 수 있는 결정적인 가치관을 절대 간과해서는 안 된다.

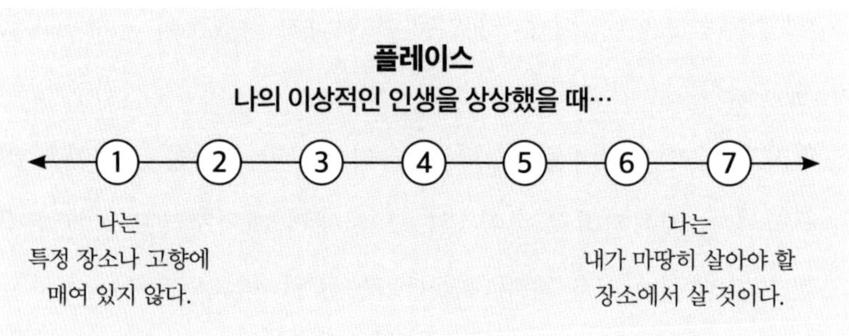

믿음의 질서, 코스모스

코스모스Cosmos는 '믿음 체계Faith System'를 삶을 구성하는 원리로 삼는 가치관이다.

하마터면 '가치관 목록'에서 영영 빠질 뻔했던, 이 마지막 가치관에 대해 이야기해보자.

사실 학생이나 고객, 혹은 그 누구와도 '신God'에 대해 논한다는 건 지뢰밭을 걷는 것만큼이나 아슬아슬하고 복잡미묘한 일이다. 교수로서 나는 강의실에서 종교적 발언을 삼가야 한다는 규칙을 철저히 지킨다(물론 내가 얼마나 특정한 〈성서〉 구절을 사랑하는지, 목사님의 설교가 얼마나 좋았는지에 대해 무심코 흘릴 때만 빼고. 하지만 그때조차 나는 황급히 보호막을 친다. '저는 지구상에 존재하는 모든 신앙과 무신론을 존중합니다.' 이건 진심이다. 나의 신앙은 누구도 섣불리 판단하지 말라고 가르치기 때문이다).

솔직해지자.

우리는 믿음이 정치적으로 이용되고 무기화된 세상에 살고 있다.

그러다 보니 누군가 나의 개인적 믿음을 어떤 '명령'이나 '강요'로 오해해 공격해올까 봐 두려웠던 것도 사실이다. 그래서 초기 '가치관 목록'에서는, 비록 내게는 핵심 가치관임에도 불구하고 믿음이라는 항목을 아예 빼버렸었다.

하지만 변화는 피자 파티에서 시작됐다. 언젠가 나는 경영대학원 졸업생들을 집으로 초대해 피자를 대접하며, 내 가치관 목록에 대해 '가감없는 진실된 피드백'만 주겠다는 약속을 받아냈다. 그때 새런 Sharon이 조심스럽게 물었다.

"신은요? 수지 교수님, 이 목록에서 신은 어디에 있나요?"

새런은 유대인이었다. 조교로서 훌륭히 일해준 그녀에게 고마움을 표하기 위해 따로 저녁식사를 대접했을 때, 나는 정통 유대교의 삶에 대해 깊이 알게 되었다. 그녀는 삶의 모든 결정과 행동을 〈탈무드〉 경전의 가르침과 랍비와의 상의를 통해 내린다고 밝혔다.

그런 새런의 날카로운 질문에 나는 말문이 막혔다.

"새런에게 '믿음'은 다른 가치관들을 통제하는 가장 상위에 있는 개념이죠? 맞나요?"

새런이 살며시 미소를 지었다.

"믿음이 모든 가치관을 정의할 만큼, 강력한 힘을 갖고 있다고 생각하죠?"

새런은 미소를 지을 뿐, 계속 묘한 침묵을 지켰다. 사람들 앞에서 자신의 믿음에 대해 이야기하는 것이 새런 또한 너무나 어렵고 민감한 일이라는 것을 잘 알고 있었기 때문이다.

그후 나는 숙고에 숙고를 거듭했다.

도서관에서 기존의 가치관에 대한 연구논문과 자료들을 오랫동안 다시 훑었다. 놀랍게도 '신앙'은 어떤 자료에도 포함되어 있지 않았다. 신앙을 중요한 지표로 측정하는 심리학적 실험이나 테스트, 검사도 거의 없었다.

하지만 지구상에는 신앙을 가진 사람이 그렇지 않은 사람보다 압도적으로 많다. 성당, 〈성서〉, 성인을 빼면 유럽에서 볼 것이 더 있는가?

그래서 나는 '코스모스'를 가치관 목록에 추가하기로 결정했다. 그리스어로 '완벽한 질서Perfect Order'를 뜻하는 이 단어는, 내가 아는 모든 종교에서 말하는 '궁극적 힘'을 상징하기에 적합했다.

당신이 무엇을 믿는지는 중요하지 않다. 다만 원하는 삶을 설계할 때 당신의 믿음이 당신에게 얼마나 가치가 있는지는 매우 중요하다.

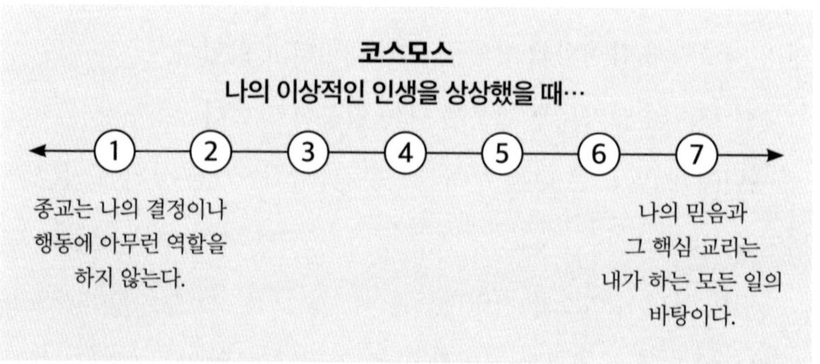

거울 앞에 선 당신, 15가지 가치관의 대단원

자, 드디어 우리는 '비커밍 유'의 15가지 가치관을 모두 완주했다. 숨이 찰 만큼 많지 않은가? 이해한다. 하지만 그만큼 인간의 가치관은 다채롭고 복잡한 법이다.

이제 15가지 가치관을 명확히 이해하고 나면, 마치 난생처음으로 거울에 비친 자신의 진짜 모습을 마주하는 기분이 들 것이다. 운 좋게 거울 속 모습이 모두 마음에 든다면, 그건 더할 나위 없이 아름답고 강력한 순간이 될 것이다. '세상에, 저게 바로 나야! 이제야 모든 게 설명이 되네! 당장 나가서 동네방네 소문내고 싶어!' 마치 번개처럼 내리꽂히는 기쁨의 깨달음이 당신을 감쌀 것이다.

하지만(인생에는 늘 '하지만'이 따라다닌다).

자신의 적나라한 가치관을 처음 마주할 때, 마음은 대개 복잡미묘해진다. 가령 특정 가치관이 인생에서 지나치게 큰 비중을 차지하고 있음을 깨닫고는 이렇게 자책할지도 모른다.

'내가 어치브먼트(성취)를 중시하는 줄은 알았지만 이 정도일 줄은 몰랐어. 이러니 가정이 뒷전일 수밖에.'

또는 직장에서 겪는 갈등의 원인을 새롭게 해석하게 될 수 있다.

'새로 온 상사가 강압적이라 싫은 게 아니었어. 내가 빌롱잉(소속감) 점수가 낮은데, 회사는 지나치게 높은 탓일지도 몰라.'

명심하라. 가치관은 나를 이해하기 위한 도구일 뿐 아니라 타인을 이해하기 위한 열쇠이기도 하다. 루미넌스(명성) 점수가 7점이라는 사실을 확인하고 나서야, 그동안 소셜미디어에 왜 그렇게 목숨을 걸었는지 깨닫고는 무릎을 칠지도 모른다.

가치관은 살아 움직인다. 가치관은 역동적이다. 한때 우리의 행동과 결정을 지배했던 가치관이 더 이상 아무런 의미가 없어졌음을 발견할 수도 있고, 반대로 새로운 가치관이 인생의 중심을 차지하게 될 수도 있다. 이러한 변화는 우리가 왜 특정 친구들과 멀어졌는지, 또는 왜 갑자기 전혀 다른 일을 열망하게 되었는지를 명쾌하게 설명해준다.

지금껏 '비커밍 유'를 통해 가치관에 대한 무수한 토론과 테스트를 경험한 바에 따르면, 당신은 서로 다른 가치관들을 '연결'하는 과정을 통해 처음으로 어플루언스, 패밀리센트리즘, 에이전시 등 당신의 진정한 욕망과 마주하게 될 것이다. 그리고 그 낯선 진실에 익숙해지기까지는 시간이 좀 더 걸릴 것이다.

'기절할 정도'로 많은 돈을 원했던 제이크를 기억하는가? 상담 과정에서 내면의 욕망을 솔직하게 인정한 그는 깊은 고민에 빠졌다. 자신의 새로운 가치관을 발견한 후 오랫동안 일해온 업계를 떠나야 하는 이유를 상사와 동료들에게 어떻게 설명해야 할지 몰라 막막했기 때문이다.

"'내 사업을 하고 싶어서'라고 솔직히 말했어요."

제이크가 머리를 긁적였다.

"사실 저는 헤드헌팅 일을 정말 좋아해요. 하지만 제가 간절히 원하는 만큼의 돈을 벌려면 이 분야를 떠나야 해요. 더 큰 돈을 벌 수 있는 아이템을 반드시 찾을 거예요. 그동안은 제 열망을 잘 몰랐기에 그냥 회사에 다녔어요. 그런데 이제는 아니에요. 신기해요. 제게 '돈'에 대한 열망이 그렇게 뜨겁게 있을 줄은 몰랐어요! 그리고 그 간단한 사실을 알았다고 해서, 나름 인정을 받고 있고 만족도도 높았던 업계를 떠나겠노라 용기를 낸 제가 아직도 낯설어요, 교수님!"

나는 미소를 지었다.

"다들 그래요. 다들 자신의 진짜 가치관을 발견하고 나면 용기를 얻죠. 가치관을 발견하기 전에는 무모한 것으로 보였던 도전이 가치관을 발견하고 나서는 해볼 만한, 아니 꼭 해야만 하는 도전으로 바뀝니다."

"교수님 덕분입니다."

"절대 아니에요. 인생의 마법 덕분입니다. 어서 가요, 제이크. 당신이 활짝 피어날 수 있는 곳으로요."

가치관의 목록을 공부하는 것도 중요하지만, 서로 다른 가치관들을 연결하는 이른바 '가치관 다리'를 공부하는 것도 그만큼 중요하다. 그래야만 현재 자신의 위치를 알 수 있고, 어디로 가야 하는지도 더 선명하게 발견할 수 있게 된다.

리틀 토니를 당신은 분명 기억할 것이다.

그의 패밀리센트리즘 점수가 7점 만점이었을 때는 둘 다 별로 놀라지 않았다. 하지만 그의 에이전시(자기결정권) 점수 역시 그만큼 높게 나왔을 때, 우리는 동시에 탄식을 내뱉었다.

"그게 바로 토니의 딜레마예요." 내가 한숨을 쉬며 말했다.

"아버지를 사랑하지만, 동시에 자신에게 명령을 내리는 아버지를 견딜 수 없는 거죠. 당신의 강한 에이전시와 정면으로 충돌한 겁니다."

그는 진지하게 고개를 끄덕였다. 하지만 둘 다 알고 있었다. 분석은 쉽고, 진짜 어려운 것은 '그다음'이라는 것을.

토니뿐 아니라 당신도 이제부터 가장 어려운 과제에 직면한다. 즉 미래로 가는 다리를 어떻게 놓을 것인가를 궁리해야 한다. 이 다리는 개천을 가로지르는 널빤지 같은 간이 다리일 수도 있다. 혹은 1,604일에 걸쳐 건설된 금문교처럼 막대한 공사가 필요한 작업일 수도 있다.

완공된 다리의 모습, 상상만 해도 아름답지 않은가?

하지만 가치관에 대한 진실은, 이 공사는 영원히 끝나지 않는다는 것이다. 왜냐하면 우리는 인간이기 때문이다. 그리고 운이 좋다면, 우리는 죽는 날까지 성장을 멈추지 않을 것이다.

시인 에밀리 디킨슨Emily Dickinson은 이렇게 말했다.

"우리는 해마다 나이를 먹는 게 아니라, 해마다 새로워진다."

디킨슨의 말에 동의한다면 나는 당신에게 가장 좋은 솔루션을 제안할 수 있다.

떠나는 것이다, 당신의 가치관과 진정한 당신 자신을 찾아서!

가치관은 여정 끝에 마침내 발견하게 되는 보물이 아니다.

여정 그 자체다.

6

세상에 단 하나뿐인 나

토니는 처음에는 가벼운 마음으로 '비커밍 유' 강의실 문을 열고 들어왔다. 당시 그는 자신이 어떻게 살고 싶은지 이미 잘 알고 있었다. 더 정확히 말하자면 '어떻게 살고 싶지 않은지'를 너무나 잘 알고 있었다.

그는 아버지와 함께 일하고 싶지 않았다. 아버지와 부딪힐 일 없는 '경영 컨설팅'이라는 세련된 탈출구를 마련해둔 상태였다. 하지만 토니는 학점이나 딸 요량으로 신청한 '비커밍 유' 수업에서 진심을 다해 가치관을 탐색했다. 그 진심 덕분에 그는 패밀리센트리즘과 에이전시라는 두 거대 산맥이 정면으로 충돌하는 지점에 서게 되었다. 예견된 사고였다.

데이터는 거짓말을 하지 않는다

토니의 '식스 스퀘어드' 활동을 살펴보자.

첫 번째 자서전 제목:

Family Forever, Until I Couldn't Anymore.

(가족은 영원하다, 내 인내심이 바닥날 때까지.)

두 번째 자서전 제목:

We All Lived Happily Ever After.

(우리 모두 행복하게 살았답니다.)

"너무 동화책 같은 제목 아닌가요?" 한 학생이 웃으며 지적했지만 토니는 진지했다.

"교수님께서 완벽한 삶이 실현됐다는 가정 하에 지으라고 하셔서요. 저는 정말 가족들과 행복하게 살고 싶어요."

'누구의 삶을 원하는가?' 탐색 활동에서도 패턴은 명확했다. 그가 동경하는 인물들은 하나같이 '가족 사업을 창업해 독자적인 성공을 거두어 완전한 자유를 누리는 사람'이었다. 반면에 '그들에게서 본받고 싶지 않은 점은?'이라는 질문에는 '결국 가족에게 버림을 받은 것', '돈 앞에 무너진 가족'이 적혀 있었다.

그가 꿈꾸는 완벽한 행복은 일요일 저녁, 탄탄대로를 달리는 가족 사업에 대해 온 가족이 모여 이야기꽃을 피우는 풍경이었다. 그의 만트라는 '제대로 해내고 싶다면, 직접 하라!'였고 여든다섯 살 생일의 뼈아픈 후회는 '혼자가 되는 것'이었다.

그렇다. 숫자는 거짓말을 하지 않는다. 토니의 패밀리센트리즘, 어플루언스, 에이전시는 모두 7점 만점이었다. 어치브먼트와 플레이스는 6점이었고 레이디어스와 스코프는 2점대였다.

아름답고 완벽한 길

학기 말, 토니의 얼굴에서 '학점이나 딸 가벼운 마음'은 온데간데없었다.

"깊은 깨달음을 주는 수업이었어요."

그가 말했다. 하지만 표정은 전혀 밝지 않았다. 그는 잦은 출장과 낯선 환경을 떠돌아야 하는 컨설팅 업무가, 사실은 자신의 인생에서 거대한 '우회로'에 불과하다는 사실을 알아차린 것이다.

"목적지를 분명 알고 있는데, 애써 외면하느라 시간을 낭비하고 있었던 겁니다."

토니는 '초월의 영역' 발표 때 이렇게 입을 열었다.

"어쩌면 저는 이 수업을 듣지 말았어야 했어요. 하하. 하지만 이제 분명해졌습니다. 집으로 돌아갈 거예요. 그리고 정말 하기 싫은 일을 할 겁니다. 그러지 않으면 죽는 날까지 후회할 것 같아서요. 돌아가서 아버지께 진심으로 사과드릴 거예요. 사업을 그만큼 키워낸 용기와 인내에 존경을 표할 겁니다. 그런 다음, 아버지를 설득해 사업을 혁신하는 데 꼭 성공할 겁니다."

토니의 청사진은 진심이었기에 아름다웠다.

가게로 돌아가 2년 정도 일하며 아버지의 신뢰 회복.

지역 업체를 인수해 규모의 경제 달성.

사업의 온라인 진출.

20년 내 북미 가전 설치 업계 평정.

여기에 제니와 4명의 자녀를 낳고 이탈리아에서 휴가를 즐기는 AI 이미지까지 곁들였다. 완벽한 '비커밍 유'였다.

발표가 끝나고 박수가 쏟아졌다.

내가 물었다.

"아버지께 이 계획을 말씀드렸나요?"

"아, 아니요! 일단 1~2년은 컨설팅 회사를 다니면서 일을 배울 거예요."

그가 해맑게 외쳤다. 그 순간 나도 모르게 비명을 지르던 내 모습을 기억하는 학생들이 있을 것이다.

"안 돼, 토니! 곧장 돌아가야 해!"

하지만 나는 학생들을 통제할 수 없고, 그래서도 안 된다. 나는 그저 안내자일 뿐이다. '비커밍 유'는 처방전이 아니라 지혜로운 피드백일 뿐이니까.

토니는 자신을 알게 된 후에도 여전히 경제적 안정과 '나, 아이비리그 경영대학원 졸업하고 맥킨지에 다녀'라고 말할 때의 쾌감을 떨치지 못했다. 결국 그는 졸업 후 컨설팅 회사로 떠났고, 나는 1년쯤 지나 그가 파워포인트와 출장에 지칠 때쯤 내게 연락을 해올 거라 예상했다.

그는 내 예상을 넉 달이나 앞질렀다. 어느 날 아침 도착한 이메일의 내용은 다음과 같았다.

"교수님, 제가 미리 알고 허락합니다. '내 그럴 줄 알았어, 이 녀석아!'라고 답신 메일 제목을 달아도 되십니다."

나는 답신을 보냈다. "내 그럴 줄 알았어, 이 녀석아!"

토니는 아버지와 함께 일한 지 1년 가까이 되었고, 벌써 가전 업체 한 곳을 인수했다. 아버지가 갑자기 디지털 친화적인 사람으로 변하는 기적은 일어나지 않았지만, 두 사람은 서로 다름을 인정하며 맞춰가고 있었다.

돌아온 리틀 토니, '비커밍 유' 수업을 완벽하게 통과한 토니는 자신의 계획에 용기와 자신감, 확신을 갖고 충실하게 실행에 옮길 수 있었다. 자신이 추구하는 가치관에 뿌리를 둔 인생은 위태로워지지 않는다.

가치관이란 그런 것이다. 우리를 깨우치고, 경고하고, 안내하고, 결국에는 우리가 '있어야 할 자리'로 이끈다. 아, 그리고 토니에게 새로운 직함이 생겼다.

'공동 CEO_{Co-CEO}.'

놀랍게도, 그건 빅 토니의 아이디어였다.

2부

재능, 적성, 그리고 성격

가장 흔한 형태의 절망은,
자기 자신이 되지 못하는 것이다.

_쇠렌 키르케고르

7

적성은 나의 힘

이제 가치관 탐색을 통과해 '적성Aptitude'의 세계로 진입할 차례다.

토니의 이야기는 잠시 접어두고, '비커밍 유'의 두 번째 마스코트인 클로이Chloe를 만나보자.

클로이는 자신이 많은 일을 '그럭저럭' 해낸다고 생각하지만, 특별히 뛰어난 점은 없다고 믿는 청년이다. "남들은 다들 자신의 '슈퍼 파워'를 안다는데, 저는 제 '미니 파워'라도 알았으면 좋겠어요."

'초월의 영역'에 닿고 싶다면, 반드시 자신의 '파워'를 알아야 한다. 이번 장의 목표는 바로 그 데이터를 수집하는 것이다. 먼저 적성인 것과 적성이 아닌 것을 명확히 구분할 것이다. 이는 가치관을 정의하는 것만큼이나 모호할 수 있기에 선명한 기준이 필요하다.

그다음, 우리의 뇌가 작동하는 8가지 핵심 인지 영역을 살펴보고 이것이 커리어 선택에 어떤 의미를 갖는지 알아볼 것이다.

· 시간 감각Time Frame Orientation

· 업무 접근 방식Work Approach

· 시각 비교 속도Visual Comparison Speed

· 귀납적 추론Inductive Reasoning

· 순차적 추론Sequential Reasoning

· 공간시각화Spatial Visualization

· 아이디어 생성Idea Generation

· 수리적 추론Numerical Reasoning

마지막으로, 우리가 어떤 일을 '할 수 있고', 또 어떤 일을 '해야 하는지'를 보여주는 4가지 성격 특성을 다룰 것이다.

· 대담성Nerve: 북쪽North

· 안정성Soundness: 남쪽South

· 유연성Elasticity: 동쪽East

· 탐구성Wonderment: 서쪽West

나는 이 성격 지도를 '커리어 특성 나침반Career Trait Compass'이라고 부른다. 이 나침반이 방황하던 클로이에게 그랬듯, 당신의 여정에도 확실한 길잡이가 되어주길 바란다.

구름 같은 아이, 클로이

보스턴 근교의 평범하지만 넉넉한 가정에서 자란 클로이는 다정하고 엉뚱한 매력을 지닌 막내였다. 두 오빠가 명문대에 진학할 때 그녀는 작은 사립대에 들어갔다. 전공은 영문학에서 역사학으로, 컴퓨터 공학에서 다시 고전학으로 널뛰었다. 라틴어와 고대 그리스어라는 두 개의 사어死語에 능통해진 그녀는 마지막 학년을 앞두고 돌연 휴학을 선언했다.

내 오랜 친구인 클로이의 엄마는 이렇게 말했다.

"클로이는 구름 같은 아이야. 인생을 구름 흘러가듯 살아. 언젠가는 자기 자리를 찾겠지만, 남들보다 시간이 좀 더 걸리는 것 같아."

우리는 말하지 않아도 그 이면에 복잡한 이유가 있음을 알았다. 바로 건강이었다. 고등학생 때부터 시달린 만성두통과 피로는 우울증으로 오진되었으나, 알고 보니 라임병 후유증이었다. 그녀는 겉보기에도 위태로울 만큼 허약했다.

하지만 클로이는 자신의 병을 핑계 삼지 않으려 했다. 대학을 중퇴하고 독립을 선언한 그녀는 보스턴 외곽의 반지하 방에서 생계를 꾸리기 위해 몸이 부서져라 일했다. 웨이트리스, 바텐더, 베이비시터, 타이핑 아르바이트, 뷔페 서버, 도어대시 배달원, 이웃집 심부름까지, 대학 졸업장 없는 20대 후반 여성이 할 수 있는 모든 단기 임시직을 전전했다.

서른이 가까워질 무렵, 그녀가 내게 도움을 청해왔다.

"이런 일을 평생 할 수는 없어요. 제대로 된 삶을 살고 싶어요. 아줌마가 학생들과 상담하시는 그 프로그램, 저도 해보고 싶어요.”

가족 중 한 명이 길을 잃으면 생태계 전체가 고통받는다. 나는 진심으로 기뻐하며 그녀를 위해 줌Zoom을 켰다.

현실과 이상 사이

내 요청에 따라 클로이는 ‘가치관 다리’ 검사를 받았고, 이를 통해 현재 삶에서 자신의 가치관을 얼마나 표현하고 있는지, 그리고 ‘완벽한’ 인생을 살고 있다면 얼마나 그 가치관들을 표현했을지를 비교했다. 이에 대한 비교 결과는 1부터 100까지의 점수로 환산되어 나타나는데, 콜레스테롤처럼 숫자가 낮을수록 좋다.

“67점.”

충격을 받은 나는 애써 침착하려 했지만 한숨이 새어 나왔다.

“클로이…… 너 지금…… 불행하니?”

“그렇다고 할 수 있죠.”

그녀가 건조하게 웃었다.

“그냥 짜증이 나고, 무섭고, 답답하고, 스트레스에게 잡아먹혀요.”

이 장은 적성에 관한 것이지만, 잠시 그전에 클로이의 가치관에 대한 이야기를 해야겠다. 비커밍 유는 결국 서로 ‘맞물린’ 원들로 이뤄져 있으니까.

‘가치관 다리’를 통해 클로이에게서 가장 격차가 큰 영역은 자신의 삶이 얼마나 영향력을 갖기를 원하는지를 나타내는 레이디어스라는 걸 알게 되었다. 현재 삶에서 그녀는 레이디어스에 2점을 매겼지만 희망하는 삶에서는 7점을 줬다.

"저는 제 삶이 이 세상에 어떤 의미가 있기를 원해요. 하지만 지금의 저는 우유나 달걀을 배달하거나 강아지 똥이나 치우고 있죠."

어치브먼트(성취)의 격차도 작지 않았다.

"제 오빠들을 보면 하는 일이 많은 사람들에게 인정을 받아요. 저는 비록 대학을 마치지 못했지만 그런 일을 하고 싶어요. 사람들에게 박수받는 성과를 내고 싶어요."

클로이는 빌롱잉(유대감) 영역에서도 현실과 이상 사이에 큰 격차를 보였다. 클로이는 임시 단기직을 전전하다 보니 사람들과 깊은 관계를 맺어 소속감을 강화화는 것이 매우 어려웠다.

코스모스(믿음)에서도 격차가 존재했다. 그녀는 먹고사는 일에 바빠 어릴 적부터 교회를 다니며 꿈꾸었던 신앙 생활이 점점 멀어져가고 있어 슬프다고 말했다.

마지막으로 격차가 큰 영역은 돈에 관한 가치관인 어플루언스로 현재 삶에는 2점을 줬고 희망하는 삶에는 4점을 줬다.

"저는 절대 부모님만큼 경제적으로 편안하진 못할 거예요. 괜찮아요, 돈은 코딱지만한 아파트 한 채를 살 수 있을 정도면 충분해요. 그러면 더 이상 집주인들을 상대하지 않아도 되니까요."

나는 그녀를 꼭 안아주고 싶었다. 하지만 클로이는 컴퓨터 화면 너머에 있었다. 그녀에게는 절망의 그림자가 짙게 드리워져 있었다.

적성, 인생에 마법을 일으키는

"혹시 저 때문에 당황하셨어요?"

클로이가 물었다. 그녀는 어려운 질문을 아무것도 아닌 척 묻는 재주가 있었다.

"아니, 당황은 무슨. 너는 불행의 축에도 끼지 않아. 내가 얼마나 사람을 많이 만나봤는데. 자, 그럼 이제 네가 잘할 수 있는 일을 찾아보자!"

그녀의 표정이 일순 어두워졌다.

"위로하지 않으셔도 돼요, 제 처지에 익숙하니까요. 그래도 불안하네요. 딱히 잘하는 게 없다고 나올까 봐."

"완벽하고 유능해보이는 사람들도 다 너처럼 얘기해. 너무 걱정 말고 씩씩하게 시작해보자. 분명 너만이 할 수 있는 무언가가 있어. 그러니까 그걸 찾아내기만 하면 돼. 아줌마를 믿어. 신보다 이 바닥을 더 잘 아니까."

클로이가 한결 밝아진 표정으로 고개를 끄덕였다.

"지금까지 했던 일 중 가장 즐거웠던 일은 뭐니? 상사에게 칭찬을 받았거나, 아주 자연스럽게 느껴졌던 일 말이야."

클로이는 망설임 없이 대답했다.

"랍스터를 파는 식당에서 안내담당자로 일했을 때요. 5년 동안 여름마다 일했는데, 대기 줄이 길어 짜증이 난 손님들을 진정시키는 게 제 일이었어요. 저는 기다리는 시간을 파티처럼 만들었죠. 매니저는 그런 저를 무척 좋아했어요. 골치아팠던 고민이 사라졌으니까요."

"그러면 그 식당에서 계속 일할 수도 있었던 거잖아?"

그녀가 고개를 푹 숙이고는 기어들어가는 목소리로 말했다.

"사람들에게 제가 식당 안내원이라고 말하는 게 너무 싫었어요. 그러면 다들 '걱정 마, 곧 좋은 직장을 찾을 거야'라고 위로하거든요. 그게 창피했어요."

하지만 랍스터 식당에서 일했던 때를 묘사할 때 클로이의 얼굴은 글자그대로 빛이 났다. 그녀는 단순한 안내원이 아니었다. 엔터테이너이자 경호원이었고, 사회자인 동시에 상담가이자 관광 가이드였다.

"클로이, 너는 사람에게 '환영받는다'는 느낌을 주는 재능이 있어. 주목받고, 존중받는다고 느끼게 만들어. 지금 나한테도 그렇게 하고 있어. 그건 정말 드문 재능이야."

"그게, 진짜 제가 잘하는 걸까요?"

"솔직히 아직 정확히는 몰라. 하지만 네가 워낙 맑고 투명해서, 금방 너의 최고 적성을 찾아낼 것 같아."

우리는 왜 우리가 잘하는 일을 찾지 않을까? 우리는 왜 우리 안의 보석을 남들이 찾아내는 아주 우연하고 기적 같은 기회가 아니면 스스로 찾아내지 못하는 걸까?

열두 살이 되던 해 여름, 나는 학교 도서관의 책들을 닥치는 대로 읽어치웠다. 그러던 어느 날, 사서 선생님이 내가 반납한 프로이트, 업다이크 등의 책무더기를 보고는 입을 다물지 못했다.

"이걸 다 읽었니? 너 정말 똑똑하구나!"

똑똑하다고? 나는 한 번도 이런 칭찬을 받아본 적이 없었다. 내 가족은 서로를 칭찬하는 사람들이 아니었다.

고등학생이 되어서야 비로소 나는 자주 칭찬을 들었다. 특히 영어 선생님들로부터 그 말을 자주 들었다. 하지만 나는 영어만큼이나 수학도 사랑했다. '수지, 영문학 따위는 집어치우자. 수학이야말로 세상에서 가장 아름다운 언어네!'

하지만 나는 토스토예프스키, 메리 올리버, 애거서 크리스티를 밤새 읽다가 대학에 진학했다. 좋아하는 것은 많았지만, 정작 내가 무엇을 잘하는지는 전혀 모르는 채였다. 정확히 말하면 내가 무엇을 잘하는지 '알아야 한다'는 인식조차 없었다.

당신은 알아야 한다. 반드시 알아야 한다. 나는 환갑이 되어서야 수십 년의 시행착오 끝에 나의 적성을 파악했다. 하지만 당신은 그럴 필요가 없다. 이 책만 잘근잘근 씹어 먹으면 된다.

두뇌가 잘하는 것(인지 능력)과 성격이 잘하는 것(성향). 이 두 가지 강점이 만나는 지점이 바로 당신의 적성이다. 평생 적성을 모르고 산다는 것은 평생 어두운 바다를 표류한다는 것과 같다. 클로이가 자신이 잘해낼 수 있는 것을 모르고 있었을 때와 그걸 찾아냈을 때 그녀의 삶에서 어떤 차이가 나타났는지 알면 당신은 기절할지도 모른다.

적성의 하드웨어와 소프트웨어

사실 적성의 정의는 모호할 때가 많다. 그러니 거기서부터 시작해 보자.

적성은 훈련과 연습으로 습득하는 기술이 아니다. 자바 코딩, 수도

꼭지 수리, 반응이 좋은 디지털 광고 만들기 같은 것들이 아니다. 또 적성은 역량이나 전문성도 아니다. 역량과 전문성은 기술과 비슷하지만 더 많은 교육과 경험, 연습을 통해 강화된 것일 뿐이니까.

적성은 그런 것들을 뒷받침해준다. 우리가 어떤 기술, 역량, 전문 분야에서 더 잘할 수 있게 해주는 '타고난' 능력이다.

이렇게 생각해볼 수 있다. 우리는 특정한 신체적 소질은 쉽게 발견해낸다. 다섯 살짜리 아이가 축구공으로 놀라운 발재간을 부리거나 여덟 살짜리 아이가 올림픽 체조 선수처럼 완벽한 착지자세를 보여주는 것 말이다.

내 아들 마커스는 열두 살 때 빠르고 정확한 스윙으로 연습장 끝까지 골프공을 날리곤 했다. 그걸 바라보며 마커스의 코치가 말했다. "마커스에게는 제가 가르칠 수 없는 뭔가가 있어요."

마커스에게 '신체적 적성'이 있었다는 말이다. 하지만 안타깝게도 마커스는 골프를 좋아하지 않았다. 그가 골프를 좋아했다면 적성과 합쳐치면서 다른 사람보다 그 스포츠가 쉬워졌을 것이다.

음악적 적성 또한 비슷한 방식으로 나타난다. 당신은 어떤지 모르겠지만, 나는 몇 시간이고 틱톡에서 〈아메리카 갓 탤런트America's Got Talent〉에 나와 노래하는 아이들의 영상을 감상한다. 그 아이들은 글자 그대로 '놀랍다.' 여섯 살짜리 아이가 티나 터너나 프레디 머큐리처럼 노래하고 춤을 추다니! 말도 안 돼!

이처럼 예술이나 스포츠 분야에서는 적성을 발견하기가 쉽다. 눈에 즉각적으로 보이기 때문이다. 축구선수가 얼마나 빨리 달리는지, 가수가 얼마나 고음을 잘내는지, 댄서가 얼마나 유연하고 우아한지는 딱 보면 알 수 있다. 즉 예술과 스포츠는 '하드웨어'가 중요하다.

하지만 평범한 우리의 적성은 '소프트웨어'다.

직장인이나 일반인에게 필요한 적성은 근육이나 성대로 발현되지 않는다. 우리의 적성은 우리의 '뇌(생각하는 힘)'와 '성격(사람을 대하는 힘)' 안에 존재한다. 우리의 적성은 인지적·사회적·감정적이라 발견하기가 훨씬 어렵다.

인지적 적성(뇌의 작동 방식)의 예는 다음과 같다.

· 남들보다 숫자를 빨리 계산하는 능력
· 복잡한 상황에서 논리적 추론으로 정답을 찾아내는 능력
· 흩어진 정보를 모아 새로운 아이디어를 만드는 창의력

사회적·감정적 적성(성격의 작동 방식)의 예는 다음과 같다.

· 화난 사람을 말 한마디로 진정시키는 능력(클로이의 사례처럼)
· 처음 보는 사람과도 금방 친해지는 친화력
· 힘든 상황에서도 포기하지 않고 버티는 멘탈(대담성)

달리기 실력은 스톱워치로 잴 수 있지만 센스, 배려심, 분석력은 눈에 보이지 않는다. 겉으로 드러나지 않고 내면 깊숙이 숨겨져 있어서, 스스로 깊이 들여다보거나(자기 성찰) 특정한 상황을 겪어보지 않으면 알기가 어렵다.

이처럼 당신의 적성이라는 보물은 머릿속 생각 회로와 가슴 속 성

격 안에 조용히 숨어 있다. 따라서 더 세심한 관찰과 노력을 기울여야만 찾아낼 수 있다.

발견된 적성은 삶을 쉽게 만든다

'비커밍 유' 강의가 진행되는 동안 적성 탐색의 전문가이자《숨겨진 재능 Your Hidden Genius》의 저자인 베시 윌스 Betsy Wills가 늘 나를 도우러 온다.

"평소에 안 쓰던 손으로 펜을 쥐고 종이 위에 이름을 써보세요."

베시의 지시를 받은 학생들은 다들 끙끙댄다.

"자, 이제 손을 바꿔서 원래 쓰던 손으로 이름을 써보세요."

안도감을 찾은 학생들이 웃는다. "훨씬 쉽군요."

베시가 설명한다. "맞아요. 여러분의 적성은 여러분의 삶을 쉽게 만듭니다."

베시의 탁월한 적성은 무엇이든 명쾌하게 설명해낸다는 것이다. 그렇다. 적성은 당신이 '주로 쓰는 손'이다. 안 쓰던 손으로 글씨를 쓰는 일, 그것이 곧 '적성에 안 맞는 일'이다. 그런 일을 하면 어색하고, 근육이 긴장되고, 엄청난 집중력이 요구된다. 하지만 그 결과는? 땀 흘려 노력했지만 글씨는 삐뚤빼뚤 엉망이 된다. 당신의 뇌가 잘 못하는 분야(약점)에서 일할 때 이런 상태를 나타낸다. 억지로 해내기는 하지만, 에너지가 너무 많이 들고 성과도 지지부진하다. 스트레스만 가중된다.

적성에 맞는 일이란 '원래 쓰던 손으로 글씨 쓰기'다. 숨 쉬듯 자연스럽고, 편안하며, 굳이 의식하지 않아도 된다. 별로 에너지를 들이지 않아도 좋은 효율과 결과를 낸다. 당신의 뇌가 잘하는 분야(강점)에서 일할 때 이런 상태를 나타낸다.

적성은 '남보다 뛰어난 능력'인가? 맞다. 하지만 베시에 따르면, 이 정의보다 더 뛰어난 정의가 있다. 즉 '당신의 뇌가 가장 편안하게 느끼는 일'이 곧 적성의 본질에 더 가깝다.

오른손잡이가 왼손으로 글씨를 쓰는 연습을 10년 하면 어느 정도 잘 쓰게 될 수는 있다. 하지만 절대 오른손만큼 편해지지는 않는다. 마찬가지로 적성에 안 맞는 일도 노력하면 어느 정도 해낼 수 있지만, 평생 왼손으로 글씨를 쓰는 듯한 '불편함'을 안고 살아가야 한다.

당신은 어떤 일을 찾아야 하겠는가?

사회학자들은 '타고난 신체적·인지적 성향과 능력'이라고 적성을 정의한다. 나는 여기에 '성격적 특성'도 포함시킨다.

두 가지 이유가 있다.

첫째, 어떤 성격적 특성은 타고나기 때문이다. 즉 미리 설치된 소프트웨어처럼 우리는 일정 수준의 성격적 특성을 타고난다. 내게는 정말 괴상한 유머 감각을 소유한 미리엄Miriam이라는 친구가 있다. 그녀는 다크한 유머를 구사한다. 예전부터 우리는 이런 말을 하곤 했다.

"미리엄은 정말 좋은 친구야. 하지만 그녀가 보낸 영상들은 받는 즉시 지워야 해. 정말 기괴하거든."

그러다가 우리는 미리엄의 쉰 번째 생일 파티에 다 같이 모인 적이 있었다. 거기서 그녀의 오빠를 만났다. 그는 인사를 나눈 후부터 불편할 정도로 어두운 농담을 해댔다. 그리고 미리엄이 평소처럼 괴이한 농담을 던지면 그는 박장대소했다.

한 친구가 속삭였다. "집안 내력인가 봐."

바로 그거다. 어떤 특정한 행동과 성향은 유전적인 요소처럼 보인다. 우리는 그걸 조절해서 통제하거나 반대로 더 잘 살릴 수도 있다. 음악가 집안에 음악가가 많고, 의사 집안에 의사가 많은 것처럼, 물려받은 성격을 잘 살려나가면 인생을 풍요하게 만들 적성이 될 수도 있다(미리엄의 다크한 농담은 대체 어디에 쓸지 모르는 적성이지만).

둘째, '비커밍 유'는 궁극적으로 '해결책'을 제시하는 프로그램이기 때문이다. 우리의 적성은 분명 우리의 성격일 수 있다. 나의 다정한 제자 보$_{Bo}$가 바로 그런 경우다.

보는 가는 곳마다 분위기를 활기차게 바꿔준다. 그의 따뜻하고 밝은 성격에 이끌려 다가가고 싶게끔 만드는 매력이 있다. 언젠가 보는 내가 사는 동네에 놀러온 김에 우리 집에 인사를 하러 들른 적이 있었다.

그가 돌아갔을 때, 마침 우리 집에 와 있던 동료가 이런 말을 했다. "내가 보를 사랑하는 것만 같은 기분이 드는 건 왜지?"

"보가 바로 그런 사람이거든. 기분 좋고 편안하게 만들어줘. 그게 바로 그의 성격이잖아."

그리고 그게 바로 그의 적성이었다.

대학원생인 보는 아직 진로를 놓고 고민하고 있다. 하지만 그가 머지않은 장래에 자신의 특출난 적성을 맘껏 발휘할 수 있는 곳에서 승승장구할 거라는 걸 나는 알고 있다. 우리는 어떤 사람의 성격이나 태도만을 보고 나서도, 그가 성공할 것이라는 강한 느낌을 받을 때가 있지 않은가.

보는 엔지니어가 되기 위해 열심히 공부하고 있고, 기술 분야에도 재능을 갖고 있다. 그가 어떤 일을 하든, 사람들은 그를 리더로 뽑을 것이다. 리더들은 그를 기꺼이 비서실장으로 영입할 것이다. 그가 어떤 일을 하든, 사람들은 그를 사랑할 것이다.

적성이란 우리의 모든 강점을 합쳐놓은 것과 같다. 이러한 적성은 우리가 우리 자신에게 맞는 인생과 커리어를 구축할 수 있도록 도와줄 준비가 된 원자재와도 같다.

자, 앞에서 클로이의 엄마가 언젠가는 딸이 자신의 길을 찾을 것이라고 말했던 게 기억날 것이다. "다들 언젠가는 자신의 자리를 찾잖아."

그녀의 말은 틀리지 않았다. 클로이는 '고객 서비스' 분야를 공부할 결심을 했고, 그 분야에 명성이 높은 대학에 진학했다. 이처럼 '발견된 적성'은 높은 동기를 부여한다. 방학을 한 달 정도 앞둔 무렵이 되면 그녀를 인턴으로 영입하기 위해 유명 기업들의 인사 담당자들이 메일을 앞다퉈 보낸다.

클로이는 말했다.

"아줌마, 아니, 수지 교수님. 저는 왜 오른손을 놔두고 왼손으로만 글씨를 쓰려고 그렇게 짜증을 내고 고집을 피우고 스트레스를 받았을까요?"

내 경험에 따르면 대부분의 사람들은 결국 적성을 찾아낸다.

가치관처럼 말이다.

현미경의 뇌 vs 망원경의 뇌

예전에 라이너스Linus라는 개인 상담 고객이 있었다. 그는 세계 최고의 요리 학교를 졸업하고 뉴욕의 내로라하는 레스토랑들을 거친, 실력만큼은 의심할 여지가 없는 셰프였다.

드라마 〈더 베어〉를 보다가 문득 라이너스가 떠올랐다. 주인공 카미가 자두 스무여덟 개를 각기 다른 방식으로 조리해 만드는 디저트에 대해 황홀한 독백을 늘어놓는 장면에서였다. 라이너스 역시 딱 그런 사람이었다. "이 자두의 산미를 0.5도만 낮추면 완벽한 밸런스가 될 거야"라고 밤새도록 중얼거릴 수 있는, 뼛속까지 '장인Artisan'인 사람 말이다.

하지만 현실은 드라마가 아니었다. 스물여섯 살에 덜컥 아빠가 된 라이너스는 생계와 워라밸 사이에서 고민해야 했다. 결국 그와 아내는 결단을 내렸다. '프라이빗 셰프가 되자. 안정적인 삶을 살자.'

그는 곧바로 시내 중심가에 있는 한 은행의 임원 전용 식당으로 이직했다. 조건은 꿈만 같았다.

근무 시간: 오전 9시~오후 5시(셰프의 세계에서는 유니콘과 같은 스케줄!)

월급: 이전 직장의 거의 두 배.

물론 직접 요리하는 시간은 줄어들고, 대신 다른 셰프들을 관리·감독하는 업무가 늘어났다. 하지만 그게 대수랴? 몸은 편하고 지갑은 두둑한데, 대체 잘못될 게 뭐가 있겠는가?

정확히 1년 후, 해고 통보를 받고 나를 찾아왔을 때 라이너스는 여전히 그 질문을 던지고 있었다. "대체 뭐가 잘못된 거죠?"

나는 몇 가지 적성 탐색 활동을 통해 답을 찾아냈다. 진단은 명쾌했다. 라이너스의 뇌는 '극도로 섬세한 디테일'에 반응할 때 도파민이 솟구치도록 설계되어 있었다.

그는 자두 하나하나를 몇 도에서 어떻게 익혀야 하는지, 초콜릿 무스 케이크 위에 올라가는 아이싱의 농도가 0.1% 달라지면 식감이 어떻게 변하는지를 고민하느라 밤을 꼬박 새울 수 있는 사람이었다. 속담을 빌리자면, 그는 태생적으로 '숲은 못 보고 나무만 보는 유형'이었다. 아니, 나무의 껍질 무늬 하나하나를 현미경으로 들여다보며 희열을 느끼는 유형이었다. 그래서 과거에 페이스트리 셰프로 일할 때 그토록 행복했던 것이다.

하지만 새 직장인 은행은 그에게 '완벽한 자두 하나'를 요구하지 않았다. 그곳은 2만 피트 상공에서 숲 전체를 조망하는 능력을 그에게 원했다. 오늘 점심에 나갈 500인분의 식재료 재고가 충분한가? 스태프들의 근무표는 효율적인가? 예산 내에서 메뉴 구성이 가능한가?

전체를 살펴야 하는 감독 업무에는 큰 그림에 편안하게 집중할 수 있는 뇌가 필요하다. 라이너스의 '현미경 뇌'로는 감당할 수 없는, 아니 고문과도 같은 일이었다.

라이너스는 나와 상담하면서, 가치관과 적성을 탐색하면서 생생하게 깨달았다. 자신이 거의 쓰지 않는 손으로 애써 글씨를 쓰고 있었다는 것을.

근무시간? 중요하다. 월급? 두말할 나위 없이 중요하다. 하지만 '적성'이 빠져 있으면 그 모든 조건은 모래성일 뿐이다. 일과 적성이 불일치하는 곳에서 성공한 사람을 나는 지금껏 본 적이 없다. 이 불일치는 단순히 업무 성과를 떨어뜨리는 데에서 그치지 않는다. 매일매일 당신에게 '나는 무능하다'라고 잘못된 시그널을 보내며, 심리적으로 당신을 소리없이 천천히 무너뜨린다.

라이너스의 비극은 능력이 없어서가 아니었다. 자신의 뇌가 마음껏 춤출 수 있는 무대(주방)를 떠나 뇌가 질식하는 무대(관리자의 책상)로 옮겨갔기 때문이다.

일과 삶의 성공은 기어이 적성을 찾아낸 사람의 것이다.

적성을 절대 빼앗기지 마라

내가 왜 이렇게까지 적성에 집착하는지, 그 이유를 설명해야 할 때가 온 것 같다. 적성 탐색을 시작하기 전에 이 이야기를 먼저 꺼내는 이유가 있다.

경영대학원에 입학했을 때, 나는 나 자신을 철저히 '언어형 인간'으로 규정했다. 과거에 수학을 짝사랑하긴 했지만 당시 나는 작가이자 기자로서 아이디어를 글로 엮어내는 사람이었으니까.

그런데 기이한 일이 벌어졌다. 갑자기 나는 '금융 과목들'과 사랑에 빠졌다. 짝사랑이 아니었다. 성적이 수직 상승하기 시작한 것이다.

당시 나는 첫 남편인 에릭과 결혼 생활 중이었다. 에릭은 투자은행에서 일하는 금융전문가였다. 사람들은 내가 그에게 도움을 받을 거라 생각했겠지만, 우리는 내 학교 과제에 대해 단 한마디도 나누지 않았다. 그럴 필요가 없었다. 나는 혼자서도 이미 날아다니고 있었으니까.

하지만 나도 모르는 사이, 강의실 공기 속에는 의심의 눈초리가 떠다니고 있었다. 특히 2학년 때 수강하는 난이도 높은 금융 과목을 함께 듣던 동기들이 그랬다. 그 과목은 투자은행에서 잔뼈가 굵은 남자들이 득실거리는, 악명 높은 수업이었다. 하지만 나는 그들 사이에서 뒤처지기는커녕, 종종 그들보다 먼저 해답을 찾아내곤 했다. 학기 말, 나는 본능적으로 느꼈다. '이 과목, A다!'

마지막 수업 전날 밤이었다. 과제 더미 속에서 나는 지금껏 본 적 없는 괴물 같은 문제를 발견했다. '교수님이 우릴 죽일 작정이군.'

하지만 곧이어 승부욕이 밀려왔다. 마침 그날 저녁, 에릭은 출장 중이었다. 집에는 나 혼자뿐. 방해꾼은 없었다. 나는 냉장고에서 차가운 피자 한 조각을 꺼내 입에 물고, 그 괴물과의 씨름을 시작했다.

4시간 후 뻣뻣해진 목을 들고 시계를 확인했다. 해냈다. 내 정답지는 근사했고 논리적으로 완벽했다. 너무 피곤하지만 않았어도 나는 그 자리에서 감격의 눈물을 쏟았을 것이다.

이튿날 강의실에 들어서자마자 교수님이 나를 지목할 것 같았던 예감은 적중했다. 나는 칠판 앞으로 나갔다. 20분 동안 분필 가루를 날리며 내가 완성한 논리를 펼쳐보였다. 교수님은 칠판에 빼곡히 적힌 내 계산식을 따라오시더니, 최종 답안에 붉은색 펜으로 커다란 동그라미를 치셨다. 교수님의 눈빛에서 읽을 수 있었다. '완벽해.'

숨죽인 정적 속에서 교수님이 한쪽 눈썹을 치켜올리며 미소 지으셨다. 나도 마주 웃었다.

"자! 수지의 풀이과정에 대해 덧붙일 말 있나요?"

자리에 앉은 내 심장은 터질 듯이 뛰었다. 나는 지금 '수학의 열반'에 도달한 것이다!

그때 강의실 뒤편 가장 높은 줄에서 웅성거림이 들렸다. 한 남학생이 손을 들었다. 그를 '톰Tom'이라고 부르겠다.

"그래, 톰! 할 말이 있나요?" 교수님이 밝게 물으셨다.

톰은 묘한 표정을 지었다. 뒤쪽이 시끌시끌해졌다. 평소보다 긴, 불길한 정적이 흘렀다. 마침내 그가 입을 열었다.

"제가 하고 싶은 말은…… 저는 수지 남편의 답에 전적으로 동의한다는 겁니다!"

강의실은 폭소로 뒤집어졌다.

그래서 내가 상처를 받았냐고? 솔직히 말하자면, 그 상처는 수십 년이 지난 지금까지도 아물지 않았다. 영원과도 같은 5분이었다. 나는 자리에 웅크리고 앉아, 내 땀과 정성이 배어 있는 공책만 뚫어져라 쳐다봤다. 내가 겪지 않아도 될 부당한 수치심에 온몸이 떨렸다.

하지만 바로 그날, 그 치욕스러운 강의실 한구석에서 '비커밍 유'의 씨앗이 심어졌다. 사람들이 내게 어떻게 경영대학원 교수가 되었느냐고 물으면 나는 그 순간을 떠올린다. 그리고 어떤 계기로 사람들의 가치관과 적성을 찾는 일을 하게 되었냐는 질문을 받을 때도 나는 그 순간을 떠올린다.

사람들의 조롱과 비난, 의심, 빈정거림, 냉소를 받아도 당신의 적성은 반드시 발견되어야 한다. 그러니까 내 말은 당신이 잘하는 일을 사람들이 어떻게 생각할지에 대해서는 눈꼽만큼도 신경 쓰지 말라는 것이다. 헛소리들은 깡그리 무시하라고 내뱉어지는 것이다.

사람들의 시선에 당신의 적성을 가두지 마라. 글을 쓰는 작가와 기자의 삶을 의심하지 않았던 내가 숫자와 데이터를 다루는 경영대학원 교수가 된 것은, 타인의 평가가 아니라 내가 내 자신에게 내린 평가 때문이다. 다시 말해, 내가 작가와 기자로 살아가는 삶을 타인이 아니라 '나 스스로 의심을 했기' 때문에 그 삶에 가려져 있던 진정한 적성을 발견할 수 있었다.

세상이 나를 의심하고 조롱할 때, 나를 지킬 수 있는 유일한 무기는 무엇일까? 바로 내가 무엇을 잘하는지 정확히 알고, 그것을 스스로 긍정하는 힘이다. 만일 내가 내 적성을 확신하지 못했다면, 나는 그날 톰의 조롱을 진실로 받아들이고는 무너졌을지도 모른다.

그래서 당신과 내가 지금 여기 있는 것이다.

적성은 우리가 어떤 일을 하고, 어떤 인생을 살아야 승리할 수 있는지를 밝혀주는 세상에 단 하나뿐인 나만의 알고리즘이다.

이제, 아무도 빼앗아갈 수 없는 당신의 적성을 찾아보도록 하자.

8

내 안에 숨은 8개의 보석을 찾아라

아직도 톰 때문에 화가 나나?

솔직히 나도 그렇다! 하지만 이제 그만 잊어버리자. 분노는 내려놓고, 지금부터는 '8가지의 대표 인지 적성 스펙트럼'에 집중해보자.

여기서 가장 중요한 대전제가 하나 있다. 이 적성 검사에서 '나쁜 결과'란 존재하지 않는다는 사실이다. 절대적으로 좋거나 나쁜 적성은 없다. 다만, 한 번뿐인 귀한 인생에서 '무엇을 하고자 하는가'에 따라 상대적으로 더 유리하거나 불리한 적성이 있을 뿐이다.

이해를 돕기 위해 '대인관계'를 예로 들어보자. 엄밀히 말해 이건 인지 적성보다는 성격적 특성에 가깝지만, 스펙트럼 개념을 설명하기에는 이보다 더 좋은 예가 없다.

우리는 외향적인 사람과 내향적인 사람에 대해 잘 알고 있다. "샐리는 친해지면 수다쟁이가 되지만 낯선 사람 앞에서는 입을 꼭 다무는 아이야"라고 하면 무슨 뜻인지 단박에 알아듣는다. 이때 외향적인 것이 내향적인 것보다 우월한가? 절대 아니다. 우리 모두 내성적이지만 속이 깊은 친구를 사랑하고, 외향적이지만 곁에 두기 피곤한 사람도 한두 명쯤은 알고 있다. 어느 쪽이 더 낫다고 단정 지을 수 없다.

하지만 여기에 '환경'이 개입하면 이야기가 사뭇 달라진다.

어느 날 나는 시카고발 뉴욕행 비행기 안에서 한 승무원이 무려 30분 동안 기내를 돌아다니며 원맨쇼를 펼치는 광경을 목격했다. 그녀는 명랑하게 안전 수칙을 안내하고 농담을 던지며 승객들을 즐겁게 만들었다. 복도를 빠르게 오가며 승객들과 하이파이브라도 할 기세였다. 학생들의 과제를 채점하느라 바빠 그녀와 눈을 마주치지는 못했지만 나는 속으로 감탄했다. '저 사람은 자신에게 딱 맞는 무대를 찾아냈구나!'

반면에 칼Carl은 전혀 다른 사람이었다.

학기 초 칼은 내게 이메일을 보냈다. "교수님, 정말 죄송한데 저는 내성적인 성격이라서 수업시간에 발표는 거의 못할 것 같습니다. 하지만 수업은 누구보다 열심히 듣고 과제도 빠짐없이 제출하겠습니다. 제가 말이 없다고 해서 건성으로 듣는다고 오해하실까 봐, 밤새 고민하다가 이렇게 용기를 내 메일을 드립니다."

몇 달 뒤, 나는 칼의 적성을 정확히 파악했다. 그의 뇌는 정해진 패턴과 규칙이 지배하는 세상에서 빛을 발했다. 마치 홈에 딱 맞게 끼워지는 파이프처럼, 절차를 감독하고 시스템을 관리하는 데 탁월한 능력이 있었다.

그런데 칼이 제출한 '초월의 영역' 분석 초안을 보고 나는 기절할 뻔했다. 그의 계획은 졸업 후 예전에 일했던 스타트업의 '사업 개발 팀'으로 돌아가는 것이었다. 사업 개발이라니? 그건 하루 종일 전화기를 붙들고 낯선 사람에게 영업을 하고, 공격적인 투자자들 앞에서 되지도 않는 수익률을 뻥튀기해서 떠들어대야 하는 일이다.

"칼, 우리 얘기 좀 해야 해요!"

내가 황급히 칼을 불렀다. "당신의 분석 결과는 한마디로 적성과 커리어의 불일치 대환장 파티에요."

칼이 한숨을 내쉬었다. "압니다, 교수님. 수업을 열심히 들었으니 저도 잘 알아요. 하지만 교수님, 매출과 수익을 올려야 생존을 유지하는 회사라는 데가 정도의 차이는 있지만 다 그래요. 제가 적성을 찾아서 조용한 도서관 사서로 이직할 수는 없잖아요."

"칼, 시끄럽고 조용하고가 중요한 게 아니에요. 당신 말이 맞아요. 회사라는 데는 언제나 떠들썩한 곳이죠. 하지만 아무리 시끄러워도 당신의 적성을 펼칠 수 있는 곳이면 천국이 되는 거고, 아무리 조용한 곳이라도 당신의 적성을 펼쳐낼 수 없는 곳이면 그곳이 바로 지옥이에요."

"하지만 교수님, 회사는 적극적이고 사교적이며 환상적인 거짓말을 하는 사람이 득세하는 곳이에요. 싫든 좋든 저는 그 무리에 들어가야 합니다."

나는 몹시 간절해졌다.

"아니라니까요, 칼. 회사 구성원 모두가 전화통을 붙잡고 있을 수는 없어요. 안 보이는 곳에서 당신 같은 디테일의 천재가 회사 시스템 구석구석을 한 치의 오류 없이 정확하게 체크하지 않으면, 그 회사는 오래 못 가요. 당신 말처럼 모두가 전화통에 매달리기 때문에 그런 곳은 경쟁도 없어요. 그런 곳에서 당신은 독보적으로 성장할 수 있죠.”

나는 진심을 다해 설득했다. 그의 적성을 너무나 잘 알고 있었기에, 자신의 적성을 애써 누르려고 하는 칼이 너무나 안타까웠다.

칼은 결국 자신의 리포트를 회수해갔다. 그리고 치밀하게 자신의 데이터에 근거해 완벽한 직장을 찾아냈다. 작은 규모의 물류회사였지만 그가 천재적으로 일할 수 있는 ‘프로세스 관리직’이었다. 그곳에서 칼은 물 만난 고기처럼 일하고 있다.

칼의 이야기가 너무 단순하고 당연하게 느껴지는가? 절대 그렇지 않다. 자신의 적성을 잘 찾아냈음에도 불구하고, 그것을 이런저런 이유로 억누르는 사람이 굉장히 많다. 자신의 적성을 살리는 것이 성공의 길일 리가 없다고 생각하는 사람이 얼마나 많은지 알면 깜짝 놀랄 것이다.

이제부터 8가지 인지 적성에 대해 하나씩 살펴볼 것이다. 당신이 집중해야 할 가장 중요한 포인트는 각 스펙트럼에서 ‘내가 어디쯤 위치하는가?’를 파악하는 것이다. 그래야만 나중에 ‘초월의 영역’ 분석을 제대로 수행할 수 있다.

마지막으로 강력하게 추천하고 싶은 테스트가 있다. 바로 ‘유사이언스YouScience’ 평가다. ‘비커밍 유’ 수업을 듣는 학생들은 의무적으로 이 87분짜리 검사를 받아야 한다. 여유가 된다면 당신도 꼭 받아보기를 적극 권유한다(이 테스트는 www.youscience.com에서 받을 수 있다).

유사이언스는 단순한 성격 검사나 홍미 검사가 아닌, ‘수행 기반Performance-based’의 적성 검사 도구다. ‘당신이 무엇을 좋아하는지’를 묻는 게 아니라 '당신의 뇌가 실제로 무엇을 잘하는지'를 측정한다.

유사이언스는 '브레인 게임'이라 불리는 일련의 미니 게임들을 수행하게 한다.

예를 들어 화면에 나타나는 두 그림이 같은지, 다른지 빠르게 누르기(시각 비교 속도), 흩어진 도형 조각들 맞추기(공간시각화), 숫자 패턴 찾기(수리적 추론) 등 다양한 게임을 통해 당신의 뇌가 정보를 처리하는 속도, 패턴을 인식하는 방식, 아이디어를 떠올리는 창의성 등을 객관적인 데이터로 측정한다.

이 테스트의 핵심은 '흥미'는 변하지만 '적성'은 변하지 않는다는 것이다. 유사이언스는 흥미와 적성을 결합해 당신이 잘하는 것(적성)과 당신이 하고 싶은 것(흥미)의 교집합인 '최적의 커리어'를 찾아준다.

유사이언스 테스트를 받으면 지금까지 수학이 싫다고 생각했는데, 검사 결과 '귀납적 추론 능력'이 뛰어나 데이터 분석가나 진단과 의사가 적합하다는 결론을 얻을 수도 있다. 이 테스트는 기가 막히게 훌륭하다. 반드시 받아볼 것을 다시 한번 강력하게 권유한다.

유사이언스 테스트는 앞에서 소개한 책《숨겨진 재능》과 함께 이 장을 집필하는 데 큰 영감을 주었다.

자, 이제 준비됐는가?

8가지 적성의 세계로 들어가 보자.

특별한 순서는 없다.

모든 적성이 각자의 방식으로 중요하니까.

장기 목표 vs 단기 목표, 시간 감각

'시간 감각Time Frame Orientation'은 우리 뇌가 사건을 바라볼 때 설정하는 렌즈의 초점 거리를 나타내는 적성이다.

이 스펙트럼의 왼쪽 끝에는 저 멀리 지평선을 내다보도록 설계된 '미래집중형Future Focus'이 이 있다. 미래집중형들은 삶이나 일이라는 거대한 산 정상에 올라, 마치 탐험가처럼 동서남북 사방을 쌍안경으로 샅샅이 훑는 사람들이다. 또는 러닝화 끈을 매기도 전에 이미 드론을 띄워 42.195킬로미터의 마라톤 전 구간을 머릿속으로 시뮬레이션하는 주자들과도 같다.

이런 성향 덕분에 미래집중형은 'BHAG'가 포함된 일에 제격이다. 경영의 구루 짐 콜린스Jim Collins가 만든 이 용어는 크고Big, 위험하고Hairy, 대담한Audacious 목표Goal를 뜻한다.

이런 야심 찬 프로젝트들은 대개 수년에 걸쳐 진행되며 그 과정은 예측 불가능한 변수들로 가득하다. 따라서 모호함을 불편해하지 않고, 변화를 유연하게 받아들이며, 무엇보다 상상력이 풍부한 사람들에게 적합하다. 그들은 커다란 기회가 될 수 있는 상황을 우연히 만나거나 갑작스럽게 떠맡게 되더라도 겁을 먹지 않는다. 오히려 이렇게 생각한다.

'재밌겠는데? 한번 해보지 뭐.'

워싱턴에서 MBA를 수강했던 애나Anna가 완벽한 예시다.

당시 그녀는 이미 여섯 곳의 메디컬 스파를 운영하고 있었고, 더 많은 스파를 인수하는 작업을 진행 중이었다. 그녀는 오늘 수건이 몇 개

남았는지, 오후 2시에 예약한 손님이 누구인지 같은 일상 업무는 매니저들에게 일임했다.

대신 그녀의 눈은 엉뚱한 곳을 향해 있었다. 그녀는 지난 20년간의 인구통계 자료를 분석하고, 최신 의료기술 트렌드를 파고들었으며, 자신의 사업에 영향을 미칠 수 있는 주 정부의 규제 변화를 감시했다. 심지어 그녀는 메디컬 스파와 시너지를 낼 수 있는 재활센터 인수를 위해 투자은행과 미팅을 조율하고 있었다.

이런 복잡하고 굵직한 일들은 그녀를 주눅 들게 하기는커녕 오히려 생동감 있게 만들었다.

그녀가 MBA를 듣는 이유도 명확했다. 기술을 배우기 위해서가 아니라 'CEO의 시각'을 얻기 위해서였다. 즉 소란스러운 현장에서 멀찍이 떨어져 더 큰 그림, 그다음의 세상을 조망할 수 있는 고도를 확보하려는 것이었다.

반면에 이 스펙트럼의 오른쪽 끝에는 '현재집중형Present Focus'이 있다.

현재집중형들은 '일을 즉시즉시 해치우는 것Getting Things Done'이 성공의 핵심인 환경에서 빛을 발한다. 그들은 탁월한 실행가들이며 다음 구간을 걱정하기보다 지금 당장의 1킬로미터를 주파해나가는 러너들이다.

만일 당신이 BHAG 프로젝트에서 리더를 맡은 경험이 있다면, 이 현재집중형들이 얼마나 보석 같은 존재인지 알 것이다. 끝없이 밀려드는 현안들을 해치우는 그들 없이는 프로젝트가 한 걸음도 앞으로 나가지 못한다.

미래집중형들이 3만 피트 상공에서 구름 위를 날고 있을 때, 현재

집중형들은 최전선 참호 속에서 병력을 모집하고, 그들을 무장시키고, 하루 세 끼 식사를 챙겨 먹인다. 비전이 현실이 되도록 만드는 것은 결국 현재집중형들의 땀방울이다.

앞에서 소개한 프로세스 관리의 달인 칼Carl이 훌륭한 예시이며, 나는 애나의 스파를 실제로 굴러가게 만드는 유능한 매니저들 대다수가 현재집중형일 것이라고 확신한다.

이처럼 이 스펙트럼의 양 극단은 서로를 완벽하게 보완해준다. 당신에게 주어진 과제는, 당신의 타고난 성향이 현재 당신이 맡은 역할과 일치하는지를 확인하는 것뿐이다.

이 스펙트럼의 정중앙에는 '균형집중형Balanced Focus'도 존재한다.

유사이언스 테스트의 분류 체계에 따르면, 그들은 장기 계획 수립과 신속한 실행 사이를 능숙하게 오가는 사람들이다. 어쩌면 당신이 이 유형에 속할지도 모른다.

하지만 주의할 점이 있다.

사람들은 본능적으로 자신을 '가운데'에 놓고 싶어한다. '나는 숲도 보고 나무도 봐'라고 말하는 것이 안전하고 유능해보이기 때문이다. 속지 마라. 미래집중형들도 훈련을 통해 현재집중형의 업무를 충분히 수행할 수 있고, 그 반대도 얼마든지 가능하다. 그리고 인생을 살다 보면 이 두 가지 모습이 모두 요구되기도 한다.

중요한 것은 '편안함'이다.

지금까지의 경험을 되돌아보라. 당신이 가장 성공적으로, 그리고 '신나게' 일했을 때는 언제였는가? 먼 미래의 청사진을 그릴 때? 아니면 당면한 문제를 하나씩 격파해 나갔을 때? 반대로, 당신이 가장 스트레스를 받고 진이 빠졌던 순간은 언제였는가?

자, 이제 이 데이터를 가지고 스펙트럼 앞에 서보자.

당신의 뇌는 시간의 지평선 위 어디쯤에 깃발을 꽂고 싶어 하는가?

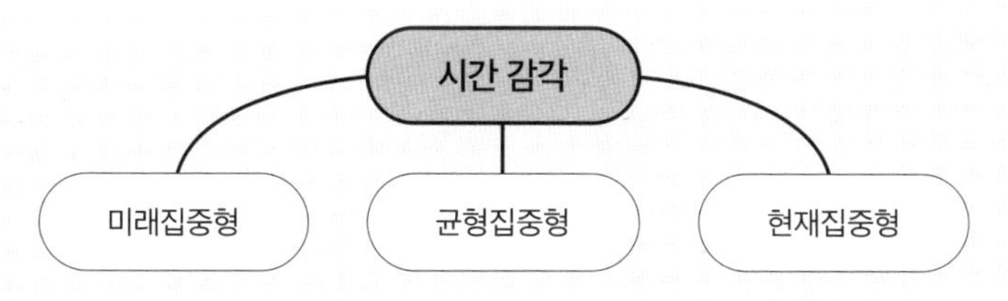

제너럴리스트 vs 스페셜리스트, 업무 접근 방식

앞에서 살펴본 '시간적 관점'이 우리의 시야가 얼마나 '멀리' 뻗어 나가는지를 다뤘다면, 이번에 다룰 '업무 접근 방식Work Approach'은 우리의 눈이 얼마나 '깊이' 파고드는지를 결정하는 적성이다.

이 스펙트럼의 양 끝에는 '제너럴리스트(다방면형 인재)'와 '스페셜리스트(전문가형 인재)'가 자리를 잡고 있고 그 중간 어딘가에 '가교형 인재'가 존재한다.

제너럴리스트는 놀라울 정도로 지식의 폭이 넓다. 특히 그 얇고 넓은 지식을 남들과 나누는 것을 즐긴다. 그들은 다음의 질문을 입버릇처럼 달고 산다.

"그래서, 내가 지금 알아야 할 핵심이 뭐죠?"

"요점만 간단히 말해줘요!"

오해하지 마라. 제너럴리스트가 피상적이라는 뜻이 결코 아니다. 깊게 하나를 파는 것보다 넓게 여러 개를 아는 것이 그들의 뇌에게는 훨씬 자연스럽다는 뜻이다.

작은 도시를 책임지는 시장Mayor이야말로 완벽한 제너럴리스트의 표본이다.

시장의 하루를 상상해보자. 아침에는 폭우에 대비해 하수도 시스템을 점검해야 하고, 점심에는 유치원 보조금 문제를 해결하기 위해 관련 규정을 훑어봐야 한다. 오후에는 주차장 분쟁을 중재하고, 저녁에는 독립기념일 불꽃놀이 장소를 섭외하고, 밤에는 지역 센터의 정신 건강 프로그램을 검토해야 한다. 주제와 사안이 롤러코스터처럼 바뀌는 이 혼란스러운 하루가 누군가에게는 지옥이겠지만, 제너럴리스트 시장에게는 아드레날린이 솟구치는 놀이터다.

나는 제너럴리스트를 '대륙판 여행자'라고 부른다. 초등학교 때 배운 지구과학을 떠올려보라. 지구 표면을 덮고 있는 거대한 바위 조각인 대륙판은 지구의 층위들 중에서 가장 얇다. 제너럴리스트는 열정과 호기심을 연료 삼아 이 넓은 대륙판 위를 끊임없이 질주한다. 지형을 파악했다 싶으면 미련 없이 다음 장소로 이동한다.

반면에 스페셜리스트는 강의 노트에 이렇게 적혀 있다.

"흥미로운 질문이네요! (그리고 이어지는 3시간의 독백)"

스페셜리스트에게 무언가를 설명해달라고 요청하면 그들은 신이 나서 온종일 떠들어댄다. 거의 독학으로 한 분야의 정점에 오른 그들은 너무나 상세한 디테일을 쏟아내기 때문에 이런 질문을 받곤 한다.

"혹시 대학에서 그쪽 전공하셨어요?"

"아니요, 그냥 개인적으로 호기심이 생겨서 좀 찾아봤어요."

이미 짐작했겠지만 앞에서 소개한 라이너스 셰프가 전형적인 스페셜리스트다. 한번은 그에게 아이싱이 묽어지지 않게 하는 비법을 물어본 적이 있는데, 내가 중간에 말을 끊지 않았다면 그는 아마 지금 이 순간까지도 아이싱의 분자 구조에 대해 이야기하고 있을 것이다.

스페셜리스트는 대륙판 위를 달리는 대신, 맨틀을 뚫고 내핵까지 들어가는 터널 굴착기(두더지)와 같다.

당연히 세상에는 이 두 유형의 인재가 모두 필요하다. 중요한 것은 오직 당신의 스타일이다.

대학에서 경제학을 전공한 에두아르도Eduardo의 이야기를 들어보자.

그는 졸업 후 버지니아에서 조경 회사를 운영하는 삼촌 호르헤 밑에서 일하기로 했다. 전공과는 무관했지만 가족, 여자친구, 교회가 가까웠고 월급도 쏠쏠했다. 한 달간의 고민 끝에 내린 결정이었다.

삼촌 호르헤는 조카를 사랑했고 그의 명석한 두뇌가 필요했다. 그래서 25개 팀 중 3분의 1을 관리하는 요직을 맡겼다. 업무 분장은 다음과 같았다.

50%: 트럭과 팀의 효율적 배치(물류/운영)

30%: 현장 감독 7명 관리(인사/리더십)

20%: 화난 집주인들 달래기(고객 서비스/위기관리)

결과는 처참했다.

에두아르도는 맡은 업무마다 형편없는 성과를 냈다. 무려 2년 동안 그는 실수와 시행착오를 거듭하며 회사 안팎의 모든 사람을 짜증 나게 만들었다. 삼촌 호르헤는 아내에게 하소연했다.

"나는 에두아르도를 정말 아껴. 하지만 이젠 포기해야겠어. 저 녀석, 똑똑한 줄 알았는데 공부머리랑 일머리는 진짜 다른가 봐!"

에두아르도는 물론 똑똑하다. 단지 그 회사가 요구하는 방식으로 똑똑하지 않았을 뿐이다. 그의 뇌는 운영, 인사, 영업, 민원 처리 등 다양한 요구사항을 동시다발적으로 처리하는 제너럴리스트 모드에는 적합하지 않았다. 그는 한 번에 한 가지 주제를 깊게 파고들어야 직성이 풀리는 뇌를 가졌다.

어쩌면 대학 시절 교수님의 피드백이 힌트였을지도 모른다.

"자네처럼 논문의 각주에 대해 집요하게 질문하는 학생은 처음이군. 박사 과정을 밟는 게 어떤가?"

에두아르도는 속으로 생각했다. '짜깁기한 본문보다 짜깁기한 내용의 출처가 더 정확하고 유용하니까요.'

에두아르도는 자신의 실패를 뼈저리게 느끼고 있었다. 삼촌을 더 이상 실망시키기 싫었던 그는 어느 날, 자신에게 가장 자연스러운 일을 시도했다. 바로 '연구'였다.

당시 버지니아에서는 '회양목 병충해'가 크게 유행해 정원을 가꾸는 고객들의 아우성이 폭발하고 있었다. 에두아르도는 이 문제에 꽂혔다. 그는 삼촌의 기존 관리방식보다 더 나은 해결책이 있을 거라 확신했다.

그는 2주 동안 미친 사람처럼 파고들었다. 병충해 관련 자료를 모조리 독파했다. 세계 최고 권위자인 델라웨어대학교 교수에게 전화를 걸어 기어이 자문을 얻어냈다. 병충해 솔루션을 만들어낸 사람들과 통화하며 질문 폭격을 퍼부었고 밤새 그들의 논문과 각주를 샅샅이 분석했다.

마침내 그는 40장짜리 프레젠테이션 슬라이드를 들고 삼촌 앞에 섰다.

"삼촌, 이 기술에 투자하면 새로운 사업 기회가 열립니다."

현재 잘나가는 호르헤의 조경 회사에서 '병충해 퇴치 신사업 R&D 총괄'이 누구인지 아는가?

바로 스페셜리스트, 에두아르도다.

당신은 넓은 대륙판 위를 달리고 싶은가, 아니면 깊은 내핵을 향해 뚫고 들어가고 싶은가? 깊이를 추구하는가, 넓이를 추구하는가?

당신의 업무 접근 방식이 환영과 지지를 받는 곳에서 일하고 있는가?

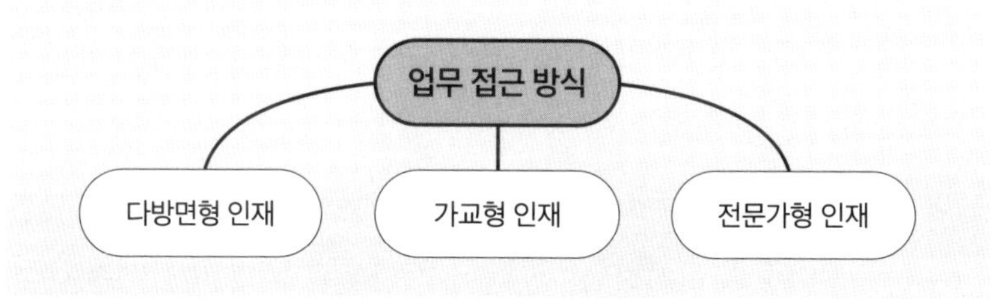

매의 눈 vs 흐린 눈, 시각 비교 속도

'시각 비교 속도Visual Comparison Speed'는 정확성을 확인할 때 우리 뇌가 상세한 정보를 얼마나 빠르고 정밀하게 처리하는지를 나타내는 적성이다.

분명히 해두자. 이건 당신의 지능지수IQ와는 아무런 상관이 없다.

단지 당신의 뇌가 얼마나 재빠르고 정확하게 '틀린 그림 찾기'를 해내느냐의 영역이다.

이 스펙트럼의 한쪽 끝에는 '시각 스캐닝형 Visual Scanner'이 있다. 일명 '매의 눈'을 가진 사람들이다. 그들은 복잡한 서류나 계약서를 훑어보다가도 순식간에 멈칫한다. '잠깐, 여기 숫자가 틀렸는데?'

그들의 뇌는 제아무리 사소한 오류라도 그냥 넘기지 못한다. 오타가 마치 네온사인처럼 반짝거려 도저히 무시할 수가 없는 것이다. 만일 친구들이 당신에게 "이것 좀 봐줘"라며 자기소개서, 보고서, 세금 신고서를 들이민다면? 그리고 당신이 그 속에서 귀신같이 누락된 숫자나 잘못된 오타를 찾아낸다면? 축하한다, 적성을 드디어 찾아냈다! 당신은 시각 스캐닝형이다.

방대한 서류더미에 파묻힐 때, 수백 쪽에 달하는 비즈니스 계약서의 첫 페이지를 넘길 때 살짝 설레면서 마음이 차분해지는가? 남들이 절대 못 찾는 잘못 찍힌 소수점 하나를 찾아냈을 때 벅찬 희열을 느끼는가? 다시 한번 축하한다. 그 분야에서 당신을 따라올 적수는 아마도 없을 것이다.

내가 만난 최고의 편집자 중 한 명은 동료가 다음과 같이 말했을 때 이 일이 자신의 천직임을 깨달았다고 한다.

"어젯밤에 원고를 보는데, 제인이 마지막 문장에 'the'를 불필요하게 한 번 더 쓴 것 같아서 도저히 잠을 잘 수가 없었어."

이 말을 들은 그녀가 대답했다.

"당연하지. 잠은 무슨 얼어죽을."

아쉽게도 나는 죽었다 깨어나도 그런 사람이 못 된다. 나는 이 스펙트럼의 오른쪽 끝에 있는, 즉 '재확인 필수형Double-Checker'에 속한다. 일명 '흐린 눈'이다.

제발 나를 당신의 세금 자료나 원고 교정지 근처에도 얼씬거리지 못하게 하라. 나는 모든 계약서를 변호사에게 던지며 애원하곤 한다.

"저 좀 살려줘요. 그냥 알아서 고쳐주세요."

왜냐고? 디테일을 살피려고 하면 뇌가 멈추고 눈앞이 뿌예지기 때문이다.

내 뇌가 이 모양이라는 걸 '클라우스 폰 빌로Claus Von Bülow' 재판 취재 전에 알았더라면 얼마나 좋았을까!

젊은 독자들을 위해 설명하자면, 1982년 세상을 떠들썩하게 만든 사건이 있었다. 우아한 독일 귀족 클라우스가 자신의 아내이자 미국 사교계의 여왕인 서니 폰 빌로Sunny Von Bülow를 뉴포트 저택에서 살해하려 한 혐의로 기소된 것이다. 당시 〈AP 통신〉 기자였던 나는 이 세기의 재판을 취재하게 되어 아드레날린이 솟구친 상태였다.

하지만 아뿔싸.

마감 시간에 쫓기던 나는 급하게 기사를 송고하며 첫 문장을 이렇게 썼다.

"폰 빌로는 아내를 살해한 혐의로 기소되어……"

치명적인 실수를 저질렀다! 서니 폰 빌로는 코마 상태에 빠졌을 뿐, 아직 살아 있었다. 남편의 혐의는 살인이 아니라 '살인 미수'였다. 〈AP 통신〉은 전 세계에 타전된 내 기사를 급히 회수하고 사과문을 내보냈다.

편집국 구석에 웅크리고 있던 나를 발견한 상사들에게 "솔직히 회복 불가능한 코마 상태면 사실상……"이라며 구차한 변명을 늘어놓으려 했다. 하지만 씨알도 먹히지 않았다. 그들은 불같이 화를 냈고, 그럴 만했다. 전 세계 수천 개의 신문사가 〈AP 통신〉의 팩트 하나에 의존하는데, 내가 그 신뢰에 먹칠을 한 것이다(만일 〈AP 통신〉 관계자가 이 책을 본다면, 수십 년이 지난 지금도 진심으로 죄송하다는 말을 전하고 싶다).

그날 이후 나는 신뢰를 회복하기까지 몇 달이나 걸렸다. 하지만 덕분에 값비싼 교훈을 얻었다. 내 뇌는 디테일을 두 번 확인하는 것만으로는 부족하다는 것을. 최소 네 번은 확인하거나 시각 스캐닝형 동료에게 무릎 꿇고 부탁하는 편이 낫다는 것을.

맞춤법 검사기와 AI 글쓰기가 넘쳐나는 시대에 '시각 비교 속도'가 뭐 그리 중요하냐고 물을 수 있다. 물론 도구는 우리를 도와준다. 하지만 이 적성은 당신이 특정 직업에서 왜 그토록 피로감을 느끼는지, 혹은 왜 남들보다 탁월한지를 설명해주는 중요한 열쇠다.

만일 당신이 시각 스캐닝형이라면, 자신의 가치를 절대 과소평가하지 마라. 이 세상의 모든 회사는 나 같은 '재확인 필수형'이 대형 사고를 치지 않도록 막아줄 당신 같은 수호천사가 절실히 필요하기 때문이다.

잠시 멈추고 생각해보자.

당신은 서류를 보며 오타 때문에 잠 못 이루는 사람인가, 아니면 나처럼 멀쩡히 살아있는 사람을 실수로 죽여버릴 뻔한 사람인가?

혹은 이 둘 사이 어딘가에 해당하는 '리스트 확인형List-Checker'인가?

이제 당신의 뇌를 평가해볼 시간이다.

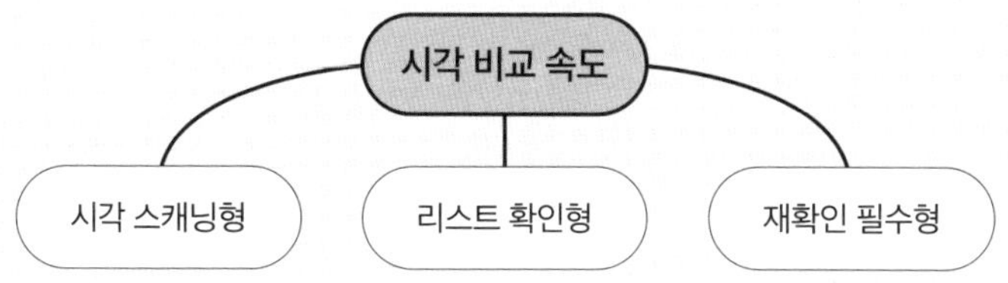

셜록 홈즈 vs 실험실 연구원, 귀납적 추론

이제 우리가 살펴볼 적성은 '귀납적 추론Inductive Reasoning'이다.

이는 겉보기에는 아무런 관련이 없어 보이는 정보 조각들 사이에서 번개처럼 연결고리를 찾아내 결론을 도출하는 능력이다. 나는 8가지 인지 적성 중에서도, 특히 업무와의 적합성을 따질 때 이 녀석이 가장 막강한 영향력을 행사한다고 생각한다.

그러니 귀를 쫑긋 세우길 바란다.

이 스펙트럼의 왼쪽 끝에는 '진단형 문제 해결사Diagnostic Problem Solver'가 있다. 그들은 마치 해결책을 가지고 태어난 사람들 같다. 문제를 듣자마자 사실, 아이디어, 정보를 스펀지처럼 흡수하고, 여기에 약간의 직관Intuition을 곁들여 순식간에 해답을 내놓는다.

"이유는 다양하고 복잡해보입니다만, 결론은 이겁니다."

거쳐야 할 과정 없이 머릿속에서 블랙박스처럼 처리되기 때문에 남들 눈에는 마법처럼 보인다. 어떤 면에서 '인공지능AI'은 이 세상을 위한 거대한 진단형 문제 해결사다. 세상의 모든 데이터를 집어삼키고는 즉각적으로 출력한다. '입력값이 이러면, 결과값은 이렇습니다.'

이 스펙트럼의 오른쪽 끝에는 '팩트 체커(Fact Checker, 사실 확인형)'가 있다.

그들의 두뇌는 블랙박스가 아니다. 입력값을 넣고 반복적으로 실험하고 검증하는 정밀한 실험실 기계와 같다.

그들에게 문제를 던져주면 십중팔구 이렇게 말한다.

"데이터가 더 필요해."

"시간이 좀 더 필요해."

오해하지 마라. 문제를 해결하기 싫어서 핑계를 대는 게 아니다. 그들은 모두가 납득할 수 있는, 논리적으로 완벽하고 합리적인 '진실'을 간절히 원할 뿐이다.

이 세상에는 두 유형이 모두 필요하다. 하지만 서로를 이해하는 것은 쉽지 않다.

얼마 전 파티에서 만난 신경외과 의사와의 대화가 딱 그랬다. 내가 '비커밍 유'에 대해 신나게 설명하자 그가 팔짱을 끼며 물었다.

"그 방법들이 효과가 있다는 걸 입증할 데이터가 있나요? 통계적 유의성은요?"

나는 전형적인 '진단형'답게 대답했다.

"수천 명의 경험이 곧 증거죠. 따로 엑셀 파일로 수치를 기록하진 않아요. 그냥 눈으로 보고 겪어서 아는 겁니다. 사례가 차고 넘치거든요. 그 사례들을 일일이 현미경으로 분석하는 건 크게 의미가 없어요."

그는 대놓고 비웃었다(정말로, 헛기침까지 해대며!).

"글쎄요, 저는 환자들의 수술 후 5년, 10년 뒤 예후까지 상세하게 기록하고, 외부 연구실 두 곳의 교차 검증까지 받습니다.”

아, 그건 시작에 불과했다. 나는 그 후로도 10분 동안이나 그가 데이터를 얼마나 혹독하게 검증하는지에 대한 강의를 들어야 했다. 아, 이 얼마나 재미있는 파티인가!

그가 잠시 숨을 고를 때 내가 손을 들었다.

“글쎄요. 인생이란 게 두개골 절개술 결과처럼 나노 단위로 측정될 수는 없는 거라서요. 갑자기 해고를 당하거나 이혼을 겪으면 사람의 가치관은 변하게 마련이죠. 인생의 극적이고 섬세한 변화들을 임상 실험하듯 측정할 순 없어요.”

그가 또다시 코웃음을 쳤다.

“저는 측정되지 않는 건 믿지 않습니다.”

못 믿겠다고?

나는 작게 중얼거렸다.

“아주 고약한 팩트 체커 나셨네.”

“네?”

“아무것도 아니에요! 말씀 잘 알겠습니다!”

그렇게 대화는 끝났다. 훌륭한 의사 선생님의 말도 논리가 있었고, 무엇보다 이 논쟁의 핵심은 ‘그와 나는 서로 적성이 다르다’는 것뿐이었으니까.

‘진단형’은 시간과 정보가 제한된 상황에서 경험과 통찰력으로 재빨리 결단해야 하는 직업에 어울린다. 응급실 의사나 비행기 조종사를 생각해보라. 위급 상황에서 ‘데이터가 더 필요해, 아직 결정할 준비가 안 됐어!’라고 말하는 조종사? 상상만 해도 끔찍하다.

반대로 만일 내가 두개골 절개술을 받아야 한다면?

나는 무조건 그 파티장의 고약한 팩트 체커에게 내 머리를 맡기고 싶다. 수많은 연구를 검토하고 0.01%의 오차도 허용하지 않는 검증된 손길이 필요하니까(그 의사 명함, 챙겨둘 걸 그랬나보다).

리더의 입장에서는 팀에 반드시 팩트 체커를 심어두어야 한다. 그들은 진단형이 "그냥 가자!"고 외칠 때 "그냥 가야 할 근거가 뭐죠?"라며 제동을 걸어줄 소중한 인재들이다. 속 터지게 꼼꼼할지 몰라도, 단 한 번에 성공해야 하는 기술 프로젝트라면 그들은 필수다. 반드시!

자, 이제 다시 자기 평가를 할 시간이다.

이 스펙트럼의 한가운데에는 유사이언스에서 '분석형Investigator'이라고 부르는, 두 성향을 모두 가진 유형이 존재한다.

혹시 당신이 여기에 해당한다고 생각하는가?

흥미롭게도 대다수의 사람이 자신을 '가운데'라고 느낀다. 안전해 보이기 때문이다. 당신의 위치를 정확히 알고 싶다면, 당신을 잘 아는 사람들에게 물어보라.

"내가 결론을 빨리 내리는 편이야, 아니면 이것저것 따지느라 시간이 걸리는 편이야?"

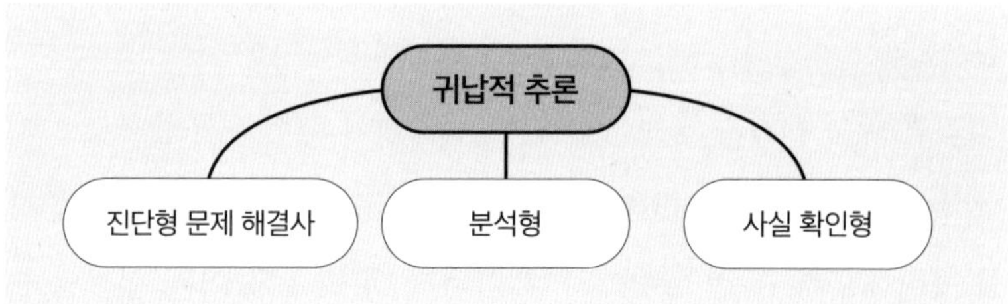

논리적인 순서와 프로세스를 짜는 능력, 순차적 추론

이번에 다룰 적성은 '순차적 추론Sequential Reasoning'이다.

이것은 우리 두뇌가 정보를 처리하고, 조직하고, 분류하는 방식에 관한 이야기다. 얼핏 보면 앞서 다룬 '귀납적 추론(직관)'과 비슷해 보일 수 있다. 실제로 이 두 적성은 콤비로 나타나는 경우가 많지만 엄연히 다른 능력이다. 최선을 다해 구분해보겠지만 칼로 무 자르듯 나뉘지는 않는다는 점을 미리 양해 바란다.

자, 시작해보자.

이 스펙트럼의 왼쪽 끝에는 '순차적 사고형Sequential Thinker'이 자리한다. 그들은 복잡함, 심지어 '혼돈Chaos'을 즐긴다. 그들을 알아보는 가장 쉬운 방법은 그들이 '하지 않는 행동'을 관찰하는 것이다.

그들은 메모를 하지 않는다(그리고 책상 정리도 안 한다). 왜냐하면 그들은 생각과 행동이 동시에 이루어지는 게 너무나 자연스럽기 때문이다. 그들에게 정해진 방식, 늘 하던 방식, 매뉴얼은 족쇄다. 그래서 그들은 그냥 힘들이지 않고 즉석에서 무엇이든 분석을 해내는 천재처럼 보이기도 한다.

마크Mark가 완벽한 예시다. 거대 테크 기업을 운영하는 그는 회의 때마다 여기저기서 쏟아지는 정보들을 실시간으로 종합해 감탄이 절로 나는 논리적인 결론을 만들어낸다. 그 결론에 누군가 반론을 펴거나 새로운 데이터를 던지면? 그는 절대 당황하지 않고 그 정보를 즉시 흡수해 논리를 재조정한다. 얼핏 보면 진단형 문제 해결사처럼 보인다. 하지만 마크는 그보다 훨씬 더 많은 정보를 머릿속으로 다룬다.

"마크, 너는 정말 대단하다. 어떻게 그렇게 전광석화처럼 답을 쏟아내니?"

"음, 그러니까 내 머릿속엔 그런 것들을 처리해내는 데 밑바탕이 되어주는 설계도가 들어 있어."

'내 머릿속엔 이미 설계도가 다 있어'가 순차적 사고형들의 방식이다. 순차적 사고형은 '어떻게How 잘 실행할 것인지'에 대한 능력이고 진단형 문제 해결사는 '왜Why 이런 일이 일어났는지'를 파악하는 능력이다.

이 스펙트럼의 오른쪽 끝에는 '과정지향형Process Oriented'이 있다. 순차적 사고형은 '논리적 연결'에, 과정지향형은 '반복 가능한 시스템'에 무게중심이 있다. 쉽게 말해 순차적 사고형은 '길을 찾는 사람'이고, 과정지향형은 '길을 닦는 사람'이다.

그래서 과정지향형은 절차, 규칙, 규정이 명확할 때 비로소 편안함을 느낀다. 머릿속 설계도보다는 눈앞의 시스템이 체계적으로 짜여져 있어야 하며, 야심 찬 모험보다는 실용적인 계획을 선호한다.

나는 장장 23년 동안 '과정지향형'의 정점이라 할 수 있는 사람을 곁에 두는 엄청난 행운을 누렸다. 바로 남편의 비서로 일한 로잔 바도프스키Rosanne Badowski다.

그녀는 남편 잭의 전성기부터 은퇴 후, 그리고 그가 세상을 떠날 때까지 우리 곁을 지켰다. 로잔의 '절차에 대한 집착'이 아니었다면 우리는 해낸 일의 절반도 못 했을 것이다.

그녀는 아이 넷 딸린 우리 가족의 복잡한 세계 여행을 한 치의 오차도 없이 계획했고, 이사를 지휘했으며, 심지어 우리 집 늙은 개가 먹을 간식이 떨어지지 않도록 직접 만들어주기까지 했다. 잭의 호스피스 간호 일정 조율 역시 그녀의 작품이었다.

이 세상은 로잔 같은 과정지향형 없이는 하루도 제대로 돌아가지 않는다. 그녀가 은퇴했을 때 내가 느낀 상실감은 이루 말할 수 없었다.

로잔 같은 친구를 곁에 두는 것, 그것이야말로 최고의 인맥 전략이다.

이 스펙트럼을 마무리하기 전에 내 상담고객 줄리Julie의 이야기를 들려주고 싶다. 그녀는 성공적인 과정지향형이었지만 불행하게도 순차적 사고형의 무대에 던져진 케이스다.

원래 줄리는 재능 있는 화가였다(그녀가 그린 강아지 그림은 인스타그램에서 인기 폭발이었다). 하지만 남편 얼의 사고로 인해 생계를 책임져야 했던 그녀는 예전에 일하던 비영리단체의 행정직으로 복귀했다.

줄리는 정부보조금 신청 같은 복잡한 서류 행정 시스템을 관리하는 데 탁월했다.

"줄리한테 맡겨. 그녀가 다 해결해줄 거야."

동료들은 그녀를 찬양했고, 줄리 역시 시스템의 수호자가 된 자신에게 자부심을 느꼈다. 주말에는 짬짬이 그림도 그리며 행복하게 지냈다.

그러다가 흥미로운(비극적인) 일이 벌어졌다.

그녀의 능력을 높이 산 상사가 이직하면서, 줄리를 자신의 후임으로 강력하게 추천한 것이다. 줄리는 그 제안을 받아들였고, 평범한 직원에서 본사 최고위층 관리자로 수직 상승했다. 직원들을 뒤에서 살뜰히 챙겨주던 사람이 이제는 12개 부서의 감독이 된 것이다.

멋진 성공 스토리 아니냐고?

아니다, 틀렸다.

잊지 마라. 줄리는 과정지향형이다. 그녀는 이미 존재하는 시스템의 구석구석을 꿰뚫고, 파이프의 이음새가 헐거워지면 즉시 조이는 데 능숙한 사람이다. 그녀가 내게 했던 말을 아직도 기억한다.

"사람들에게 내일 할 일을 상기시키는 리마인더 메일을 보낼 때 가장 희열을 느껴요."

하지만 새 직책은 그런 메일을 보내는 자리가 아니었다. 그녀가 불행한 두 달을 보낸 후 전화를 걸어왔을 때 나는 즉시 그 비영리단체의 CEO인 친구에게 연락해 줄리가 맡은 직무가 무엇인지 확인했다. 10분 만에 답이 나왔다.

그 자리는 파이프를 관리하는 곳이 아니라, 파이프가 어디로 뻗어나가야 하는지, 새로운 경로를 설계해야 하는 '순차적 사고형'의 자리였다.

나는 줄리에게 제안했다. "예전의 자리로 돌아가겠다고 말해요. 당신은 지금 '적성 불일치'의 지옥에 갇혀 있어요."

그녀가 한숨을 쉬며 말했다. "하지만 창피해요. 다들 능력 부족인 내가 그럴 줄 알았다고 수군거릴 거예요."

나는 그녀를 달랬다. "그 쪽팔림은 고작 5분이에요. 하지만 그 5분이 지나면 모두가 행복해질 겁니다. 특히 줄리, 당신이요."

그녀는 내 말에 따랐다. 예전의 사무실로 짐을 옮겼고, 자신의 뇌가 가장 사랑하는 '과정의 관리자' 업무로 복귀했다. 물론 그녀의 뇌(그리고 그녀가 그리는 강아지들)는 다시 평온을 되찾았다.

이 스펙트럼의 중앙에는 '협업형 기획자Collaborative Planner'가 위치한다. 협업형 기획자는 조직의 에너지가 낭비되지 않도록 '누가, 언제,

무엇을' 해야 하는지 논리의 길을 닦는 '전략적 조율자'다.

당신의 뇌는 이 스펙트럼 위 어디에 있는가? 당신은 설계도를 그리는 사람인가, 아니면 설계도면대로 완벽하게 시공하는 사람인가?

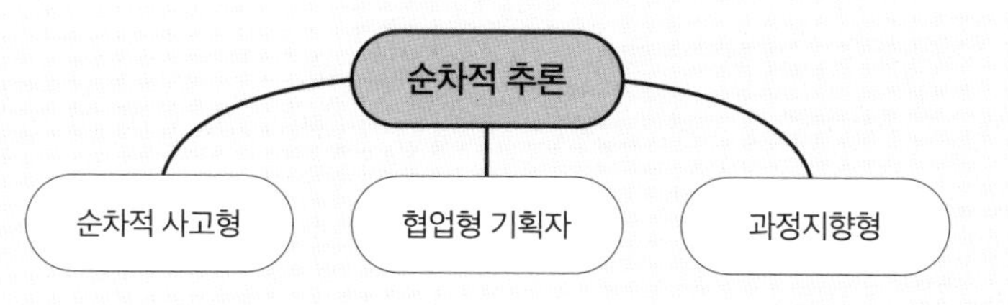

머릿속의 종이접기, 공간시각화

'공간시각화Spatial Visualization'는 2차원의 평면 이미지를 머릿속에서 얼마나 뛰어나게 3차원 입체로 변환하는지를 나타내는 적성이다.

나는 학생들에게 이렇게 설명하곤 한다.

"여러분, 머릿속으로 종이접기 잘합니까?"

이 스펙트럼의 왼쪽 끝에는 '3D 시각형3D Visualizer'이 자리한다. 그들은 종이학 접는 수준을 한참 넘어선다.

건축가적 시선: 설계도만 보고도 머릿속에서 건물을 빙그르르 회전시켜 보며, 어느 방향이 최적의 부지인지 단박에 알아낸다.

인테리어 감각: 파리의 쇼룸에서 샹들리에를 보고 눈을 가늘게 뜨더니, '이거, 앨버커키에 있는 내 침실에 딱인데?'라며 공간의 조화를 가늠한다.

구조적 상상력: 뒤죽박죽 엉망인 창고를 보며 가장 효율적이고 매력적인 수납 방식을 상상해낸다.

이 적성은 아주 어릴 때부터 티가 난다.

조립식 레고 장난감에 중독된 아이들을 본 적 있는가? 나는 한때 그게 걷잡을 수 없는 소비주의의 폐해라고 생각했다. 하지만 이제는 안다. 그 아이들은 타고난 3D 시각형이다. 찰흙놀이에 미쳐 있거나 새 운동화의 질감을 손으로 만져봐야 직성이 풀리는 아이들도 마찬가지다.

그들은 손으로 만질 수 있는 무언가를 기획하고 구상할 때 뇌가 춤을 춘다.

이 스펙트럼의 오른쪽 끝에는 '추상적 사고형Abstract Thinker'이 존재한다. 시인, 철학자, 그리고 '비커밍 유'를 가르치는 대학교수(나!)가 여기에 속한다.

나는 굳이 검사를 해볼 필요도 없었다. 목숨이 걸렸다 해도 나는 이케아IKEA 의자를 조립하지 못할 테니까. 설명서의 그 불친절한 그림들을 보는 순간 뇌가 비명을 지른다. '도대체 이게 무슨 소리야?'

고등학생 때 나는 아버지의 재능을 물려받았을까 싶어 건축 수업을 들은 적이 있다. 첫 과제는 이쑤시개로 다리를 만드는 것이었다. 내 작품은? 보기 흉한 것을 넘어 기능적으로도 완벽한 실패작이었다.

나는 도무지 이해할 수가 없었다. 공간, 질량, 원근, 비율…… . 이런 원리들은 내 뇌에 절대 입력되지 않는 외계어였다.

하지만 어휘는? 환영한다.

개념은? 사랑한다.

추상적인 아이디어는? 평생 같이 살고 싶을 정도다.

3D 시각형이 추상적 사고형의 역할을 맡게 되면(혹은 그 반대라면) 답답함을 넘어 기어이 일을 그르치고 만다. 내 상담고객의 남자친구였던 카일Kyle의 이야기가 그렇다.

정치학을 전공한 카일은 졸업 후 딱히 갈 곳이 없어 아버지 회사의 마케팅 부서에서 일하고 있었다. 여자친구의 권유로 '비커밍 유'의 검사들을 받은 결과, 평범해보였던 카일에게서 놀라운 데이터가 튀어나왔다. 그는 엄청난 수준의 '3D 시각형'이었다.

나와 여자친구는 까무라칠 지경이었지만 정작 카일은 덤덤했다. 아니, 신이 나서 어린 시절 이야기를 꺼냈다. "그러고 보니 공작 시간을 제일 좋아했어요. 방과 후에는 레고만 붙들고 살았고요."

그는 건축을 꿈꿨지만 부모님의 반대와 수학의 장벽 때문에 포기하고 '그럭저럭' 대학을 졸업해 아버지 회사에 안착한 것이었다. 그때 그는 몰랐을 것이다. 3D 시각형의 뇌를 가진 사람이 하루 종일 추상적인 마케팅 전략과 씨름할 때 느끼는 그 지루함과 답답함의 정체를 말이다.

안타깝게도 카일의 인생에는 드라마틱한 반전이 일어나지 않았다. 직업적·경제적 안정 때문에 그는 마케팅 일을 그만두지 못했다. 충분히 이해한다. 다만 그가 언젠가 뒷마당에 작은 작업실이라도 차려서, 자신만의 나무 공구통 같은 걸 만들며 숨통을 틔우길 바랄 뿐이다.

물론 드물게 두 가지 능력을 모두 갖춘 사람도 있다. 그런 유형을 '공간 계획형Spatial Planner'이라고 부른다.

내 아버지가 완벽한 예다. 그는 건축가이자 철학자였다. 평생 아버지만큼 책을 많이 읽는 사람을 본 적이 없다(심지어 70대에 시력을 잃은 후에도 매일 오디오북을 들으셨다). 아버지가 건축 현장을 떠나 강단에서 건축 이론을 가르치게 된 것은 아마도 이런 양면의 재능 덕분이었을 것이다. 하지만 데이터에 따르면, 공간 계획형은 전체 인구의 9%에 불과하다. 희귀종이다.

자, 이제 평가해볼 시간이다.

당신은 설명서 없이 가구를 조립하는 사람인가, 아니면 설명서를 찢어버리고 싶은 사람인가?

아마 당신은 이미 답을 알고 있을 것이다.

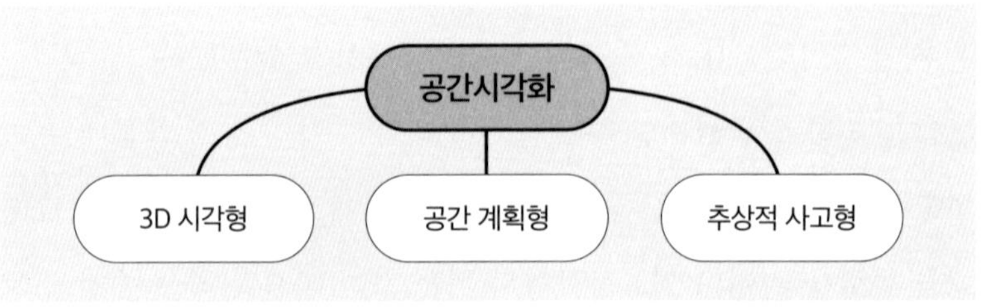

수도꼭지를 틀면 쏟아지는 것들, 아이디어 생성

'아이디어 생성Idea Generation'은 제한된 시간 내에 얼마나 자연스럽게, 그리고 얼마나 많은 아이디어를 떠올릴 수 있는지를 측정하는 적성이다.

쉽게 설명해보자.

'당신의 키가 2미터가 넘는다면 무엇을 다르게 하겠는가?'

이 질문에 대해 정확히 60초 동안 답해야 한다고 가정해보자. 이때 이 적성검사가 측정하는 것은 답변의 질Quality이 아니라 양Quantity이 다. 얼마나 기발한가가 아니라, 얼마나 많이 적어냈는가가 핵심이다.

그렇다면 이건 단순히 창의력Creativity을 테스트하는 걸까?

반은 맞고 반은 틀리다. 매우 창의적인 사람이라도 결과물을 내놓을 때는 신중할 수 있기 때문이다.

미국의 위대한 작가 존 업다이크John Updike는 하루에 딱 석 장씩만 글을 썼다. 그는 '예술가' 하고 떠올리면 영감이 폭포수처럼 쏟아지는 사람이라는 이미지를 거부했다.

"별 거 없어요. 일요일은 쉬고 평일에는 아침에 출근해서 치아를 치료하는 치과의사처럼 규칙적으로 글을 씁니다. 견고한 루틴만이 포기하고 싶은 유혹을 이기게 해주니까요."

하지만 내 진단에 따르면, 업다이크는 이 스펙트럼의 끝판왕인 '창의적 집단 사고형Creative Group Thinker'에 속한다. 왜냐고? 그의 압도적인 생산량 때문이다. 그는 생전에 20권의 소설, 12권의 단편집, 8권의 시집을 펴냈고 퓰리처상을 두 번이나 받았다. 아무리 치과의사처럼 성실해도, 머릿속 샘물이 마르지 않아야 가능한 양이다. 그는 아이디어가 '보통' 많은 수준이 아니었다.

코로나 팬데믹 시절, 센트럴 파크에서 우연히 만난 미란다Miranda의 이야기도 흥미롭다. 당시 센트럴 파크는 갇혀 지내던 뉴요커들에게 구원의 성지였다. 마스크를 쓴 채 낯선 이와 대화하는 게 일상이던 그때, 나는 강아지 산책을 하던 미란다와 말을 텄다.

세 아이를 키우기 전 미란다는 법원 속기사로 일했다(상상만 해도 그녀와 안 어울리는 직업이었다). 그녀는 세상이 정상화되면, 자신이 가장 '편안하게' 잘하는 일을 하고 싶다고 했다. 대부분의 사람이 억지로 생각을 짜내느라 고통받는 바로 그 일, '아이디어 생성' 말이다.

"나한테는 자기검열 버튼이 없어." 그녀가 아무렇지도 않은 얼굴로 말했다.

"그거야말로 창의적인 직업에 필요한 최고의 재능이지!" 내가 맞장구쳤다.

창의적 집단 사고형의 핵심은 자존심이나 체면 때문에 주저하지 않는다는 데 있다. 그렇기 때문에 아이디어를 필터링 없이 무궁무진하게 쏟아낸다.

"100개 중 99개는 쓰레기지. 그래도 상관없어. 어떻게든 하나는 건지니까."

마스크를 벗어던진 후 미란다는 파티 플래너 겸 소셜 미디어 콘텐츠 제작자로 지금까지 이름을 날리고 있다. 매일 싱싱한 아이디어가 필요한 분야에서 물 만난 고기처럼 일하고 있다.

이 스펙트럼의 오른쪽 끝에는 '집중적 사고형Concentrated Thinker'이 자리하고 있다.

그들은 아이디어를 기관총처럼 쏟아대지 않는다. 대신 다른 사람의 아이디어를 받아들여 그것을 현실로 만드는 데 탁월한 재주가 있다.

대체로 내성적인 성향을 가진 그들은 정보를 흡수한 뒤 혼자 조용히 곱씹고 숙성시키는 시간을 필요로 한다. 그 고요한 시간을 통과해야만 비로소 단단한 아이디어가 나온다.

물론 아이디어를 넉넉하게 떠올리지 못하는 경우가 많다. 그래도 괜찮다. 모든 직업이 아이디어 뱅크를 요구하는 건 아니니까.

앞에서 소개한 '줄리'를 기억하는가? 그녀가 승진 후 괴로워했던 가장 큰 이유는 정기적으로 '참신한 아이디어'를 내놓아야 한다는 압박 때문이었다. 그녀는 결국 자신의 적성(과정지향형)에 맞는 원래 자리로 돌아갔고, 이렇게 말했다.

"제 뇌는 그렇게 작동하지 않아요."

이보다 더 정확한 표현은 없다.

이 스펙트럼의 한가운데에는 '아이디어 기여형Idea Contributor'이 자리한다.

그들은 브레인스토밍 회의에서 혼자 칠판을 가득 채우지는 않는다. 하지만 적재적소에 아이디어를 던지거나, 남의 아이디어에 살을 붙여 발전시키는 데 능숙하다.

자, 당신은 어떤가?

수도꼭지처럼 틀기만 하면 아이디어가 콸콸 쏟아지는가, 아니면 남의 아이디어를 보석으로 다듬는 데 더 흥미가 있는가?

당신은 이 스펙트럼 위 어디에 서 있는가?

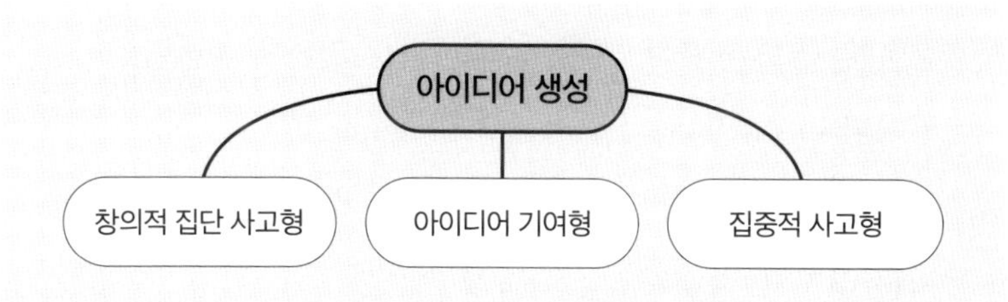

숫자가 들려주는 이야기, 수리적 추론

드디어 8가지 대표 인지 적성의 마지막 관문, '수리적 추론Numerical Reasoning'에 다다랐다. 이는 숫자, 통계, 확률, 그리고 패턴과 같은 수치 정보를 이해하고 그 이면을 추론해내는 능력을 뜻한다.

이 스펙트럼의 왼쪽 끝에는 '수리 탐정Numerical Detective'이 있다.

그들은 단순히 숫자의 나열에서 정보나 경향성만을 보지 않는다. 그들은 숫자들 사이에 숨겨진 '이야기'를 파악해낸다. 마치 셜록 홈즈가 발자국 하나에서 범인의 서사를 읽어내듯 말이다.

대부분의 사람은 고등학생 때 미적분을 배우면서 자신이 이 능력을 가졌는지(혹은 없는지)를 적나라하게 알게 된다. 나도 그랬다(물론 당시에는 톰 같은 아이들에게 놀림받기 싫어서 이 사실을 철저히 숨겼지만!).

이 스펙트럼의 오른쪽 끝에는 '수리 점검자Numerical Checker'가 있다.

그들은 이미 검증된 공식을 활용해 답을 구할 때 편안함을 느낀다. 공식이 왜, 어떻게 유도되었는지에 대한 이론이나 과정은? 관심 없다. 도구로서 잘 작동하기만 하면 그만이다.

굳이 언급할 필요도 없지만, 공식적으로 못 박아둔다. 수학을 얼마나 잘하느냐는 우리가 얼마나 똑똑한지와 아무런 상관이 없다. 내가 아는 가장 똑똑한 사람들 중에도 수리 점검자가 수두룩하다.

그렇다면 이 스펙트럼의 한가운데에는 누가 있을까? 바로 '수리 예측자Numerical Predictor'다. 그들은 탐정처럼 수식의 심오한 원리까지 파고들지는 않지만, 점검자처럼 단순히 계산만 하고 끝내지도 않는다. 그들의 재능은 '흐름Flow'을 읽는 것이다.

과거의 데이터 패턴을 보고 미래의 그래프가 어디로 향할지 본능적으로 감지한다. 회의 시간에 복잡한 보고서를 쓱 훑어보고는 '지금 이 추세대로라면 11월에는 자금이 바닥나겠는데요?'라고 무심하게 (하지만 정확하게) 던지는 그 사람이 바로 수리 예측가다. 탐정이든 점검자이든 예측자이든 간에, 자신의 '수리적 추론' 적성에 딱 맞는 직업을 갖는 것은 매우 중요하다.

나는 투자은행에서 일할 수도 있었다. 아마 꽤 잘해냈을 것이다. 하지만 은행원이 되지 않은 것을 후회하지는 않는다. 나는 내 삶과, 지금 내가 서 있는 나의 '초월의 영역' 중심에 더할 나위 없이 만족한다.

솔직히 가끔은 그 운명적인 금융 수업에서의 사건이(남편이 숙제를 해줬냐는 조롱을 듣던 그날이) 다 이유가 있어서 일어난 게 아닐까 생각한다.

결국 그날의 수치심을 계기로 '비커밍 유'가 시작되었으니까.

만일 그게 사실이라면 이 말을 꼭 전하고 싶다.

톰! 정말 사랑해!

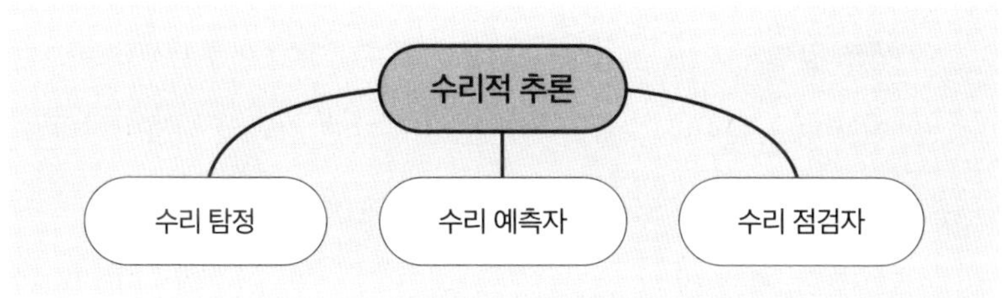

나머지 24개의 비밀, 정보는 곧 힘이다

당신이 적성 탐색의 전문가라면 내게 이렇게 따져 물을지도 모른다. "이봐요, 수지! 당신이 이 장에서 다루지 않은 적성이 무려 24개나 더 있잖아요!"

맞다. 인정한다. 하지만 내가 그것들을 뺀 데에는 다 그럴 만한 이유가 있다.

그 적성들은 극소수에게만 유의미하기 때문이다.

한두 가지 예를 들어보자.

· **눈부심 요소**Glare Sensitivity: 당신의 눈이 강한 빛에 얼마나 민감하게 반응하는지를 측정한다. 이건 밤새 고속도로를 달리는 트럭 운전사나 상공에서 태양과 마주하는 비행기 조종사, 0.01초를 다투는 카레이서에게는 생사가 걸린 문제다. 하지만 사무실에 앉아 엑셀을 두드리는 당신에게는? 선글라스 하나면 해결될 일이다.

· **색조 감별**Color Discrimination: 미묘하게 다른 3가지 푸른색(코발트블루, 인디고, 네이비)을 구분해내는 능력이다. 그래픽 디자이너나 화가에게는 필수이지만, 그 외의 사람들에게는? "글쎄요, 제 눈엔 다 똑같은 파란색인데요?"라고 말해도 먹고사는 데 아무 지장이 없다.

그럼에도 불구하고 원한다면 이 모든 적성에 대한 정밀검사를 받아볼 수 있다. 하나만 당부하자면, 나는 당신이 자신의 적성을 '추측'이나 '어림짐작'으로 때우지 않기를 바란다. 아니, 그래서는 절대 안 된다. 정확한 적성을 찾아내려면 정보가 많을수록 좋기 때문이다.

내 안에 어떤 보석이 숨겨져 있는지 정확히 아는 것, 그것이 '비커밍 유'의 전부다. 그 정확한 앎이 있을 때 당신은 당신이 타고난 재능을 겸허히 받아들이고, 그것을 갈고 닦아 세상에 눈부시게 꺼내놓을 수 있다.

9

인생의 마지막 퍼즐 : 성격

자고로 작가는 자신이 쓴 책에서 자신이 가장 좋아하는 챕터Chapter
가 어디인지 말해서는 안 된다. 그것은 마치 어머니가 열 손가락 깨물
어 안 아픈 손가락 없다고 하면서, 슬쩍 "사실 셋째가 제일 예뻐"라고
말하는 것과도 같으니까.

하지만 고백해야겠다. 우리는 이제 '비커밍 유' 적성 탐험에서 차가
운 '인지적 영역(머리)'을 지나 뜨거운 '감정적 영역(가슴)', 즉 '성격'으
로 넘어가려고 한다. 내가 가장 사랑하는 주제다!

성격은 우리 인생의 목적을 찾기 위해 가장 중요한 퍼즐 조각이다.
하지만 이상하게도 사람들은 진로를 계획할 때 이 부분을 대수롭지
않게 넘긴다.

왜 그럴까? 나는 그 원흉이 나의 오랜 적, 지그문트 프로이트Sigmund
Freud 때문이라고 의심한다. 그는 성격이란 것을 아주 신비롭고, 어둡

고, 심지어 사악한 것으로 묘사했다. 그래서 감히 일반인은 건드릴 수도 없고, 전문가만이 다룰 수 있는 성역처럼 만들어버렸다.

말도 안 되는 소리다.

나를 비추는 거울, MBTI·에니어그램·360도 피드백

오늘날에는 굳이 프로이트의 소파에 눕지 않아도 우리의 성격을 파헤칠 방법이 널려있다.

가장 대중적이고 유명한 '마이어스-브릭스MBTI' 검사는 이미 다들 해봤을 것이다. 혹시 안 해봤다면, 지금 당장 해보길 권유한다www.mbtionline.com. 정말 훌륭한 도구다.

아울러 내가 학생들에게 반강제로 시킬 만큼 강력 추천하는 것은 '에니어그램Enneagram', 특히 RHETI 버전이다www.enneagraminstitute.com 유료 검사이지만 그 비용 이상의 가치가 있다.

뉴욕대 학생들은 여기에 더해 '360도 피드백'이라는 혹독한 통과의례를 거친다. 과거와 현재의 동료, 상사, 부하직원들이 익명으로 당신을 난도질…… 아니, 평가하는 것이다. 정식 버전은 5주나 걸리고 비용도 비싸서 대기업 임원이나 하는 것이지만, 나는 독자들을 위해 'PIE360www.pie360feedback.com'이라는 보급형 버전을 개발했다. 본인 평가Self-Assessment를 먼저 하고 나서 동료나 지인(최소 10명~최대 40명)에게 익명 평가를 요청하는 방식이다.

왜 굳이 남의 평가를 들어야 하냐고?

성격 검사는 대부분 '자가 진단(내가 보는 나)'이다. 하지만 '세상이 나를 어떻게 보는지(남이 보는 나)'를 아는 것은 전혀 다른 차원의 문제다. 보통은 평생을 살며 눈치껏 깨닫는 정보이지만, 우리는 지름길을 원하지 않는가? 데이터가 답이다.

MBTI, 에니어그램, PIE360. 이 정도면 충분하지 않냐고?

천만에. 진짜 주인공은 따로 있다. 바로 이번 장의 핵심이자 '비커밍 유' 수업의 중추인 '커리어 특성 나침반'이다.

이 나침반은 4가지 성격 특성이 올바른 진로를 찾는 데 결정적인 역할을 한다는 나의 믿음에서 탄생했다. 솔직히 말해 과학적 논문으로 증명된 것은 아니다. 하지만 40년 동안 수천 명의 커리어를 지켜보며 쌓은 실증적 데이터와 피와 땀이 섞인 경험이 이 도구의 효과를 보증한다(참고로 내 홈페이지에서 무료로 해볼 수 있다. 점수 매기는 걸 좋아하는 당신이라면 분명 만족할 것이다).

이 나침반의 동서남북을 가리키는 4가지 특성은 다음과 같다.

· 대담성Nerve

· 안정성Soundness

· 유연성Elasticity

· 탐구성Wonderment

이제 아래 그림과 함께, 각각의 특성이 당신의 커리어를 어디로 이끄는지 깊이 탐구해보자. 준비됐는가?

나는 나침반을 구성하는 이 4가지 특성을 모두 좋아한다. 그래서 나뿐 아니라 다른 사람들에게도 이런 특성이 보이면 기분이 좋다. 나는 이 특성들을 많이 가지고 있을수록 인생 전반에 도움이 된다고 믿는다. 그만큼 커리어의 선택지가 넓어지기 때문이다.

하지만 우리는 모두 각자 고유의 모습을 갖고 있다. 따라서 여느 커리어 상담가들처럼 당신에게 어떤 사람이 되어야 한다고 장황하게 주문할 생각은 없다. 누군가에게 성격을 바꾸라고 말하는 것은 말도 안 되고, 책을 통해서는 더더욱 그렇다. 이번 장의 목표는 당신이 갖고 있는 성격적인 특징이 어떤 일과 삶에 잘 맞는지를 살펴보는 것이다.

커리어 특성 나침반을 탐구하는 과정은 좀 전까지 우리가 다룬 '인지 적성'과 비슷하다. 즉 나침반에는 옳고 그른 특성이 없으며, 나 자신에게, 그리고 내가 현재 일하고 있는, 또는 일하고 싶은 분야와 맞느냐의 여부일 뿐이다.

여기서 주의할 게 있다! 우리는 모두 적어도 이 특성 하나만큼은 가능한 많이 가지고 있어야 한다. 바로 '안정성'이다. 안정성은 단점이 없는 특성이다. 이제 우리는 15세기 일본 쇼군의 영웅 아시카가 요시마사의 이야기를 통해 이 특성이 무엇이고, 그리고 왜 중요한지를 살펴볼 것이다. 벌써 흥미롭지 않은가? 그렇다면 나는 할 일을 다 한 셈이다.

사이코!(쇼군이 외치는 '전진'이라는 뜻이다.)

나는 글을 쓰고 가르치는 일을 한다. 그래서 사람들이 정보를 더 쉽게 기억하도록 돕는 기발한 방법에 늘 관심이 깊다. 그래서 이 특성들을 나침반에 비유를 했는데, 운 좋게도 영어 알파벳과 딱 맞아떨어졌다!

그럼 이제 나침반의 북쪽에 해당하는 '대담성'부터 알아보도록 하자.

이 특성은 지구력Stamina, 직언력Candor, 결단력Edge 같은 성격들과도 연결된다. 이들이 결합해 특정 방식으로 드러날 때, 우리는 대담하고 역동적이며 행동과 결정에 확신을 가진 모습을 보게 된다. 한마디로 '배짱'을 가리킨다. 사실 배짱Guts이 N으로 시작했다면 이 특성의 이름을 '배짱'이라고 붙였을지도 모르겠다.

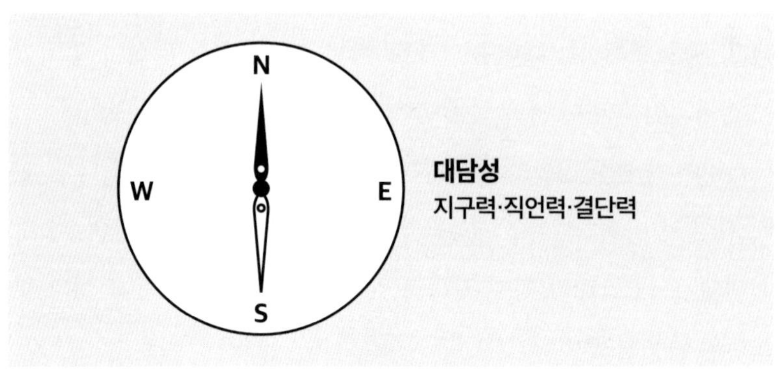

216

리더의 자격, 대담성

오늘날처럼 빛의 속도로 변하고 복잡다단한 세상에서는 어떤 일을 하든 일정 수준의 대담성과 배짱이 필요하다. 물론 주된 일이 반복적인 업무인 분야에서는 상대적으로 스트레스가 적은 일자리도 있다. 하지만 요즘은 요가 선생님들도 우울증을 겪는다고 한다(믿기지 않는다면 수업 끝나고 조용히 물어보라).

나는 예전에 작은 섬에 있는 요양원의 수리 기사를 상담한 적이 있다. 평화로울 것 같은 그곳에서도 직원들 사이의 파벌 싸움이 치열했고, 그는 스트레스를 견디다 못해 사표를 던지기 직전이었다.

줄리Julie를 기억하는가? 비영리단체의 전략기획 팀장으로 승진했다가 제 발로 평사원 시절의 '행정직'으로 돌아간 그녀 말이다. 그녀는 체계적인 시스템과 반복적인 업무가 주는 평온함이 그리웠다. 하지만 그녀조차 이렇게 말했다.

"그래도 매주 작은 위기가 터져요."

아무리 평온해 보이는 일이라도 그 안의 파도를 헤쳐나가려면 어느 정도의 지구력, 솔직함, 그리고 결단력은 필수다.

담력은 조직의 사다리를 올라갈수록 더 많이 요구된다. 책임질 게 많아질수록 일은 복잡해지고 모호해진다. 결정 하나하나에 따르는 위험과 대가는 눈덩이처럼 불어난다. 특히 경쟁이 치열한 비즈니스라는 정글에서는 조직 내의 불필요한 관행과 잡음을 차단할 '솔직해질 용기'와 '칼 같은 결단력'이 생명이다.

최악의 리더는 '지문을 남기지 않는' 사람들이다.

그들은 자신의 흔적을 남기는 걸 병적으로 꺼린다. 한마디로 배짱이라고는 눈을 씻고 찾아봐도 없는 위인들이다. 그들은 이런 성격의 소유자다.

어떤 계획에도 헌신하지 않는다(발 빼기 좋게).
어려운 전문용어로 본래 의미를 흐린다(빠져나갈 구멍을 만들려고).
매번 교묘하게 책임을 회피한다.

제대로 된 회사라면 이런 리더는 오래 버티지 못한다. 모두에게 경멸의 대상이 될 테니까.

진짜 리더라면 직접 총대를 메고 책임을 져야 하며, 팀원들의 아이디어에 헌신할 줄 알아야 한다. 만일 당신의 담력 그릇이 작다면, 억지로 리더가 되려 하지 마라. '실무 전문가Individual Contributor'의 길을 가는 편이 훨씬 행복할 것이다.

앞에서 소개했던 클로이는 이렇게 말했다.

"저는 누구도 못 버려요."

건강 문제가 있어서 지구력이 약한 탓도 있었지만 그녀는 원래부터 에너지가 넘치는 사람은 분명 아니었다.

"맞아요, 저는 차분한 성격이에요."

'직언력直言力'의 측면에서도 그녀는 낙제점에 가까웠다. 그녀는 갈등을 어떻게든 피하는 '지나치게 친절한' 성격이었다. 그녀가 떠올릴 수 있는 최고의 독설은 고작 이런 거였다.

"음…… 당신은 조금 덜 완벽한 것 같아요. 아, 그렇다고 상처 받으라고 드리는 말씀은 절대 아닌데……."

클로이에게는 리더가 갖춰야 할 날카로운 면이 없다. 하지만 이것이 그녀가 훌륭한 사람이 아니라는 뜻은 결코 아니다. 낮은 담력 수준은 그녀가 일과 삶의 '목적'을 찾는 데 아무런 방해가 되지 않는다.

단, 한 가지는 확실해졌다. 그녀는 리더십과는 거리가 멀다. 사업가나 창업가와도 아주 멀다.

야수의 뱃속에서: 쿼디오의 실패

스타트업만큼 담력을 요구하는 곳은 지구상에 없다. 그곳은 인간의 정신적·감정적·경제적·영적·육체적 진을 몽땅 빼놓는 용광로다. 인내심을 마지막 한 방울까지 쥐어짜고, 용기와 솔직함을 극한까지 시험하며, 동시에 미친듯한 속도전까지 요구한다.

옛말에 틀린 거 하나 없다.

"창업자는 돈이 떨어지기 전에 기운부터 떨어진다."

쿼디오Quadio가 그랬다. 내 아들 마커스가 코로나 팬데믹 직전에 창업한 이 스타트업에서 나는 조언과 피드백을 주는 고문 역할을 맡았다. 우리는 대학생 뮤지션들을 위한 이 스트리밍 앱이 세상을 바꿀 거라 굳게 믿었다.

새벽 6시에 사무실에 나가보면 마케팅 팀장이 퀭한 눈으로 키보드를 두드리고 있었다. 그녀는 이틀째 집에 들어가지 못한 상태였다. 하지만 아무도 불평하지 않았다. 창업 초기에는 모두가 기꺼이 '전투 모드'에 들어가니까.

사무실에는 종종 쿼디오를 통해 데뷔를 꿈꾸는 대학생의 노래가 크게 울려퍼지곤 했다. 제목은 〈야수의 배Belly of the Beast〉. 그 노래는 쿼디오의 주제가였다. 쿼디오맨들은 야수의 뱃속에서 삶을 위해, 꿈을 위해 발버둥치고 있었다.

하지만 우리는 탈출하지 못했다.

팬데믹, 잦은 전략 수정, 과도한 기능 탑재, 그리고 초보 사업가들의 수만 가지 멍청한 실수들(그중 상당수는 내가 저질렀다). 체력과 돈이 거의 동시에 바닥났다.

가끔 생각한다. 우리 중 누구라도 더 독한 배짱이 있었다면, 결과가 달랐을까?

과유불급: 대담성 과잉의 비극

사업을 접고 며칠 후, 나는 경영대학원 동기이자 연쇄 창업가인 친구에게 위로라도 받으려는 심정에 전화를 걸었다. 하지만 그는 내 신세 한탄에 눈꼽만큼의 동정도 보이지 않았다.

"스타트업 지옥을 맛봤다니, 환영한다."

"뭐가 부족했을까? 독기가 너무 없었나?"

"아니. 독기가 너무 넘쳤던 거지, 옛날에 나처럼."

알고 보니 그는 자신이 창업했던 세 회사에서 모두 쫓겨났다고 했다. 이유는 명확했다.

팀원들을 불철주야 굴려서 번아웃시킴(지구력 과잉).

남의 감정은 무시하고 독설을 퍼부음(직언력 과잉).

독단적으로 너무 빨리 결정을 내림(결단력 과잉).

그가 덧붙였다.

"진상 짓으로 성공하면 결국 오래 못 가."

지구력, 직언력, 결단력이 있는 건 좋다. 하지만 '과유불급'을 항상 경계해야 한다. 대담성과 그의 친구들은 대부분의 직업에서 당신을 빛나게 해줄 무기다. 하지만 이 무기를 너무 과신하면 언제든지 '진상'의 나락으로 떨어진다.

사업과 창업은 '혼돈 그 자체'다. 따라서 혼돈을 다스리고, 불필요한 관행을 혁신하고, 긴 마라톤을 완주할 수 있는 '건강한 대담성'이 당신에게 얼마나 있는지를 아는 것이 중요하다. 건강한 대담성이란 상황에 따라 그 수위를 지혜롭게 조절하는 것이다.

당신이 평생을 바쳐 몰입할 그 일이, 당신의 대담성 그릇과 얼마나 들어맞는지를 무엇보다 먼저 확인하라. 이 간단한 확인만으로도 당신은 당신에 대해 많은 것을 알게 된다. 장담하건대, 당신에 대해 많은 것을 알게 될수록, 당신은 성공할 확률이 그만큼 높아진다.

어른의 조건, 안정성

안정성은 긍정의 힘Positive Energy, 자기 인식Self-Awareness, 진실성Integrity, 회복탄력성Resilience이 완벽하게 어우러진 종합 예술이다.

쉽게 말해 안정적이라는 것은 정서적으로 건강하고 독립적이며, 자기 앞가림을 잘하는 성숙한 어른처럼 행동한다는 뜻이다.

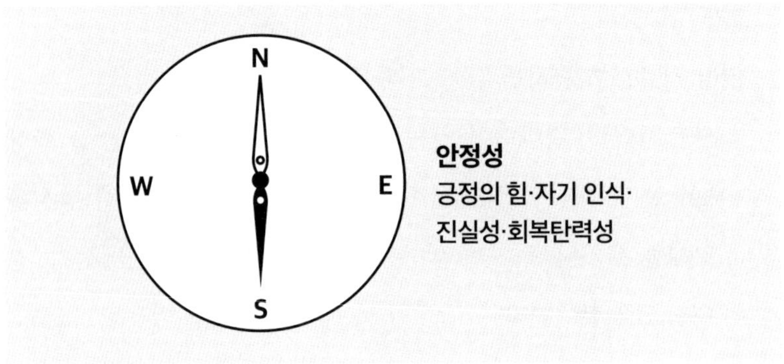

문제는 회사에서든 실제 삶에서든, 이 안정성이라는 게 꽤나 복잡미묘하다는 것이다.

내성적인 사람은 긍정적인 에너지보다 부정적인 에너지가 더 강하다고 억울한 오해를 받는다. '자기 인식'을 갖추기란 하늘의 별 따기만큼 어렵다. 우리 모두는 자신이 진실하다고 철석같이 믿는다(착각이다). 마지막으로 회복탄력성을 제대로 기르려면 근본적인 접근이 필요하다.

내성적인 천재의 비애: 밍즈 이야기

공학도인 밍즈Mingz는 내 경영학 수업을 들었던 학생 중 가장 뛰어난 인재였다. 그는 수업 시간에 단 한 번도 손을 들지 않을 만큼 수줍음이 많았지만 과제와 시험 답안지는 완벽 그 자체였다.

상담을 통해 친해지자 그는 숨겨왔던 매력과 통찰력을 드러냈다. 나는 속으로 감탄했다. '세상에, 이렇게 속이 꽉 찬 탄탄한 청년일 줄이야.'

하지만 직장은 학교가 아니다. 상사들은 숨겨진 진주를 찾아낼 시간이 없다.

졸업 1년 뒤 밍즈는 내게 이메일을 보내 하소연했다.

"교수님, 평생 알고리즘이나 수정하며 살고 싶진 않아요. 하지만 회사에서는 제가 업무 능력은 뛰어나지만 사람과 잘 못 사귄다는, '부정적인 기운'을 풍긴다며 관리자 승진에서 계속 누락시켜요."

조용하고 차분한 성격이 '부정적인 기운'이라고? 어이가 없는, 억울한 꼬리표였다. 나는 밍즈에게 정면 돌파를 권했다.

"상사를 찾아가요. 당신의 내성적인 성격이 결함이 아니라 '신중함'이라는 장점의 표현임을 설명해봐요."

고민 끝에 그는 상사를 찾아가 설득했다.

"믿기 어려우시겠다면, 가장 작은 팀을 제게 맡겨봐주시겠어요? 절대 실망시켜드리지 않겠습니다."

내성적이고 조용했지만 밍즈는 성공에 대한 열망이 누구보다 뜨거운 사람이었다. 이런 사람의 성공은 하루아침에 기적처럼 이루어지지 않는다. 천천히, 그러나 탁월하고 탄탄하게 이루어진다.

회사는 외향적인 사람을 선호한다. 그들의 사교성은 '긍정적인 에너지'로 포장되어 더 유능하고 뛰어난 팀워크를 창출하는 것처럼 보인다. 최근 들어 내성적인 사람에 대한 편견이 획기적으로 개선되고 있기는 하지만, 어쨌든 밍즈와 같은 사람들은 자신의 침묵이 무능이 아님을 증명해야 한다.

"밍즈, 지금 있는 곳이 더할나위없이 만족스러운 곳이라면 당신의 내성적이고 조용한 이미지를 '신중하고 사려 깊은' 이미지로, 좀 더 긍정적인 이미지로 바꾸어 사람들에게 전달하도록 해요. 그렇지 않으면 정말 내성적이고 조용한 성격의 사람을 환영하는 곳으로 옮겨 가야 해요."

가장 어려운 숙제: 자기 인식

1998년《하버드 비즈니스 리뷰》편집장으로 일하던 시절, 나는 심리학자 대니얼 골먼Daniel Goleman의 '감성지수EQ'에 관한 기사를 실은 적 있었다. 그런데 독자들의 반발이 거셌다. '차가운 비즈니스 세계에서 무슨 감정 타령이냐'는 것이었다. 하지만 얼마 지나지 않아 반발은 쑥 들어갔다. EQ가 '성공의 열쇠'라는 연구 결과가 쏟아져 나왔기 때문이다.

언젠가 내가 대니얼에게 물었다.

"EQ 중에서 가장 중요한 게 뭐죠?"

그는 1초의 망설임도 없이 대답했다.

"자기 인식입니다. 즉 나의 감정, 장점, 한계, 가치관을 있는 그대로 직시하고, 그것이 타인에게 미치는 영향까지 객관적으로 읽어내는 능력입니다."

자기 인식 능력이 뛰어날수록 '메타인지'가 높은 사람으로 평가받는다. 이는 리더십과 사회생활에서 강력한 무기가 된다.

안타깝게도 자기 자신을 객관적인 눈으로 파악하는 것은 세상에서 가장 어려운 일이다.

벤Ben의 사례를 살펴보자.

필라델피아의 한 작은 대학교를 졸업한 그는 타고난 공감 능력과 다정함 덕분에 모두가 '너는 천상 간호사야'라고 추켜세우던 청년이었다. 그는 부푼 꿈을 안고 간호대에 갔지만 과학 과목에서 C학점을 전전하며 힘겹게 자격증을 땄다.

천신만고 끝에 대학병원의 신생아 집중치료실에 취직했지만 현실은 지옥이었다. 위급 상황이 닥치면 벤은 얼어붙었고, 의사의 지시가 빠르게 바뀌면 머릿속이 하애졌다. 동료들이 유능한 간호사로 성장해나갈 때 벤은 패배감에 젖어 사직서를 썼다.

그는 결국 호스피스 병동으로 옮겼다. 그리고 그의 인생은 180도 달라졌다. 임종을 앞둔 환자와 깊이 교감하는 데 그보다 더 뛰어난 간호사는 없었다. 생을 마감하고 정리하는 사람들에게 벤의 다정함은 최고의 무기가 되어주었다.

그렇게 3년이 흘렀고 벤이 내게 말했다.

"제 자신을 아는 데 왜 그렇게 오래 걸렸는지 모르겠어요."

"벤, 자책할 거 없어요. 그건 당신 잘못이 아니니까요."

우리는 평생에 걸쳐 수많은 시도와 처절한 실패를 겪으며 자신의 강점과 약점을 배워나간다. 게다가 우리를 사랑하는 사람들(벤의 어머니처럼!)은 우리가 상처받을까 봐 진실을 말해주지 않는다. 그래서 '비커밍 유'가 필요한 것이다. 이 과정은 당신이 억지로라도 자기 인식을 갖도록 설계되었으니까.

'진실성'이라는 착각

'진실성'이라는 단어를 듣는 순간, 사람들은 멍한 표정을 짓는다. 왜냐고? 모두가 자신은 진실하다고 믿기 때문이다. 하지만 진실하다고 믿는 것과 진실한 것 사이에는 큰 차이가 존재한다.

진실성이란, 단순히 거짓말을 하지 않거나 법을 준수하는 차원이 아니다. 진실성은 '실행력'의 영역이다.

자기가 한 말을 지키는 것.

마감 기한을 엄수하는 것.

시작한 일을 끝까지 해내는 것.

실수로 일이 틀어졌을 때 '내 탓이오'라고 인정하고 책임지는 것.

도움을 준 사람에게 잊지 않고 감사하는 것.

자, 이제 '진실성'이라는 단어가 조금은 무겁게, 조금은 찔리게 다가오지 않는가?

〈마이애미 헤럴드〉 기자 시절, 나를 아끼던 형사 조 로다토Joe Lodato 가 뼈아픈 교훈을 준 적이 있다.

그는 나를 교도소에 데려가 살인미수범과의 인터뷰를 주선했다. 주홍색 죄수복을 입은 그 청년의 사연은 너무나 절절해서, 나는 그가 결백하다고 믿었고 눈물까지 흘렸다. 하지만 재판 날 드러난 진실은? 그는 병적인 거짓말쟁이였고 증거는 차고 넘쳤다.

법정을 나서며 로다토 형사가 말했다.

"수지, 사람들은 누구나 자기 인생의 이야기를 써 내려가지. 자기가 주인공이고, 자기가 영웅인 이야기를 말이야."

나는 이 말을 평생 곱씹으며 살아간다.

그렇다. 우리는 매일 자기 방어에 여념이 없다. 지각, 펑크 낸 약속, 끝내지 못한 과제…… 그 모든 것에 대해 그럴듯한 변명을 만들어내며 자신을 합리화한다. 이것이 바로 진실성의 문제다.

시스템이 모든 것을 완벽하게 통제하는 은행, IT 대기업 등에서는 '진실성'이 그렇게 중요한 요소가 아닐 수도 있다(시스템이 완벽하게 통제하는 은행원 같은 경우). 하지만 '초월의 영역'이 당신을 인도하는 곳, 예컨대 누군가를 가르치거나 돌보는 일, 또는 팀을 이끄는 리더의 자리에서는 진실이 무너지면 모든 게 무너진다.

내가 아는 가장 똑똑하고 매력적인 컨설턴트는 팀장이 되자마자 해고를 당했다. 클라이언트들은 유능한 그를 좋아했다. 하지만 그는 팀원들에게 주어야 할 피드백이나 멘토링, 커리어 상담 같은 일은 상대적으로 소홀했다. 겉으로는 팀원들을 추켜세웠지만, 정작 그들을 성장시킬 어떤 아이디어나 전략도 갖고 있지 않았던 것이다. 회사가 그를 해고한 것은 탁월한 리더가 되는 데 반드시 필요한 '진실성'을 너무 가볍게 여겼기 때문이다.

성공하고 싶다면 당신은 당신에 대해 가감 없이 피드백을 줄 사람들이 반드시 필요하다. 당신에게 진실을 말해줄 친구나 동료, 선후배에게 다음의 질문을 던져보라.

"나는 뱉은 말을 지키는 사람이니? 내가 변명을 더 많이 늘어놓는 사람이니? 나는 타인을 이용하는 사람이니, 타인과 함께 가는 사람이니?"

질문 리스트는 얼마든지 더 추가될 수 있다. 당신의 질문에 허심탄회하게, 아주 솔직하게 피드백을 주는 사람들을 가진 것만으로도 당신은 이미 성공한 사람이다.

깨진 틈을 메우는 금빛: 회복탄력성

안정성의 대미를 장식하는 마지막 요소는 '회복탄력성'이다.

회복탄력성은 높으면 높을수록 좋다. 하지만 오해하지 마라. 회복탄력성은 단순히 이를 악물고 버티는 '불굴의 의지'와는 다르다. 그것만으로는 부족하다. 진정한 회복탄력성에는 '용서'라는 열쇠가 필수적이다.

우리가 무너지지 않고 다시 튀어올라야 할 순간은 언제인가? 승승장구할 때가 아니다. 인생의 밑바닥일 때다. 해고 통보를 받았을 때, 믿었던 상사에게 배신당했을 때, 피땀 흘린 프로젝트가 엎어지고 고객을 잃었을 때다. 암이 재발했다는 소식을 들었을 때, 자녀가 엇나갈 때, 사랑했던 사람이 희망 고문 끝에 우리를 떠났을 때다.

이런 순간마다 세상은 우리에게 '내면의 불꽃을 태워라', '바닥난 용기를 쥐어짜라'고 종용한다. 모든 건 마음먹기에 달렸으니 스스로 강해지라고 말이다. 하지만 그게 말처럼 쉬운 일이 아니다. 세상이 우리를 공격할 때 인간이 보이는 가장 자연스러운 반응은 약해지거나 분노하는 것이다. 그리고 가장 먼저 하는 일은 '탓할 대상'을 찾는 것이다.

남편 잭이 떠난 후, 나는 홀로 남겨진 사람들이 겪는 애도와 그리움을 넘어선 거대한 분노에 휩싸여 있었다.

'왜 하필 우리야? 왜 잭의 마지막은 그토록 고통스러웠어야 해? 왜 30년이 아니라 20년밖에 주어지지 않은 거야!'

무엇보다 나 자신을 용서할 수 없었다.

임종 직전 잭은 헛것을 보았는지 갑자기 "테레사 고모가 방에 들어

왔어"라고 중얼거렸다. 그때 나는 무심코 대꾸했다.

"여보, 고모님은 이미 돌아가셨잖아요."

왜 나는 그가 홀로 먼 길을 떠나지 않아도 된다는 그 마지막 위안을 주지 못했을까? 왜 그냥 "그래요? 내 인사도 좀 전해줘요"라고 해주지 못했을까?

몇 달 동안 나는 나 자신을 지독히도 미워했다. 그러던 어느 날, 내 마음속 지옥불을 꺼준 건 목사님이었다. 나의 고해성사를 들은 그가 차분하게 말씀하셨다.

"수지, 자신을 용서해야 해요. 분노와 비난, 후회로 가득 찬 마음은 하나님께서도 치유하실 수 없어요."

찬물을 한 바가지 뒤집어쓴 기분이었다. 그의 말이 옳았다.

그날 이후 나는 '회복탄력성이 높은 사람들'을 연구하는 작은 미션을 시작했다. 그들은 단순히 바닥을 치고 올라오는 회복력이 좋은 사람들이 아니었다. 그들은 하나같이 자신에게 상처를 준 사람, 세상, 그리고 무엇보다 자신의 실수를 용서한 사람들이었다.

연구를 지속하면서 나는 잭의 병을 용서하고, 나 자신을 용서하고, 이런 비극을 허락한 세상을 용서했다. 그러자 비로소 새로운 삶을 향한 한 줄기 빛을 발견할 수 있었다. 분노와 후회를 내려놓고, 그 자리에 사랑과 감사를 채워넣었다.

회복탄력성이 높은 사람이 되면, 후회와 자책에 무너지지 않는다. 고통과 시련, 깊은 상처가 더 나은 삶으로 자신을 이끈다는 사실을 알기 때문에 더 단단한 사람이 되는 길을 걷는다.

깨진 찻잔의 미학: 킨츠기

1년 전 나는 회복탄력성에 대해 학생들에게 가르치기 위해 47년간 머릿속에만 간직해온(심지어 칵테일 파티에서도 말한 적 없는) 비장의 카드를 꺼냈다.

바로 일본의 '킨츠기Kintsugi' 이야기다. 킨츠기는 '금金으로 이어붙이다'라는 뜻을 가진 일본의 전통 도자기 수리기법이자 예술철학을 말한다.

15세기 일본의 아시카가 요시마사 장군은 아끼던 찻잔을 실수로 깨뜨렸다. 그는 수리를 위해 찻잔을 중국으로 보냈지만 당시 기술로는 투박한 철심을 박아 고치는 게 최선이었다. 돌아온 찻잔의 흉한 모습에 실망한 장군은 일본 장인들에게 '더 아름답게 고칠 방법'을 주문했고, 장인들은 고심 끝에 깨진 틈을 금으로 메워버렸다. 그 결과, 찻잔은 깨지기 전보다 훨씬 더 독특하고 가치 있는 예술품으로 재탄생했다.

킨츠기 철학이 우리에게 주는 교훈은 다음과 같다.

· 상처를 숨기지 않는다: 파손과 수리를 도자기 역사의 일부로 받아들인다.
· 깨짐은 끝이 아니다: 깨졌다는 것은 폐기 처분할 이유가 아니라 새로운 아름다움을 더할 기회다.
· 불완전함이 곧 아름다움이다: 공장에서 찍어낸 매끈한 그릇보다, 깨진 다음 다시 이어붙인 그릇이 세상에 단 하나뿐인 고유한 이야기를 갖게 된다.

오늘날 심리학과 자기계발 분야에서 킨츠기는 인간의 성장과 치유를 상징하는 강력한 메타포로 활용된다.

우리는 살면서 누구나 마음이 깨지고 부서지는 상처(트라우마, 실패, 이별 등)를 입는다. 킨츠기 철학은 이 상처를 부끄러워하거나 감추려 하지 말고, 황금(지혜, 용서, 경험)으로 채우라고 가르친다. 그렇게 치유된 우리는 상처받기 전보다 더 단단하고, 더 아름답고, 더 깊이 있는 사람이 된다. 킨츠기는 '상처 입은 것이 부끄러운 게 아니라, 그 상처를 딛고 일어선 모습이 얼마나 아름다운가'를 보여주는 예술이다.

회복탄력성은 운 좋게 얻어걸리는 것도, 원한다고 뚝딱 얻을 수 있는 것도 아니다. 회복탄력성은 통찰과 실천을 통해, 아픔과 분노를 억지로 짓누르는 게 아니라 고통을 내려놓고 용서하는 과정을 통해 비로소 얻어진다.

세상은 언제나 우리를 버겁게 만든다. 그러니 수백 년 전의 킨츠기가 지금까지도 감동을 주는 훌륭한 메타포로 남은 게 아니겠는가? 어쩌면 인류의 미래는 지금보다 더 버거울지 모른다.

만약 그렇다면, 나는 당신이 부디 그 깨진 틈을 금빛으로 채우는 숭고한 회복탄력성을 발휘하기를 진심으로 바란다.

고무줄처럼 늘어나는 힘, 유연성

커리어 특성 나침반의 동쪽을 가리키는 '유연성'은 새로운 기술을 배우고, 인간관계의 지평을 끊임없이 확장하려는 열정과 의지를 뜻한다.

솔직히 말하자면 둘 다 어렵다.

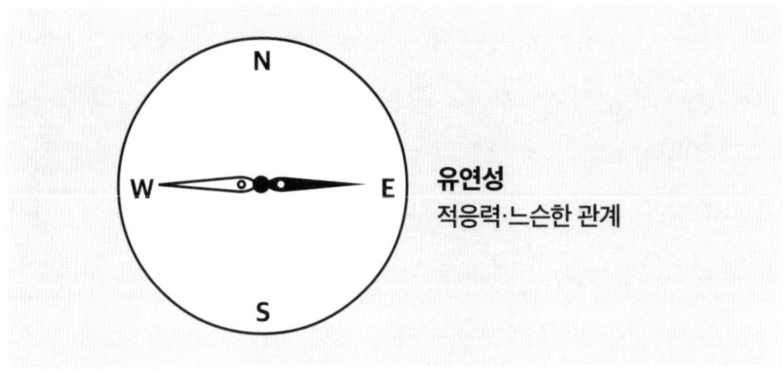

첫 번째 난관은 기업들이 입버릇처럼 말하는 '리스킬링(Reskilling, 재교육)'이다.

흠, 고맙지만 나는 사양하겠다.

솔직히 누가 새로운 기술을 계속 배우고 싶어 하겠는가? 지금 하는 일 쳐내기도 벅찬데 말이다. 게다가 일이라는 것은 항상 예상보다 스케일이 크고 골치가 아프다. 물론 도전에 목마른 변종들도 있기는 하다. 하지만 아침에 눈 뜨자마자 이렇게 생각하는 사람은 아무도 없을 것이다.

'와! 내가 지금 잘하는 기술을 싹 다 버리고, 한 번도 안 해본 맨땅에 헤딩하고 싶어!'

'설명서도 없는 새 소프트웨어와 시스템이라니! 내 뇌를 고문할 생각에 벌써 짜릿한걸?'

개인적으로 나는 리스킬링이라는 단어만 들어도 피곤하다. 하지만 슬픈 현실은, 이 '적응력'에 대한 수요가 앞으로도 폭발할 것이라는 점이다. 링크드인LinkedIn 통계에 따르면, 고용주들이 지금 가장 눈에 불을 켜고 찾는 자질이 바로 적응력이다.

자, 그렇다면 당신은 고무줄 같은 적응력을 가졌는가?

적응력의 화신: 댄 로스의 도박

적응력의 끝판왕을 보여주는 인물이 있다. 공교롭게도 링크드인의 편집장 댄 로스Dan Roth다.

켄터키 출신인 댄은 어릴 적부터 장래 희망이 확고했다. "저는 '비즈니스 저널리스트' 말고 되고 싶은 게 없었죠."

1980~1990년대만 해도 이 길은 고속도로처럼 명확했다. 명문대 저널리즘 전공 → 지역 신문사 → 메이저 경제지. 댄은 이 정석 코스를 밟아 〈포브스Forbes〉와 〈포춘Fortune〉을 거치며 승승장구했다.

하지만 멀리서 불길한 변화의 조짐이 보였다. 2008년 말, 〈와이어드Wired〉의 부편집장이었던 밥 콘Bob Chon이 잘나가던 잡지사를 때려치우고 온라인 매체TheAtlantic.com로 떠난 것이다.

당시 업계 사람들은 모두 그가 미쳤다고 수군댔다. 댄 역시 그랬다. "밥은 잡지계의 왕이었어요. 우리는 그가 제정신이 아니라고 생각했죠."

그러다가 문득 댄은 관점을 바꿔서 이 문제를 바라보았다. '어쩌면 밥이 미친 게 아니라, 미래를 먼저 본 것일 수도 있지 않을까?'

댄은 스스로 인정한 것처럼 '디지털 까막눈'이었지만 과감하게 〈포춘〉 CEO에게 '포춘닷컴Fortune.com'의 비전을 제시하고는 온라인 편집장 자리를 꿰찼다. 하지만 2년 후, 댄은 또 한 번의 충격을 받았다.

구글Google 때문이었다. 구글은 어떤 광고든 포춘닷컴보다 훨씬 싸고 빠르고 넓게 뿌릴 수 있었다. 기존 언론사의 온라인 모델은 지속이 불가능해 보였다. 댄은 깨달았다. '디지털이 미래는 맞는데, 우리가 하는 방식이 틀렸구나!'

댄은 곧장 링크드인과 접촉했다. 링크드인 임원들은 댄의 동물적인 적응력을 감지했고, 그를 채용해 단순한 네트워킹 사이트였던 회사를 '콘텐츠 플랫폼'으로 탈바꿈시키는 임무를 맡겼다.

처음에는 늦은 퇴근 후 잠든 가족을 보며 댄은 불안에 휩싸이곤 했다. '딱 2년만 버텨보자. 최악의 경우? 괜찮아, 다 망해도 나는 새로운 기술과 네트워크를 얻는 거야. 최선의 경우? 미래의 저널리스트로 살아남는 법을 배우는 거지.'

돌이켜보면 댄은 연봉까지 깎아가며 이직했다. 하지만 결과는? 댄의 압승이었다. 그는 단순히 스톡옵션을 얻은 게 아니라, 자신의 유연성에 베팅해 잭팟을 터뜨린 것이다.

나는 로켓인가, 안식처인가?

다시 묻겠다. 당신은 댄처럼 유연한가?

만일 그렇다면 당신의 '초월의 영역'은 양자공학, 우주 채굴, AI 같은 최첨단 산업이나 M&A로 시끄러운 회사에 있을 것이다. 그 혼란의 한복판에서도 당신의 유연성은 구명조끼가 되어 줄 것이다.

반대로 변화가 끔찍하게 싫다면? 괜찮다. 자신을 비난할 필요 없다. 오히려 자신을 정확히 아는 것에 박수를 보낸다.

단, 이런 경우 로켓이나 롤러코스터 같은 직장은 피해야 한다.

내 친구 중 한 명은 브루클린에서 작은 '인테리어 디자인' 매장을 운영한다. 그녀는 요동치는 세상에 지쳐 적어도 매장만큼은 시간이 멈춘 듯 평온하게 꾸몄다. 그곳은 시대를 초월한 안식처다. 변화에 익숙하지 않은, 유연성 점수가 높지 않은 단골손님들은 그 오래된 공간에서 위안과 행복을 느낀다.

그러니 걱정 마라. 사람은 누구나 자기만의 방식대로 행복하다. 자신의 목적에 맞는 삶을 살고 있다면.

낯선 사람과의 악수: 느슨한 관계

유연성의 두 번째 요소는 인간관계, 특히 내가 '느슨한 관계Irregular Relationships'라고 부르는 낯선 영역에 대한 편안함이다.

앞서 말했듯 나는 '네트워킹'이라는 단어를 좋아하지 않는다. 너무 계산적이고 차갑게 들리니까. 칵테일 잔을 들고 명함을 돌리는 형식적인 인사치레로는 성공할 수 없다. '네트워킹 파티 덕분에 성공했어요'라고 말하는 사람을 본 적이 있는가?

성공은 대개 '진짜 친구들Strong Ties' 덕분이다. 내가 힘들 때 기꺼이 손을 내밀어주는, 나를 사랑하는 사람들 말이다. 하지만 새로운 세상에서 도약하려면 '느슨한 친구들'이 필요하다. 기존의 친구 무리 바깥에 있는 사람들 말이다.

왜냐고? 영화 〈베스트 키드〉의 대사를 빌리자면, "애송이, 기업과 산업이 무너지면 기존 인맥도 다 같이 무너지기 때문이지."

우리는 보통 자신이 구조조정당할 거라고는 잘 생각하지 않는다. 하지만 그런 일은 일어난다. 기술과 경제의 파괴적 혁신이 소용돌이치는 세상에서는 비일비재하게 일어난다.

경제전문가들에 따르면, 2030년이 되면 일자리의 80%가 '긱(Gig, 단기 계약)' 기반이 될 전망이다. 즉 조만간 우리는 모두 '나 자신을 위해' 일하게 될 것이다. 프로젝트에 따라 회사와 업계를 넘나드는 유목민이 되는 것이다.

그런 미래가 오면 누가 당신을 받아줄까? 매일 보는 직장 동료? 그들도 당신과 똑같은 처지일 텐데? 이때 필요한 게 바로 느슨한 친구들이다. 전혀 다른 업계, 전혀 다른 배경을 가진 사람들. 그들이야말로 당신이 새로운 땅에 안착할 때 안전망이 되어줄 것이다.

나의 느슨한 친구, 브라이언

쿼디오를 창업했을 때 나는 아일랜드 더블린에 사는 소프트웨어 개발사의 CEO 브라이언Brian과 친구가 되었다. 하지만 쿼디오가 망한 뒤 우리 사이의 공통점(비즈니스)은 사라졌다. 남은 건 서로에 대한 존경심과 고난을 함께했다는 전우애뿐이었다. 우리는 가끔 서로의 SNS에 댓글을 달거나 새해 인사를 주고받는 '느슨한 관계'를 유지했다.

대학교수인 내가 다시 스타트업 판에 뛰어들 일은 없을 줄 알았다. 그런데 내가 '가치관 다리' 프로그램과 'PIE360' 같은 디지털 도구를 개발하게 될 줄이야!

나는 가장 먼저 브라이언에게 전화를 걸었다. 비밀유지 계약서? 필요 없었다. 그는 내 설명을 듣고는 내가 해야 할 일을 정확히 짚어줬다. 심지어 자기 회사 이익과는 아무 상관 없는, 나에게 딱 맞는 다른 업체들을 소개해주었다.

정말이지, 나의 이 느슨한 친구에게 절이라도 하고 싶은 심정이었다.

유연성을 위해 '당신과 전혀 다른 사람들과 친구가 되어라', '6개월마다 새로운 기술을 습득하라'는 주문은 실행에 옮기기에 몹시 피곤한 것도 사실이다. 이 주문이 당신 성향에 맞지 않는다고 해서 전혀 비난받을 이유는 없다. 하지만 유연성이 끔찍하게 싫다면, 매번 새로운 기술과 인맥에 의존해야 하는 정글 같은 커리어보다는 안정적이고 명확한 길을 선택해야 한다. 전문 자격증이나 숙련된 기술 하나로 평생 먹고살 수 있는, 소수의 깊은 친구들만 있어도 충분한 그런 일자리 말이다.

어떤 길을 선택해도 좋다.

단, 당신이 쥐고 있는 지도가 그 길로 안내하고 있는지는 반드시 확인해야 한다. 낭떠러지로 가고 싶지 않다면 말이다.

눈을 반짝이는 힘, 탐구성

커리어 특성 나침반의 마지막 좌표는 '탐구성'이다. 이는 호기심Curiosity과 최신 감각Currency이 결합된 개념이다.

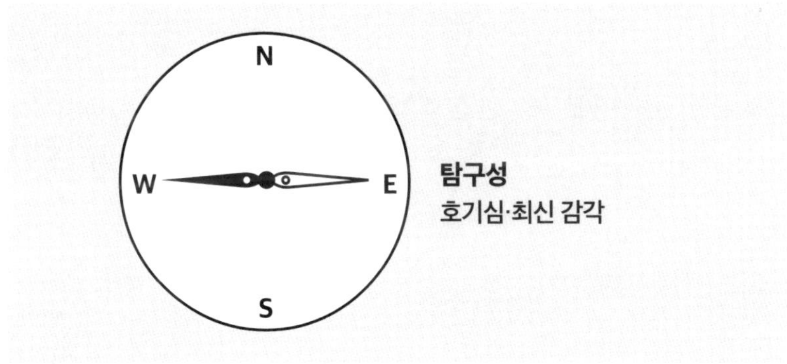

억지로 만들어낼 수 없는 것: 호기심

먼저 호기심부터 살펴보자.

널리 알려진 연구에 따르면, 호기심은 유전적 성향이 강하다. 파란 눈을 더 파랗게 만들 수 없는 것처럼 억지로 호기심을 주입할 수는 없다.

물론 연기는 가능하다. 눈을 동그랗게 뜨고 '정말요? 더 말씀해 주세요!'라고 맞장구칠 수는 있다. 하지만 이런 요령은 일회용 밴드와 같아서 언젠가는 떨어져 나가게 마련이다.

따라서 '초월의 영역'을 설계할 때 자신이 가진 '진짜 호기심의 총량'을 냉정하게 따져봐야 한다. 세상에는 호기심이 필수인 일이 있고, 아닌 일이 있기 때문이다.

어느 날 엘렌Ellen이라는 여성이 DM을 보내왔다. 부동산 중개 일에 지친 그녀는 컨설팅 분야로 이직하려 했고, 내게 이력서 첨삭을 부탁했다. 사실 나는 이력서 첨삭가가 아니다. AI 시대에 이력서를 돋보이게 할 기술도 없고, 손으로 직접 쓴 자기소개서를 중시하는 옛날 사람이기도 하다. 그럼에도 불구하고 엘렌의 메시지가 신경 쓰였다. 본질(가치관, 적성)을 파악하기도 전에 이력서부터 쓰는 건 순서가 틀렸기 때문이다.

엘렌과 나는 메신저로 열띤 대화를 나눴다. 그녀는 '어치브먼트(성취)' 가치관이 높았고, 문제 해결 능력도 있어 보였다. 컨설턴트로서 좋은 징조였다.

대화 말미에 나는 지름길 같은 질문을 던졌다. "혹시 특별히 싫어하거나 못 하는 게 있나요?"

몇 분 후 답장이 왔다. "저는 리서치Research를 싫어해요. 뭘 조사하는 긴 좀 지루하거든요."

나는 급하게 '빨간 깃발(위험 신호)' 이모티콘을 찾아 30개쯤 보냈다. 그녀는 해맑게 웃는 이모티콘으로 답했다. 바로 이거다.

당신도 알겠지만 컨설팅 업무의 90%는 리서치다. 리서치를 잘하려면 꼬리에 꼬리를 무는 질문이 자연스럽게 솟아나와야 한다. 더 깊이 파고들고 싶은 '진짜 호기심'이 있어야 한다.

엘렌은 결국 컨설턴트의 꿈을 접었다.

만일 당신에게 미지의 산에서 다이아몬드를 캐내고 싶은 타고난 열망이 없다면, 호기심이 생명인 직업은 피하는 게 상책이다.

흐름을 읽는 눈: 최신 감각

탐구성의 두 번째 요소는 후천적인 노력과 연습으로 향상시킬 수 있다. 특히 관리자급이나 트렌드에 민감한 분야를 목표로 한다면 반드시 키워야 할 능력이다. 나는 이것을 '최신 감각'이라고 부른다.

경쟁사 동향, 시장의 흐름, 떠오르는 샛별, 판을 뒤집을 신기술, 정치적 이슈 등 '지금 무슨 일이 일어나고 있는지' 꿰뚫고 있는 능력을 말한다.

내 수업을 열심히 들은 앤디Andy는 갓 전역한 정보장교 출신이었다. 아프가니스탄 드론 정찰, 폴란드 기밀 작전 등을 수행한 베테랑이었지만 사회로 나올 준비는 전혀 안 돼 있었다.

모호한 영역이 없는 분야에서 오랜 기간 복무를 했기 때문인지 앤디의 가치관들은 명확했다. 워크센트리즘(일) 7점, 어치브먼트(성취)

7점, 빌롱잉(소속감) 6점, 에이전시(독립성) 4점, 그리고 유데모니아(웰빙 추구) 1점.

그리고 앤디의 적성을 보면 왜 정보 부대가 그에게 잘 맞았는지를 알 수 있다. 그는 전문가형, 사실확인형, 미래집중형이었다. 종합적으로 흔히 볼 수 있는 유형은 아니었지만 그를 보면 납득이 됐다. 그는 호기심이 굉장히 많다고 했는데, 그의 수업 참여 태도가 이를 뒷받침했다. 내가 보기에 그는 매우 정확히 자신에 대해 알고 있으며 원기왕성하고 강한 에너지를 가졌지만 선을 넘는 정도는 아니었다. 희망 연봉 수준을 묻는 질문에 앤디는 "지난 10년간의 극단적으로 검소한 생활을 끝낼 수 있게 해줄 회사라면 어디든 상관없다"고 답했다. 앤디의 어플루언스(돈)는 4점이었다.

이런 데이터를 고려할 때 앤디는 MBA 학위를 받은 후 방산 기업들에 지원을 하는 게 당연해 보였다. 그리고 그도 이런 생각에 동의해서 지원서를 냈다. 문제는 1차 면접까지는 가는데 그 이후로는 연락이 없다는 것이었다.

그와 나는 모의 면접을 연습해보기로 했다. 하지만 시작한 지 10분 만에 나는 탈락 이유를 찾아냈다.

"앤디, 그거 알아요? 면접관의 질문에 답할 때 당신의 의견이 너무 없어요. 방산 산업에 대해 해박한 지식을 갖고 있는 건 알겠어요. 하지만 내가 면접관이라면 데이터를 얼마나 알고 있느냐보다, 그 데이터를 기반으로 앞으로 어떻게 될지에 대한 당신의 통찰에 점수를 줄 거에요."

깜짝 놀란 눈으로 그가 답했다.

"아, 그렇군요, 교수님. 몰랐어요. 저는 지금껏 군 복무를 하면서 상관에게 제 의견을 말하지 않도록 훈련받았거든요. 그래야 오직 임무에 집중하고 명령을 더 충실히 따를 수 있으니까요. 사견을 배제하는 게 군인의 덕목이었어요."

나는 고개를 끄덕이며 따뜻하게 말했다.

"그렇군요. 하지만 기업들은 앤디의 견해와 비전을 더 알고 싶어해요. 앞으로 자신의 의견을 잘 제시할 수 있는 커뮤니케이션 분야를 열심히 공부해야겠어요."

앤디는 마침내 답을 발견했다는 듯 기쁜 얼굴로 고개를 끄덕였다. 그는 내 조언대로 취업 전략을 수정했고, 스피치와 커뮤니케이션 과목을 집중 수강했다. 그리고 원하던 회사에 합격했다는 소식을 전해 왔다.

엔터테인먼트 업계 역시 최신 감각이 생명인 곳이다. 방송국에 다니는 내 친구는 어느 날부터 TV를 끊었다고 했다. "하루 종일 시달리는데, 집에서까지 보고 싶지는 않아."

그녀는 화제작도 안 보고, 동료들과 대화할 때는 대충 기사 요약본으로 때웠다.

결국 동료가 그녀를 따로 불렀다.

"너 요즘 감 떨어진 것 같아. 예전 같은 인사이트가 없어. 다들 눈치 채고 있어."

충격을 받은 친구는 다시 미친 듯이 드라마를 보고, 대본을 읽고, 에이전트들을 만나 소문을 수집했다. 6개월을 그렇게 살더니 내게 말했다.

"더 이상은 못 하겠어. 정보의 물대포를 정면으로 맞는 기분이야."

그녀는 일에 대한 '반짝 반짝 빛나는 감각'을 잃은 것이다. 결국 그녀는 짧은 재충전 시간을 끝낸 후 창고를 개조해 자신만의 집필실을 만들었다. 그리고 방송국 일 대신 이탈리아 르네상스 시대극을 쓰기 시작했다. 현재나 미래의 트렌드를 알 필요가 전혀 없는, 오직 과거만이 존재하는 곳으로 도망친 것이다. 나는 그녀의 선택이 마음에 든다. 자신의 '탐구성(최신 감각)' 수준에 맞는 평화를 찾았으니까.

나는 허리케인이었다

지금까지 커리어 특성 나침반의 4가지 좌표를 모두 살펴보았다.

여기서 한 가지 명심할 것이 있다. 타인에게서 피드백 메일을 받는 PIE360과 달리 나침반은 '자가 진단' 도구다. 그리고 인생에서 가장 어려운 것은 '주제 파악(자기를 아는 것)'이다. 나를 포함해서 말이다.

수업 첫해, 나는 호기롭게 학생들과 함께 나 자신에 대한 360도 피드백을 받아보기로 했다. 당시 내 인생은 엉망이었다. 남편 잭을 떠나보냈고, 정규 교수로 임용됐고, 이사에, 쿼디오 폐업에, 팬데믹까지……. 매일 새벽 4시에 일어나도 늘 시간이 모자랐다.

나는 스스로를 위로했다.

'내 인생은 허리케인이지만, 나는 그 폭풍의 눈처럼 고요하고 우아하게 버티고 있어. 남들도 그렇게 생각할 거야.'

큰 착각이었다. 수지 웰치는 잘 해내고 있지 않았다.

피드백 메일들을 열어본 결과, 나를 잘 아는 사람들은 "수지가 바로 그 허리케인이야!"라고 입을 모았다. 내가 주변을 쑥대밭으로 만들고 있었던 것이다. 충격과 배신감에 휩싸인 나는 줌Zoom으로 언제나 내 편이 되어줄 아들과 딸을 호출했다.

"내가 허리케인이니? 너희도 그렇게 생각해?"

불길한 침묵 끝에 딸 소피아가 오빠에게 속삭였다.

"그냥 말해!"

"안 돼!"

"말하라니까!"

한참 실랑이 끝에 아이들이 갑자기 노래를 흥얼거렸다. 귀를 쫑긋하고 들어보니 힙합 래퍼 케빈 게이츠Kevin Gates의 랩이었다.

"허리케인 온다, 이것들아!Here Comes the Hurricane, Bitch!"

나는 폭소를 터뜨렸다. 그리고 한숨을 푹푹 쉬었다. 인정하기 힘들었지만, 나는 내가 생각했던 우아한 리더가 아니었다. 몇 달간의 처절한 노력 끝에 나는 허리케인을 '열대성 저기압' 정도로 진정시켰다. 과했던 대담성을 낮추고, 자기 인식과 긍정적 에너지를 높였다(다행히 유연성과 호기심은 합격점이었다).

자신이 누구인지 정확히 아는 것은 평생이 걸리는 과제다. 하지만 포기해서는 안 된다. 나를 모르면, 아무것도 변하지 않는다.

소설《위대한 개츠비The Great Gatsby》의 마지막 문장은 심오하다.

"그리하여 우리는 조류를 거스르는 배처럼 끊임없이 과거로 떠밀려가면서도, 앞으로 앞으로 계속 나아가는 것이다."

좋은 삶, 좋은 성공을 얻으려면 '변화'가 필수다. 변화는 조류를 거슬러올라가 내가 누구인지 알아내는 것에서 출발한다. 내 뇌가 어떻게 작동하고, 내 성격이 어디를 가리키는지 정확히 알아야만 키를 잡고 원하는 곳으로 배를 띄울 수 있다.

우리는 어떤 삶이든 꿈꿀 수 있다.

그리고 우리의 적성(나침반)은 그 꿈이 '과연 내가 감당할 수 있는 현실인가?'를 알려주는 가장 정확한, 가장 지혜로운 내비게이션이 되어줄 것이다.

10

어떻게 인생을 설계할 것인가

클로이의 엄마는 그녀를 "구름 같은 아이"라고 부르곤 했다.

서늘했던 3월의 어느 아침, 줌Zoom 화면 너머로 만난 클로이는 정말이지 정처 없이 떠도는 구름 같았다. 하지만 우리가 흔히 떠올리는 자유로운 뭉게구름은 아니었다. 그녀는 불안, 스트레스, 두려움이라는 먹구름에 짓눌려 있었다. 금방이라도 형체 없이 산산이 흩어지거나 슬픔을 머금은 비가 되어 쏟아져내릴 것만 같았다.

클로이는 간절히 원했다. 성취감, 영향력, 그리고 삶의 의미를. 나아가 인생의 방향키, 소속될 공동체, 신앙, 소박하지만 안정적인 재정 상태를 갈망했다. 하지만 이 소중한 가치들은 그녀에게 닿을 수 없는 별처럼 멀게만 느껴졌다. 왜냐하면 다들 기억하겠지만 그녀는 스스로 '나는 잘하는 게 아무것도 없어'라고 굳게 믿고 있었기 때문이다.

물론 그건 착각이었다. 아주 단단히 잘못된 착각. 그리고 내가 그

245

착각을 깨부술 수 있게 되어서 얼마나 기뻤는지 모른다.

숲과 나무를 동시에 보는 눈

가치관 분석을 마친 우리는 8장에서 다룬 인지 적성 검사로 넘어 갔다.

결과는 몹시 흥미로웠다.

- 대인관계: 내가 짐작한 대로 '완전한 외향형'이었다. 그녀는 누구와도 대화할 수 있었고, 진심으로 사람을 좋아했다.
- 시간 감각: 완벽한 '균형집중형'이었다. 숲 전체를 조망하다가도 순식간에 나무 한 그루의 디테일로 파고들 수 있는 능력이 탁월했다.
- 시각 비교 속도: '시각 스캐닝형'이었다.
- 귀납적 추론은 '분석형', 순차적 추론은 '협업형 기획자', 공간시각화는 '공간 계획형'으로 모두 중간 수준이었다.
- 수리적 추론: 예상대로 수학에는 약했다. 뭐, 놀라운 일은 아니다.

하지만 진짜 보석은 따로 있었다. 클로이는 두 영역에서 압도적인 재능을 보였다.

첫 번째는 '업무 접근 방식'이었다. 클로이는 집착에 가까운 '전문가형Specialist' 인재였다.

"교수님, 제가 괜히 서양 고전을 전공했겠어요?" 그녀가 말했다.

그녀는 무언가에 꽂히면 끝까지 파고드는 강한 집착이 있었다. 심지어 그 집착이 그녀의 목숨을 구했다.

"저는 제가 스스로를 살렸다고 생각해요. 라임병 투병 중에 제 상태를 호전시킨 치료 프로토콜, 그거 제가 찾은 거예요. 의료 잡지들을 샅샅이 뒤졌어요. 제 병에 관한 건 모조리 읽어댔죠. 나중에는 이 병에 대해 웬만한 의사보다 제가 더 많이 안다는 생각이 들 정도였어요."

이것만으로 부족하다면 랍스터 전문요리 식당에서 아르바이트를 했던 이야기를 들어보자. 그녀는 단골고객들의 성향을 파악하기 위해 '개인별 색인 카드'를 만들었다. 이름, 가족관계, 좋아하는 메뉴는 기본이고 그들의 소셜미디어까지 뒤져서 사소한 취향까지 적어두었다.

"좀, 소름 끼치나요?" 클로이가 농담조로 물었다가, 갑자기 진지해졌다. "그렇게 보일 수도 있죠! 하지만 그 덕분에 제가 일을 끝내주게 잘할 수 있었던 거예요."

두 번째로 빛난 적성은 '아이디어 생성'이었다. 그녀는 '창의적 집단 사고형'이었다. 쉽게 말해 그녀는 아이디어 뱅크였다.

"맞아요. 저는 아이디어가 마를 날이 없어요." 그녀가 웃으며 말했다.

"저한테 학회 기획을 맡기면 5분 안에 테마 여섯 개는 뽑아낼 수 있어요. 30분 단위 활동 계획? 30가지는 나오죠. 그중 절반은 엉터리겠지만, 그래도 아이디어는 아이디어잖아요."

나는 그녀에게 지금 하는 '긱Gig 워커' 일에서 이 엄청난 재능을 어떻게 쓰고 있는지 물었다. 긴 침묵이 흘렀다. 마침내 그녀가 한숨을 쉬며 답했다.

"거의 안 쓰는 것 같아요. 아, 딱 하나 있네요. 아이 돌볼 때요. 애들이랑 놀아줄 방법은 100만 가지도 만들 수 있어요. 부모님들이 아주 좋아하죠. 보통 애들은 부모님 휴대폰만 보고 싶어 하니까요."

우리는 줌 화면 너머로 서로를 바라보며 동시에 깊은 한숨을 내쉬었다.

"클로이, 너만큼이나 '전문가형'과 '아이디어 생성' 적성을 썩히고 있는 사람은 내 평생 처음 본다."

그녀가 물었다. "그게 좋은 건가요, 나쁜 건가요?"

"나는 희망적이라고 생각해. 계속 가보자."

회복탄력성, 그리고 호기심 천국

다음 단계는 커리어 특성 나침반이었다.

우리는 이미 클로이의 '대담성'이 낮다는 걸 알고 있었다(건강 문제와 평화주의적 성향 때문이었다). 하지만 '안정성'은 놀라울 정도로 높았다. 자기 인식, 긍정적 에너지, 진실성, 그리고 무엇보다 회복탄력성이 뛰어났다. 특히 오랫동안 오진으로 고생한 끝에 라임병을 이겨낸 그녀의 이야기는 깊은 영감을 준다. 나는 혹시 오진을 했던 의사들에게 반감을 품고 있는지 물었다.

"그런 마음은 오래전에 다 내려놨어요."

그녀의 대답은 '용서가 곧 회복탄력성'이라는 나의 믿음을 다시 한 번 증명해주었다.

'유연성' 또한 훌륭했다. 그녀는 다양한 일을 해왔고 관계의 스펙트럼이 넓었다.

"저는 적응력 하나는 끝내줘요. 시급만 더 쳐준다면 당장 내일이라도 체스 마스터가 될 수 있어요. 그리고 제가 좀 독특한 사람들을 좋아하는 거 아시잖아요."

마지막으로 '탐구성'은 경이로운 수준이었다. 전문가형으로 아이디어를 쏟아내는 그녀의 적성과 완벽하게 일치했다. 하늘을 찌를 듯 높았다.

"뉴스를 사랑해요. 전쟁이나 정치 같은 거 말고, 사람들 사는 이야기요. 그리고 언젠가는 꼭 여행을 갈 거예요. 요즘은 아프리카랑 스코틀랜드에 꽂혔어요. 매주 새로운 나라를 배우는 앱도 깔았다니까요."

잠깐, 도저히 끼어들지 않을 수가 없다.

클로이, 정말 사랑스럽지 않은가!

클로이, 초월의 영역을 발견하다

이제 퍼즐 조각은 다 모였다.

클로이의 가치관과 적성을 확인했고, 남은 건 '경제적 자립이 가능한 분야'였다. 답은 이미 나와 있었다. 그녀가 툭 던지듯 말했던 '이벤트 기획'과 '여행.'

마침내 우리는 목적지를 발견했다. 아니, 클로이만의 확실한 좌표를 찾아낸 것이다.

그로부터 5년이 지난 지금, 클로이는 단체 및 개인 맞춤형 해외여행을 전문으로 하는 여행사에서 '선임 여행 기획자'로 일하고 있다.

그녀는 자신의 새로운 삶을 이렇게 묘사한다. "완벽하고 즐거워요. 가끔 힘들 때도 있지만 이건 온전히 저만의 삶이니까요."

회사는 미국 중서부에 있지만 백 퍼센트 재택근무라 그녀는 컨디션이 안 좋을 때면 언제든 낮잠을 자거나 누워서 일할 수 있다.

나는 그녀에게 최근 기획한 여행 중 '최애'가 뭐였냐고 물었다.

그 대답이 꼬박 한 시간이나 이어질 줄은 몰랐지만 물 만난 고기처럼 신나서 떠드는 그녀를 보는 것보다 기쁜 일은 없었다.

기억에 남는 '클로이표 여행'은 오로크O'Rourke 성씨를 가진 30명의 대가족(실제로는 서로 모르는 사이)을 위한 아일랜드 코크 주 여행이었다.

"교수님, 붉은 머리 유전자가 진짜 강하더라고요!" 클로이가 고객들이 보내준 단체 사진을 보여주며 깔깔거렸다. 그들은 욜Youghal이라는 마을에서 모임을 갖고 일주일간 시골 도보 여행을 떠났다. 클로이는 이 코스를 짜기 위해 그녀의 전매특허인 '집착적 검색 능력'을 풀가동했다.

"아일랜드에서 제일 오래된 영화관이 욜에 있는데, 그게 아트 데코 스타일로 재건축된 거 아세요?"

내가 알 리가 있나. 하지만 클로이가 그걸 알고 있다는 건 전혀 놀랍지 않았다. 영화관의 벽지 무늬까지 설명할 기세인 그녀를 보며 나는 문득 디스터브드 밴드의 드러머가 떠올랐다. 환호하는 관중 앞에서 자신이 가장 사랑하고 잘하는 일을 하며 희열을 느끼던 그 얼굴 말이다.

아직 씌어지지 않은 이야기, 당신의 삶

'너 그러다가 진짜 공중부양하겠다!'라고 외치고 싶었지만 꾹 참았다. 아무리 클로이라도 그건 좀 이상하게 들릴 테니까.

분명히 해두자. 클로이의 삶은 완벽하지 않다. 당연히 그럴 수 없다.

그녀는 고객들을 직접 현장에서 인솔하고 싶어했지만, 회사의 비즈니스 모델상 그건 불가능했다(랜선 가이드에 만족해야 했다). 하지만 고용 안정, 빵빵한 건강보험, 그리고 늘어난 수입 덕분에 삶의 질은 수직 상승했다. 여유가 생긴 그녀는 교회 여성 뜨개질 모임에도 나가고 있다.

아, 그리고 내가 말했던가? 그녀가 약혼했다는 사실을!

진부한 로맨스 영화 결말 같아서 뺄까 했지만 사실인 걸 어쩌겠는가? 그녀는 사랑에 빠졌다.

이제 클로이의 하늘에 뜬 유일한 구름은 다시 도진 '건강 문제'다. 라임병은 생각보다 깊은 생채기를 남겼다. 정기적으로 물리치료를 받지만 근육이 약해져서 이제는 지팡이를 짚어야 한다.

'비커밍 유'에도 우리의 삶에도 동화 같은 완벽한 결말은 없다. 하지만 우리가 직접 선택하고, 우리 손으로 설계한 삶이라면, 그것만으로도 충분히 의미 있고 만족스럽지 않을까?

물론 적성을 파악하는 건 쉬운 일이 아니다. 쉬웠다면 내가 4개 장에 걸쳐 이렇게 떠들지도 않았을 것이다.

하지만 기억하라. 우리는 모두 클로이와 같다.

아직 씌어지지 않은, 당신만의 이야기가 당신을 기다리고 있다.

경제적 자립이 가능한 관심 분야

지금 그 질문들을 살아가십시오.

그러면 점점 자신도 모르는 사이에,

먼 어느 날,

그 답을 살고 있는 자신을 발견하게 될 것입니다.

_라이너 마리아 릴케

11

조리개를 열어라

내 수업을 듣는 학생들 중에는 이미 자신의 가치관과 적성을 깊이 인식하고 있는 친구들이 꽤 있었다. 하지만 그들조차 여전히 가장 거대한 질문 앞에서 멈춰 선다.

'그래서, 이제 어떻게 살아야 하지?'

가슴도 뛰고 머리도 즐거우면서, 동시에 내가 원하는 라이프스타일을 지탱해줄 월급까지 제공하는 일. 도대체 그게 뭘까?

유통? 엔터테인먼트? 테크? 아니면 법조계?

이런 고민을 하는 사람들은 크게 3가지 유형으로 나뉜다.

· **뷔페 증후군**: 다 먹고 싶어!

첫 번째 유형은 세상 모든 것에 흥미를 느껴서 하나를 못 고르는 사람들이다. 한 워크숍 참가자는 이렇게 외쳤다. "왜 하나만 골라야 하죠? 저는 여행가도 되고 싶고, 심리치료사도 되고 싶고, 영화 시나리오도 쓰고 싶고, 나중엔 CEO도 될 거예요! 아, 5개 국어도 마스터하고 싶고요!" 나는 이렇게 답한다. "만일 당신의 목적에 여러 언어가 필요하다면, 그렇게 하세요."

이것이 핵심이다. '비커밍 유' 과정은 선택지가 너무 많다는 행복한 비명을 잠재워준다. 자신에게 진심으로 중요한 것과 물리적으로 가능한 것을 구분하게 이끌기 때문이다.

· **카우벨 증후군**: 지킬 박사와 하이드

두 번째 유형은 양립할 수 없는 두 가지 길이 동시에 손짓하는 경우다. 나는 이것을 '카우벨Cowbell 증후군'이라고 부른다. 수업 시간에 어떤 학생이 내게 한 말에서 따왔다. 그는 어떤 날은 시골 수의사가 되어 소 목에 달린 카우벨 소리를 들으며 평화롭게 살고 싶다가도, 다음 날이면 자신의 테크 회사가 월스트리트에 상장되어 오프닝 벨을 울리는 상상을 한다고 했다.

"'둘 다!'라고 대답하면 안 되나요?" 그가 물었다. 이 질문에 코웃음 칠 수 있는 사람은, 서로 정반대되는 두 개의 자석에 동시에 끌려본 적 없는 사람뿐이다.

· **흥미 권태**: 아무것도 재미없어

마지막은 약 15% 정도에 해당하는 소수 유형이다. 어떤 커리어에도 도통 끌리지 않는 사람들이다. 이 경우에는 대개 숨겨진 원인이 있다. 극심한 번아웃이나 불안증 때문에 전문적인 치료가 필요한 경우도 있다.

하지만 내가 '흥미 권태Interest Ennui'라고 부르는 경우는 좀 다르다. 애초에 잘못된 곳만 바라보고 있어서 흥미를 잃은 것이다. 병원 관리자가 되려고 MBA에 왔다가 의료계 자체에 질려버린 수간호사처럼 말이다. 그는 제약업계도 기웃거렸지만 재미를 못 느꼈다. 결국 그는 자신의 진정한 열정이 '전업주부'에 있다는 사실을 인정했다(물론 그에게는 아직 '싱글'이라는 사소한 문제가 있었지만, 적어도 '모든 게 지루하다'는 무기력증의 원인은 찾아냈다).

올리비아의 고민, 이게 다 무슨 소용일까요?

어떤 유형이든 그들이 찾는 건 결국 하나다.

'경제적 자립이 가능하면서 원하는 일에 깊이 몰입하는 것.'

올리비아Olivia도 그중 한 명이었다.

성숙하고 사려 깊은 그녀는 금융권에서 10년 가까이 일하다가 MBA에 왔다. 그녀는 금융계를 떠날 준비가 되어 있었지만 그다음 행선지는 몰랐다. 금융계에서의 일을 싫어한 것은 아니었다. 단지 그 일이 그녀에게 아무런 의미도 주지 못했을 뿐이다.

학기 말, 그녀가 불안한 눈빛으로 물었다. "교수님, '관심 분야' 영역에 아무 데이터도 없으면 초월의 영역을 어떻게 찾아요?"

내가 그녀를 안심시키며 말했다. "걱정하지 마. 관심 분야를 찾으려면, 그저 카메라 렌즈의 조리개Aperture를 활짝 열면 돼."

시야를 넓혀야 한다. 세상에 어떤 일들이 존재하는지 파노라마 뷰로 살펴봐야 한다. 이 탐색 과정은 우리가 오랫동안 기다려온 목적의 단서를 드러내준다. 올리비아에게 그랬던 것처럼.

올리비아가 금융업에 염증을 느낀 것은 공교롭게도 코로나 팬데믹 때문이었다. 당시 스물일곱 살이었던 그녀는 맨해튼에서 룸메이트 네 명과 북적이며 살고 있었다. 낭만적일 수도 있었지만, 다섯 명이 좁은 집에서 동시에 회사와 줌Zoom 회의를 하는 것은 지옥이었다.

팬데믹 전에는 사무실에서 친한 동료들과 수다를 떨고, 점심을 함께 하고, 함께 까르르 웃는 '사회적 즐거움'이 그녀를 직장에 다니게 하는 원동력이었다. 일 자체는 재미없어도 이른바 '다니는 맛'은 있었다. 하지만 팬데믹 후 동료들이 사라지고 비대면 회의만 남게 되자 일을 지탱해주던 '즐거움'이 싹 사라졌다. 이제 남은 것은 지루하고 반복적인 노동 그 자체뿐이었다. 그러자 순식간에 '일'이 '의미 없는 고된 노동'으로 전락하고 말았다.

'이게 다 무슨 소용이람……'

올리비아는 괴로워했다. 화려한 오피스, 정장, 뉴욕의 금융가라는 '겉멋'과 '동료애'가 사라지자, 그녀는 노트북 앞에서 숫자와 씨름하는 자신의 모습을 객관적으로 바라보게 되었다. 그녀의 가치관(가족, 행복 중심)에 비추어볼 때, 이 반복적인 금융 업무는 자신의 인생에 아무런 본질적 의미를 주지 못한다는 사실을 뼈저리게 깨닫게 된 것이다. 코로나 팬데믹은 올리비아에게 '너한테 동료들 빼고, 사무실 빼

고, 월급 빼고, '이 일 자체'만 남겨놓고 봐도 이 일을 사랑하니?'라고
물었고, 올리비아는 그제야 '아니, 나는 이 일을 싫어해'라는 진실을
마주하게 된 것이다.

올리비아는 일을 신성시하는 집안에서 자랐다. 도미니카 공화국
출신인 어머니는 야간 청소부로 시작해 청소 업체 사장이 되었고, 아
이티 출신인 아버지는 사설 경비원에서 100명이 넘는 직원을 관리하
는 관리자가 되었다.

성실함이 가풍인 집안에서 올리비아와 여동생 히메나Jimena는 모범
생으로 자랐다. 둘 다 코네티컷의 명문대를 나왔고, 둘 다 남들이 부
러워하는 금융 회사에 취직했다. 자매는 부모의 자랑이었다.

그러다가 코로나 팬데믹이 터지고, 올리비아가 괴로워하는 동안
히메나는 뉴욕 본가로 돌아가지 않았다. 그녀는 남자친구와 함께 덴
버로 떠났다. 로키산맥이 보이는 남자친구 부모님 댁 다락방으로.

"굿바이, 시티 걸! 방울뱀 만나면 전화해!"

올리비아는 놀리듯 웃었지만 사실 동생의 새로운 삶에 매료되고
말았다. 느리게 흐르는 시간, 맑은 공기, 자유로운 일상……

결국 올리비아는 동생을 보러 갔다가 폭탄 선언을 했다.

"나도 여기로 이사할래."

그녀는 히메나 집에서 15분 거리인 덴버 근교에 아파트를 얻었다.
다행히 회사는 분기에 한 번만 출근하면 재택근무를 계속해도 좋다
고 허락했다.

자화상은 완성되었다

내 강의는 대면수업이었다. 그래서 그녀는 매주 덴버에서 뉴욕까지 비행기를 타고 왔다. 교실 뒤에 놓인 그녀의 캐리어를 볼 때마다 나는 안쓰러웠다. '수업 하나 듣자고 네 시간을 날아오다니.'

하지만 올리비아는 단호했다. "그럴 가치가 있어요. 몇 년 만에 처음으로 제 마음의 소리를 듣게 됐거든요. 저는 하이킹을 좋아하고, 동생과 매일 저녁을 먹는 게 좋아요. 덴버의 삶이 그냥 더 행복해요."

이제 남은 건 하나. 덴버에서 할 수 있으면서, 그녀를 무기력하게 만들지 않을 '진짜 일'을 찾는 것.

각종 검사 결과, 올리비아의 맨얼굴이 조금씩 드러났다.

· **적성**: 거의 모든 영역에서 '실행형Execution'이었다. 유능하고 책임감 강한 해결사. 흥미로운 건 '창의적 아이디어 생성' 능력도 뛰어났다는 점이다.

· **성격**: 커리어 특성 나침반의 4가지 좌표가 모두 높았는데, 특히 '대담성'이 돋보였다. "저보다 일을 빠르게 추진하는 사람 못 보셨을걸요?" 그녀의 말은 허풍이 아니었다.

· **가치관**: 패밀리센트리즘(가족 중심, 7점)과 유데모니아(행복 추구, 6점)는 그녀에게 최우선 가치관이었다. 워크센트리즘(일)과 어치브먼트(성취)는 각각 5점으로 삶을 지배할 정도는 아니었고, 루미넌스(명예, 2점)나 레이디어스(영향력, 2점)에는 거의 관심이 없었다.

마침내 자화상이 완성되었다.

올리비아는 붓을 내려놓고 문밖으로 나갈 준비를 마쳤다.

이제 그녀에게 필요한 건, 어느 방향으로 발을 뗄지 알려주는 나침반의 바늘뿐이었다.

12

내면의 부름에 귀 기울이면

얼마 전 나는 절망적으로 틱톡 화면을 쓸어내리고 있는 나 자신을 발견했다.

'절망적'이라는 표현이 딱 들어맞는 이유는, 마침 내 피드에 절망에 빠진 한 젊은 여성의 영상이 떴기 때문이다.

그녀의 호소를 그대로 옮기자면 이렇다.

"20대 후반이나 30대 초반인 분들, 도대체 무슨 일을 하고 사시나요? 저는 대학을 나왔지만 전공과 상관없는 일을 하고 있어요. 이것저것 다 해봤지만, 출근할 생각만 하면 가슴이 턱 막혀요. 승진도 싫고, 매니저도 싫고, 의료계도 싫어요. 솔직히 말하면…… 저는 버려진 강아지들을 구조하면서 농장에서 살고 싶어요."

그녀는 슬픈 미소를 지으며 덧붙였다.

"큰돈을 벌고 싶은 게 아니에요. 그저 작은 행복을 누리며 살고 싶어요. 일 말고 취미도 즐기면서요. 그런데 회사를 다니는 한 그런 삶은 불가능할 것 같아요. 여러분은 어떤 일을 하시나요? 제가 모르는 직업이 분명 있을 것 같군요. 제발 도와주세요. 저만 이런 기분이 드는 건 아닐 거예요."

영상이 끝나자마자 나는 휴대폰에 대고 소리쳤다.

"아니야! 문제는 '몰라서'가 아니야. 문제는 '부정Denial' 때문이라고!"

열정이라는 양날의 검

이 장에서는 우리의 내면 깊숙한 곳에 숨어 있는 '관심 분야'를 파헤쳐볼 것이다.

우리는 본능적으로 관심을 억누른다. 이건 '흥미 권태'에 빠진 소수뿐 아니라, 우리 모두에게 해당되는 이야기다. 마음속 깊은 곳에서는 어떤 일이 나를 끌어당기는지 정확히 알고 있다. 하지만 우리는 그 목소리를 애써 외면한다.

물론 이런 억누름이 항상 나쁜 것은 아니다. 때로는 아주 똑똑하고 논리적인 결정일 수도 있다. 열정이 자신의 가치관이나 적성과 정면으로 충돌할 때는, 무작정 열정을 좇아서는 안 되기 때문이다.

'비커밍 유'의 핵심은 바로 이 지점에 존재한다. 적성, 가치관, 관심 분야 중 어느 하나도 무시하지 않고, 이 셋이 조화롭게 교차하는 지점에서 통합된 목적을 찾는 것이다.

나는 보스턴의 명문대를 중퇴하고 서커스단에 들어가려 했던 테리

Terry라는 청년을 잘 알고 있다(심지어 그의 부모님은 둘 다 그 대학 교수였다).

소설 같은 이야기지만 테리의 꿈은 '광대'가 되는 것이었다. 그는 필라델피아로 이사해 유명 서커스 극단에서 혹독한 훈련 프로그램을 수료했다.

하지만 지금은? 바Bar에서 서빙을 하고 있다.

근황을 묻자 그의 어머니가 입맛을 다시며 아쉽다는 투로 말했다. "알고 보니 테리가 저글링에 소질이 하나도 없더라고요."

게다가 광대는 1년 내내 유랑해야 했고 생계를 위해 투잡, 쓰리잡을 뛰어야 했다. 처음에는 열정에 들떠 닥치는 대로 방황하고 다녔지만 시간이 흐르면서 문득 테리는 자신이 생각보다 '예측 가능한 삶'에 더 큰 가치를 두고 있다는 것을 깊이 깨달았다. 결국 그는 학교로 돌아가 낮에는 수업을 듣고 밤에는 일을 하며 회계학 석사학위 취득을 준비 중이다.

테리의 이야기는 수백만 달러를 쏟아부어 자신을 주연으로 한 영화들을 찍은 은퇴한 운동선수를 떠올리게 한다. 그가 제작한 영화는 줄줄이 망했다.

영화광이었던 내 친구가 극장 문을 나서며 차갑게 말했다. "세상은 재능이 없는 사람에게 돈을 대주지 않아."

그렇다. 뜨거운 열정은 재능과 적성이라는 최고의 파트너를 만나지 못하면 헛된 희망 고문에 불과해진다.

인생을 덜컥 앓기 전에 알아야 할 것들

만일 당신이 저글링을 기가 막히게 잘하고 예측 가능한 삶을 지루하다며 싫어한다면? 그럼에도 불구하고 당신은 높은 확률로 그 길을 선택하지 않을 것이다.

내가 만난 전문가들 중에 50년 이상 환자들을 상담한 정신과 의사가 있다. 그는 확신에 찬 얼굴로 자신의 경험을 집대성한 결론을 내린다.

"사람들은 이미 10대가 되면 자신이 누구인지, 어떤 사람이 되어야 하는지 다 알고 있죠. 자신의 머리와 가슴이 언제 가장 뜨겁게 뛰고 빛나는지 본능적으로 알고 있어요."

"그런데 대체 무슨 일이 일어나는 거죠?" 내가 진지하게 물었다.

"도망치는 겁니다. 그 깨달음으로부터 최대한 멀리, 아주 빠르게요. 그러다가 인생을 덜컥 앓고 난 후에야 비로소 제 상담실 문을 노크한답니다."

'인생을 덜컥 앓는다'는 표현이 내 마음에 깊이 와 닿았다. 이 병에 걸리는 이유는 명확하다. 우리가 이미 알고 있는 가치관 파괴의 4대 기수(경제적 안정, 편의주의, 타인의 기대, 사건) 때문이다.

"인생을 크게 앓고 난 후에도 많은 사람들은 '포기'라는 알약을 삼킵니다. 마약 같은 거죠. 잠시 통증을 덮는 진통제로 연명하는 거예요, 나머지 삶은. 그 누구든 독하게 앓기 전에, 더 늦기 전에, 수지 교수님을 찾아가야 합니다."

나는 웃으며 고개를 가로저었다. 당신은 내가 아니라 '비커밍 유'

를 찾아가야 한다. 그렇지 않으면 세상은 평생에 걸쳐 우리에게 포기할 것을 끈질기에 권유한다. 종종 '세상'은 부모의 얼굴로 등장하곤 한다.

매 학기 나는 학생들에게 묻는다.

"어릴 때 꿈이 뭐였습니까?"

답변은 놀라울 정도로 모두가 엇비슷하다.

"건축가가 되고 싶었지만 부모님은 안정적인 삶을 원하셨어요. 건축가 월급으로는 큰돈을 모으기가 어렵다는 말씀이셨죠."

현재 그는 소프트웨어 기업의 프로덕트 매니저로 일하고 있다.

"영화감독이 되어 사람들의 마음에 큰 감동을 주고 싶었어요. 하지만 부모님은 경제적으로 어려우셨어요. 영화감독이 되면 저도 가난해질 게 뻔해서 포기했습니다."

그녀는 현재 글로벌 컨설팅 회사에 다니고 있다.

아이비리그 경영대학원에 진학하는 학생들은 대부분 남들이 부러워하는 직업을 갖고 있다. 그런데 왜 그들은 어느 날 문득 학교로 돌아온 것일까?

종강 기념 파티에서 그들은 이렇게 털어놓는다.

"마음의 소리를 들었어요. 계속 이렇게 살아서는 안 된다는. 아니, 좀 더 정확하게 말하면 '이렇게 살아도 정말 괜찮은 걸까?'라는 물음이었어요. 이게, 그러니까, 뇌리를 떠나지 않았어요. 그래서 '비커밍 유'라는 과목명을 본 순간, 저도 모르게 수강신청 버튼을 누르고 말았죠."

'내면의 부름'은 일부 특정한 사람만이 들을 수 있는 것이 아니다. 귀를 기울이는 사람은 누구든 '내면의 부름'을 분명하게 들을 수 있

다. 내면의 부름을 외면하는 사람과 내면의 부름에 응답하는 사람의
삶은 완전히 다르다.

당신은 어느 쪽인가?

내 딸 소피아와 허리케인

인정한다, 나도 그랬다.

딸 소피아가 어릴 때 나와 남편 잭은 아이에게 심각한 문제가 있다
고 생각했다. 'TV 중독'이었다. 소피아는 마치 성지를 찾은 순례자처
럼 TV 앞에 무릎 꿇고 화면에 빨려 들어갔다. 우리는 소피아를 떼어
놓으려 발레, 피아노, 도자기, 봉사활동, 아르바이트까지 온갖 수단을
다 썼다.

소용없었다. 그녀는 그 모든 걸 해치우고는 다시 방으로 달려가 드
라마를 봤다.

학교 성적? 흥미 없음. 최소한의 노력만 했다. 하지만 방송에 관해
서라면? 배우, 대본, 편성표까지 줄줄 꿰는 걸어 다니는 백과사전이
었다.

졸업을 앞둔 어느 날, 나는 뒤늦게 유레카를 외쳤다.

'TV가 문제가 아니라, 해결책이라면?'

나는 소피아에게 전화를 걸어 할리우드행을 제안했다.

그녀가 떨리는 목소리로 물었다. "엄마, 정말 그래도 돼?"

지금도 그때를 생각하면 눈물이 난다.

나는 하마터면 내 '기대Expectation'라는 기수에 딸의 인생을 태워버
릴 뻔했다. 나는 그녀가 마케팅이나 출판 일을 하며 내 곁(동부)에 있
어주기를 바랐다. 착한 소피아는 내 기대에 맞춰 살 뻔했다.

다행히 그녀는 캘리포니아로 떠났고 14년째 TV 캐스팅 디렉터로
행복하게 일하고 있다.

만약 그때 내가 소피아의 길을 가로막았다면?

소피아에게 마약을 공급해준 사람으로 추락했을 것이다.

열정이 없는 길을 걷다가 문득 돌아보면, 어느새 돌아올 수 없는 곳
까지 와 있음을 발견하게 된다. 벨벳 관 뚜껑이 천천히, 하지만 단단
히 닫히고 있는 중이다.

소피아는 이렇게 말했다.

"마케터나 출판 편집자로 살았어도, 결국은 할리우드로 갔을 거예
요. 엄마가 할리우드로 가라고 해서 엄청난 시간을 벌었던 셈이죠. 그
날은 엄마의 목소리와 내 내면의 부름이 완벽하게 일치한 날이었어
요. 그래서 한 치의 의심도 없이 곧장 할리우드로 날아갔죠."

당신이 부모라면 아이의 내면에 어떤 목소리를 새기겠는가?

용기 내어 응답하라

다시 그 틱톡커 이야기로 돌아가보자.

"버려진 강아지를 구조하며 농장에서 살고 싶어요."

그녀는 자신이 원하는 걸 정확히 알고 있었다. 가치관도 딱 맞았다.

강아지를 다루는 데는 높은 수준의 적성과 재능이 요구되지 않는다. 배우면 충분하다.

문제는 4대 기수다. 하지만 내가 분석해보건대, 그녀의 꿈을 막는 기수는 사실상 없었다.

- **일자리(경제적 안정)**: 유기견 보호소는 만년 인력난이다(인간들이 멍청하게 강아지를 계속 버리니까). 일자리는 넘쳐난다. 물론 큰 부자는 못 되겠지만 규모 있는 단체 임원은 10만 달러 이상의 연봉을 받는다.
- **편의주의**: 미국에만 보호소가 1,600개나 있다. 그녀의 집 근처에 없을 리가 없다.
- **기대**: "유기견을 구조해요"라고 했을 때 비웃을 사람은 없다. 오히려 존경받는다.
- **사건**: 그녀의 삶에 일을 못 할 위기는 없어보였다.

그녀를 막고 있는 건 '꿈을 이루며 사는 건 너무 좋은 일이라 내게 일어날 리 없어'라는 슬픈 믿음이다. 일은 고되고 힘들어야 한다고 믿기에, '그럭저럭 괜찮은' 공무원이나 데이터 입력 아르바이트 자리를 찾고 있는 것이다. 하지만 거기엔 결정적인 게 빠져 있다.

"멍멍!"

그녀의 내면에 선명하게 울리는 그 강아지 울음소리와 그것에 뜨겁게 귀 기울이는 그녀의 열정 말이다.

나의 제자, 아미르Amir도 비슷했다.

그는 금융계가 싫어서 컨설팅 업계로 전직하기 위해 경영대학원에 진학했다. 하지만 그가 진짜 사랑하는 것은 '역도'였다.

그는 수업에 들어오면 미니 아놀드 슈워제네거 같았다. 역도 대회 결승에서 200킬로그램을 들다가 근육이 풀리는 바람에 실패했다는 이야기를 할 때 그의 눈빛은 생생하게 살아 있었다.

결국 그는 유명 컨설팅 회사에 합격했다.

"행복하니?" 내가 물었다.

"그럭저럭요. 전보다는 낫겠죠." 그가 영혼 없이 답했다.

"아미르, 네 적성과 재능을 살려서 피트니스 분야에서 일해보는 건 어때?"

그러자 그는 예민하게 반응했다.

"교수님, 그럴 수는 없어요. 역도는 제게 취미예요. 일이 아니에요. 역도가 일이 되면 부모님이 저를 가만두지 않으실 거예요."

"부모님이 네 인생을 대신 살아주실 수는 없어, 아미르."

"아니요. 제가 부모님 인생을 따라 살고 싶은 거예요. 평생 재능도 특출하지 않은 일에 매달려 쪼들리며 살고 싶지는 않아요."

그의 짧은 대답 속에 경제적 안정, 편의주의, 기대라는 세 기수가 모두 들어 있었다.

그가 역도 선수로 다시 돌아올 수 있을지는 나도 모른다. 하지만 그가 역도계를 떠나지는 못했다는 사실만큼은 명확하게 안다. 몸은 컨설팅 회사에 있지만 그의 마음은 언제나 역기를 들어올리고 있을 테니까 말이다. 언젠가 아미르의 몸과 마음이 한 곳에서 만나기를 간절히 기원한다.

마지막으로 내 친구 스텔라_{Stella} 이야기다.

그녀는 공부를 잘하는 우등생이었고, 모범생들의 전통적인 코스를 밟아 의학연구원이 됐다. 하지만 마흔 살이 될 때까지 그녀는 하루도 즐거운 적이 없었다.

어느 날 그녀는 부모 앞에서 폭탄 선언을 했다.

"저, 이 일 그만둘래요."

70대에 이른 그녀의 부모는 안경을 고쳐 쓰며 담담하게 말씀하셨다.

"그래? 잘 생각했다. 의학연구원이 뭐냐, 나 같으면 맨날 실험실에 갇혀 사는 삶은 하루도 살지 않았을 거야. 이제야 속이 시원하네."

아니, 이런 반전이 있다니!

스텔라의 내면에는 여덟 살 때부터 울리던 부름이 있었다.

'사진'이었다.

그녀는 병원에 구조조정 소문이 돌자마자 스스로 퇴사했다. 그러고는 집으로 돌아오는 차 안에서 설명할 수 없는 희열과 해방감을 느꼈다.

지금 일흔 살을 바라보는 스텔라는?

유명 사진 블로거이자 강사, 전시기획자로 제2의 전성기를 누리고 있다.

"그냥 행복해. 무조건 좋아. 엄마아빠가 그렇게 나올 줄 알았으면 내 진작에 때려치웠는데, 아우, 헛똑똑이야, 난."

내면의 부름에 응답하는 삶을 살기 위해서는 '부딪혀야' 한다. 부모든, 세상이든, 학교든, 가치관을 파괴하는 4대 기수이든, 어디에든 부딪혀 부름에 답하는 '소리'를 내야 한다.

부름에 귀 기울일 줄 알게 되면 그에 따른 응답을 낼 줄도 알게 되고, 자신의 응답에 진지하게 귀 기울일 줄도 알게 된다.

기득권을 포기하고 원하는 삶을 얻은 사람은 철이 없는 사람이 아니다. 내면의 부름에 적극적으로 응답했기 때문에 원하는 삶을 얻은 것이다. 그런 사람은 절대 가난해지지 않는다. 절대 궁핍한 삶을 살지 않는다. 애써 노력하고 공부해 얻은 기득권을 포기하는 대신, 원하는 삶이 새로운 기회와 권리와 풍요를 당신에게 가져다줄 것이기 때문이다.

내면이 부르면 용기 내어 응답하라.

"경청하고 있어. 자, 이제 갈게!"

13

가장 안전한 길이 가장 위험한 길이다

직업의 세계에 존재하는 모든 업계, 회사, 일자리를 내가 일일이 설명해 줄 수는 없다. 내가 할 수 있는 건 오직 하나, 당신에게 맞는 진로를 찾는 '방법'을 알려주는 것뿐이다. 그 첫 걸음은 경제적 자립이 가능한 관심 분야를 찾기 위해 카메라의 조리개를 활짝 여는 것이다.

삶에 관한 불편한 진실 하나를 마주해보자.

우리는 대부분 가족, 친구, 사회적 계층, 지역, 학력과 관련된 직업 경로에만 초점을 맞춘다. 일종의 '진로 컨베이어 벨트' 위에 서 있는 셈이다.

· **경영대학원**MBA: 입학 전에는 '나는 금융이나 컨설팅은 안 맞아'라고 생각했던 학생도 졸업할 때면 80%가 그쪽으로 간다. 캠퍼스 리쿠르팅의 유혹은 강력하고, 남들이 다 가니까 '그렇게까지 날 원한

다면야……' 하고 휩쓸리는 것이다.

- **지역색**: 디트로이트 사람은 자동차 산업으로, 마이애미 사람은 관광업으로, 텍사스 사람은 에너지 산업으로 빨려 들어간다.
- **가정 환경**: 내 동료는 "엔지니어가 되고 싶었지만 교육자 집안이라 교사 외에 다른 길은 몰랐다"고 털어놓았다.

안타깝게도 우리의 시야를 넓혀줄 위대한 도구였던 '홀랜드 코드 Holland Codes' 검사는 1970년에 개발된 탓에 지금 활용하기에는 너무 낡았다(내가 언젠가 현대판으로 업데이트해서 내 사이트에 올릴지도 모른다!). 자신의 관심사와 커리어를 연결해주는 홀랜드 코드 검사의 업그레이드 버전이 나오기 전까지 '다른 길'을 찾는 것은 오로지 우리의 몫이다. 그리고 솔직히 말해서 이건 어렵다. 아니, 꾸준한 훈련이 필요하다.

산업 빙고 게임, 135개의 새로운 세상

우리는 능동적으로, 그리고 정기적으로 낯선 직업과 산업을 공부해야 한다. 세상은 끊임없이 변하기 때문이다. 그래서 나는 '비커밍 유' 수업 초기에 '산업 빙고Industry Bingo' 게임을 한다.

규칙은 간단하다. 학생들은 빙고 판을 받는데, 숫자 대신 산업 분야가 적혀 있다. 은행이나 리테일 같은 뻔한 것도 있지만 대부분은 생소한 것들이다.

· 과일 및 견과류 재배

· 고무 산업

· 임업, 광업

· 놀이공원 및 오락실

· 동물 구조, 가구 제조, 농기구 등

나는 모자 속에서 무작위로 쪽지를 뽑고, 학생들은 빙고를 외치기 위해 낯선 산업들을 마주하게 된다. 이 단순한 게임을 통해 그들은 무려 135개의 산업 분야를 접하게 된다.

진짜 게임은 빙고가 끝난 뒤부터다. 학생들은 그룹을 지어 무작위로 걸린 산업 하나를 10분간 빠르게 조사해야 한다.

· **규모와 성장성**: 이 분야는 뜨고 있는가? 시가총액은?

· **주요 기업**: 혁신적인 리더는 누구인가?

· **일자리**: 어떤 기술과 적성을 가진 사람이 성공하는가?(화학회사라고 화학자만 필요한 게 아니다!)

· **매력 포인트**: 이곳이 흥미로운 일터가 될 수 있는가?

이 활동은 놀라운 정보를 쏟아낸다.

· **RV 캠핑장**: 레저 산업 중 가장 빠르게 성장 중(사업가 기질 + 아웃도어 마니아에게 딱!)

· **임업**: 지속가능성의 트렌드와 함께 인재 수요 폭발

· **과일 및 견과류 재배**: 향후 5년간 미국 내 최고 성장 산업(연 매출 상
　승률 28%!)

"교수님, 구글이나 엔비디아 같은 테크 기업은요?"

내가 조리개를 열라고 한 것은 그런 뻔한 기업들 때문이 아니다. 거
긴 이미 다들 너무 많이 알고 있고, 다들 너무 지나치게 가고 싶어한
다. 빅테크 기업들은 인재 시장의 '갑(슈퍼 바이어)'이다. 하지만 산업
빙고 판에 있는 낯선 분야들은? 그들은 인재에 목마른 '을(판매자)'이
다. 당신이 조금만 관심을 기울이면, 기회는 잘 익은 과일처럼 당신
손에 뚝 떨어질 수 있다.

바버라와 조선업의 발견

"이런 유치한 게임을 왜 해요?"라고 투덜대는 친구들도 있다.

그럴 때 나는 바버라Barbara의 이야기를 들려준다.

그녀는 대형 의류 소매업체의 데이터 분석직을 제안받고 고민 중
이었다. 별로 끌리지는 않았지만 억지로라도 가야 하나 싶었던 찰나,
그녀의 빙고 판에 '조선업Shipbuilding'이 걸렸다. 조사 결과는 신선한
충격이었다.

· **전 세계 고용 인원**: 약 50만 명
· **시가총액**: 1,500억 달러(2030년 1,900억 달러 전망)

· **필요 인재**: 선박설계사뿐 아니라 마케팅, 재무, HR, 프로젝트 관리 등 전 분야

바버라 팀의 발표는 매력적이었다.

"글로벌 산업이자 지정학적 이슈의 최전선에 있는 산업입니다. 비즈니스 여행을 좋아하고 글로벌 커리어를 원하는 사람에게는 매우 좋은 기회를 제공합니다."

수업 후 바버라는 넋이 나간 표정으로 내게 왔다. "교수님, 저는 배를 좋아해요. 바다도, 해상 무역이라는 표현도 다 너무 좋아요."

알고 보니 그녀의 오빠도 상선에서 일하고 있었다. 단, 6개월씩 배를 타는 삶이 싫다는 이유로 그녀는 조선업은 쳐다보지도 않았던 것이다.

바버라의 적성은 미래집중형, 순차적 사고형, 진단형 문제 해결사, 데이터 분석가보다는 '리더'에 어울리는 자질이었다. 그녀의 가치관은? 어치브먼트(성취)와 스코프(자극)에서 7점 만점을 받았다.

그렇다면 결론은 명쾌하다. 해외여행과 지정학에 관심이 있고, 큰 영향력을 원하는 리더형 인재에게 조선업만 한 곳이 없었다.

우리는 서로를 쳐다보며 눈썹을 치커올렸다.

"제가 왜 지금까지 조선업을 생각조차 안 했을까요?"

물론 현실은 영화가 아니다. 그녀는 결국 데이터 분석가의 일을 선택했다.

하지만 나는 안다. 언젠가 그 일이 지루해질 때 바다가 그녀를 부를 것이고, 그녀는 그 부름에 적극적으로 응답할 것이다.

'아니오' 대신 '어쩌면'이라고 말하기

1968년 이후에 태어난 사람이라면 리처드 스캐리Richard Scarry의 동화책《사람들은 하루 종일 뭘 하지What Do People Do All Day?》를 잘 알 것이다(나는 아이들에게 100만 번쯤 읽어주었다). 이 책은 훌륭하지만 세상 직업의 90%가 빠져 있다. 디지털 프로덕트 매니저도, AI 안전 엔지니어도 없다. 오직 소방관, 의사, 제빵사뿐이다.

안타깝게도 성인용 버전은 없다. 그러니 우리는 스스로 묻고 탐구해야 한다.

'세상에는 어떤 일들이 더 있을까?'

이 탐색을 위해 가장 필요한 기술은 '아니오No'라고 말하기 전에 '어쩌면Maybe'이라고 말하는 습관이다.

은행원이었던 폴Paul이 그랬다.

그는 고소득을 쫓아 은행에 갔지만 출세욕도 적성도 없었다. 그는 타고난 모험가였다. 따뜻한 성격과 유머 감각으로 전 세계에 친구를 만들었고, 업무 시간에도 몰래 여행 계획을 짜느라 바빴다.

그가 내게 물었다. "휴가를 가장 길게 쓸 수 있는 업계가 어딘가요?"

은행은 1년에 고작 3주였다. 나는 휴가를 장기간 제공하는 분야보다는 가치관과 적성에 맞는 업계를 찾아볼 것을 권유했다.

그는 즉각 방어막을 쳤다. "그러면 저는 크루즈나 관광업에 가야 해요. 하지만 거기는 연봉도 짜고, 워라밸도 엉망이고, 고객들은 진상이고…… 절대 갈 수 없어요, 교수님."

"폴, '어쩌면'의 태도로 조금만 더 깊이 파봐요. 편견이 많은 분야가 '어.찌.면.' 큰 기회를 가져다줄 수도 있어요."

폴은 링크드인을 통해 여행업계 종사자 50명에게 인터뷰를 요청했고, 3명과 대화했다. 그 대화는 폴의 눈을 새롭게 뜨게 만들었다. 그후 그는 대학원 입학사정관, 승무원, 국제 호텔 체인에서 일하는 동문들까지 찾아다니며 심층 취재를 했다. 물론 취약점도 있었다. 하지만 들으면 들을수록 그의 심장은 뛰었다. 마냥 부정적이었던 폴의 태도는 '절대 안 해!'에서 '어쩌면?'으로, 마침내 '나에게 어떤 새로운 삶이 가능할까?'로 바뀌었다.

"제가 이 업계의 진짜 가능성을 전혀 몰랐던 것 같아요."

폴은 잃어버린 시간을 만회하기 위해 호텔경영학 대학원에 진학했다. 그 선택은 그가 상상했던 것보다 훨씬 더 넓은 기회의 문을 열어주었다.

직업의 세계는 광활하고 복잡하다. 그래서 우리는 겁을 먹고 익숙하고 좁은 길로만 다니려고 한다. 하지만 그 길이 당신의 최종 목적지가 아니라면?

눈을 크게 뜨고 조리개를 활짝 열어보라. 가보지 않은 길 끝에 당신이 오랫동안 찾아 헤맨 보물이 숨겨져 있을지 모른다.

14

화성 마그네슘 채굴과 메가트렌드

관심 분야 탐색의 마지막 단계는 시선을 아주 멀리 던져, 미래의 '먹을거리'를 찾아내는 일이다. 이 과정에서 우리는 본의 아니게 점쟁이 대열에 합류하게 된다. 미안하지만 어쩔 수 없다. 미래를 예측하는 일은 험난하고 고도의 두뇌 회전을 요구하는 작업이다. 예술, 과학, 데이터 분석, 대담한 상상력, 그리고 고정관념 파괴가 한데 뒤섞인 종합 예술이기 때문이다.

슬픈 사실은, 그렇게 애를 써도 대부분 틀린다는 것이다.

그럼에도 내가 이 짓을 권하다니 놀랍지 않은가?

내가 굳이 이 장을 쓴 이유는 명확하다. 사람들은 본능적으로 검증되지 않은 신생 산업에 뛰어드는 걸 꺼리기 때문이다. 위험 부담이 너무 크다고 느끼거나, 또는 자신이 몸담은 분야가 이미 정점을 찍고 내리막길을 걷고 있다는 사실을 인정하기 싫어한다. 또 어떤 이들은 과

거에 두려움 때문에 로켓에 올라탈 기회를 놓친 것을 뼈저리게 후회
하기도 한다.

해결책은 하나다. 다가올 일을 미리 아는 것이다.

더 정확히 말하면 다가온다고 '언급된 것들'을 아는 것이다. 다시
강조하지만 전문가들의 예측에 안테나를 세우고 주기적으로 정보를
업데이트해야 한다.

물론 미래를 백 퍼센트 맞히는 사람은 없다.

옛 코미디 프로그램의 대사처럼 '아무도 스페인 종교재판을 예상
하지 못했지만!Nobody Expects the Spanish Inquisition!', 적어도 위기나 기회
를 감지하려는 노력은 해볼 수 있다. 우리의 배움과 통찰력, 그리고
커리어를 위해서라도 말이다.

영화 〈졸업〉과 플라스틱의 예언

1967년에 개봉된 영화 〈졸업The Graduate〉을 본 적 있는가?

더스틴 호프먼Dustin Hoffman과 앤 밴크로프트Anne Bancroft가 주연을
맡은 이 명작의 줄거리는 (유부녀의 유혹에 넘어가는 방황하는 청춘 이야기
이지만) 지금 하려는 내 말과는 전혀 상관이 없다.

내가 주목하는 건 주인공 벤저민의 부모님이 아들의 장래를 걱정
해 연 칵테일파티 장면이다. 벤저민은 이 파티의 모든 순간을 끔찍해
한다. 그런 그를 한 중년 여성이 구석으로 몰아세우며 묻는다.

"그래, 벤저민, 이제 뭘 할 거니?"

"잠시 위층에 올라가려고요."

"아니, 네 인생 말이야!"

"글쎄요…… 대답하기 좀 어렵네요."

바로 그때 파티에 온 전형적인 꼰대 기업가 맥과이어가 끼어든다. 그는 벤저민을 수영장으로 끌고 가서 어깨를 꽉 잡고 놓아주지 않는다(이 장면의 어색함과 숨 막힘은 글로 다 표현할 수 없다. 유튜브에서 꼭 찾아보길 권한다).

맥과이어: 너한테 딱 한마디만 하마. 딱 한마디.

벤저민: 네.

맥과이어: 듣고 있나?

벤저민: 네, 듣고 있어요.

맥과이어: 플라스틱.

벤저민: ……네? 무슨 뜻이죠?

맥과이어: 플라스틱에 굉장한 미래가 있어. 한번 생각해봐라. 알겠나?

벤저민: 네, 생각해볼게요.

맥과이어: 나는 충분히 얘기했다.

어릴 적 극장에서 이 장면을 봤을 때 관객들은 폭소를 터뜨렸다. 저 거만하고 속물적인 자본주의의 돼지 같으니라고! 대학 때 다시 봤을 때도 우리는 비웃었다. 기업의 하수인! 하지만 내가 맥과이어가 절대적으로 옳았다는 걸 깨달은 건 훨씬 뒤였다.

맥과이어가 벤저민을 다그치던 바로 그 무렵, 젊은 화학공학 박사이자 내 남편이었던 잭 웰치Jack Welch는 부푼 가슴을 안고 GE의 신설 부서인 '플라스틱 사업부'에 입사했다. 잭은 산업 역사상 가장 거대한 메가트렌드에 초창기 탑승객으로 올라탔고, 그 로켓을 타고 달까지 날아갔다.

솔직히 말해, 나도 플라스틱에 감사한다. (환경 문제와 별개로) 그 희미한 경제적 기회의 불빛을 보고 뛰어든 누군가의 선견지명과 용기에 경의를 표한다.

잭이 입사했을 때만 해도 플라스틱은 대학 실험실에나 있던 물건이었다. 1964년 스물아홉 살의 잭은 맨땅에 헤딩하듯 최초의 플라스틱 공장을 짓는 프로젝트를 이끌었다.

훗날 나는 잭에게 영화 〈졸업〉의 그 장면이 웃기지 않았냐고 물었다. 놀랍게도 낙천주의자인 그가 버럭 화를 냈다.

"사람들이 사업을 비웃는 건 쉽지! 하지만 그때 우리는 새로운 걸 시작하려고 죽을 힘을 다했어. 지침서도, 안전망도 없었다고. 우리는 그저 해내고 싶은 마음뿐이었어."

"무서웠어요?"

"끔찍하게 무서웠지."

하지만 그 두려움을 감수한 덕분에 그는 전설이 되었다. 물론 그도 넘치도록 실패했다. 그가 투자한 XFL(프로 미식축구 리그) 같은 것은 소리소문 없이 쫄딱 망했다. 하지만 중요한 것은 '도전했다'는 사실에서 얻은 보석 같은 경험이다.

안타깝게도, 우리는 대부분 빛나는 보석을 얻을 수 있는 도전을 하지 않는다.

모두가 모르는 길을, 모두가 부러워하는 길로

나는 수업 시간에 학생들에게 이른바 '초초기 잠재적 기회Super-Early Potential Opportunities, SEPO'를 소개한다. 경제, 문화, 지정학을 아우르는 미래의 거대한 파도들이다.

이 주제를 꺼내면 학생들은 도살장에 끌려가는 소처럼 반응한다. 나는 폭풍우 속에서 아이들을 데리고 등산하는 조교가 된 기분이다.

"AI는 지겨워요."

그래서 나는 AI를 뺐다. 대신 '상업적 우주 탐사'를 가져왔다.

"여러분, 언젠가 화성에서 마그네슘을, 금성에서 티타늄을 캐는 날이 올 거예요! 이 시장 규모가 1조 달러라니까요? 항공우주랑 광산업을 합친 것보다 커요! 환경 파괴 없이 우주에서 자원을 캐다니, 가슴 뛰지 않나요?"

음, 반응은? 두 명 정도 피식 웃고, 나머지는 딴청을 피웠다. 고작 10분의 1 정도만 눈을 반짝인다. 하지만 그 소수의 반짝임이 나를 다시 벅차게 한다.

중국 청두 출신의 엔지니어 후아Hua가 그런 학생이었다.

그녀는 비즈니스 감각을 익히러 온 공대생으로 문제 해결력과 전략적 사고가 뛰어났다. 가치관 검사에서도 어치브먼트(성취)와 스코프(자극) 점수가 매우 높았다(나처럼 유데모니아(웰빙) 점수가 바닥인 건 비밀이다).

어느 날 그녀는 '녹여서 분해되는 옷'을 만드는 회사와 면접을 봤다고 했다. 강의실 전체가 '굳이 왜?'라는 표정을 지었지만, 그녀의 남다른 시각은 확실했다.

"너무 쉽잖아요? 당연히 다가오는 미래가 있는데, 그걸 아무도 생각하지 않는 분야로 가면 너무 쉬워지잖아요?"

학기 말 후아는 자신의 '초월의 영역'을 발표했다. 그녀가 선택한 SEPO는 '모빌리티Mobility'였다.

"뮌헨의 운전자는 연평균 87시간, LA는 119시간, 뭄바이는 200시간을 길바닥에 버립니다. 전 세계 차량 13억 대 중 45%가 개인 소유입니다. 이 비효율을 해결하는 모빌리티 산업(스쿠터, 전기자전거, 플라잉카 등)은 향후 10년 안에 2,500억 달러 규모로 폭풍 성장할 것으로 예측됩니다."

청두의 지옥 같은 교통 체증을 겪어본 후아에게 이건 단순한 숫자가 아니었다. 엄청난 기회였다. 그녀는 스스로 조사를 거듭해 시드니에 있는 2인용 전기자전거 스타트업을 찾아냈고, 프로젝트 매니저로 합류하기로 했다.

그녀의 발표가 끝났을 때 쏟아진 박수갈채는 단순히 내용이 좋아서가 아니었다. 낯선 미지의 세계로 뛰어드는 그녀의 용기에 대한 찬사였다.

그녀는 이렇게 말했다.

"모두가 부러워하는 직업을 가지려고 갖은 애를 쓰고, 스트레스를 받고, 시간을 허비하기보다는 모두가 아직 모르는 직업에서 기회를 찾는 게 훨씬 가치 있는 일이라고 생각해요. 그 길을 먼저 가면, 모두가 아직 모르는 직업이 모두가 부러워하는 직업으로 바뀌는 놀라운 광경을 목격하게 되죠."

매그니피센트 7은 어디로 갔을까?

나도 한 번 SEPO를 좇은 적이 있다. 음악 테크 스타트업 '쿼디오' 때였다. 비록 회사는 망했지만, 그 몇 년은 내 인생에서 가장 짜릿하고 무서운 시간이었다.

회사가 휘청거릴 때마다 나는 '매그니피센트 7Magnificent 7'이라 불렸던 하버드대 동기 일곱 명을 떠올렸다. 1988년 졸업 당시, 그들은 모두 실리콘 밸리로 떠났다.

우리는 그들이 미쳤다고 생각했다. 개인용 컴퓨터도 없던 시절, 실리콘 밸리는 스탠퍼드대 근처의 시골 마을에 불과했으니까(지금의 '샌드힐 로드'는 전설이지만, 그땐 그냥 흙길이었다).

나는 다른 친구들에게 물었다. "쟤네, 왜 골드만삭스나 맥킨지 안 가고 저기로 간대? 스펙도 제일 좋은 애들이?"

동기가 진지하게 대답했다. "개네, 골프를 진짜 좋아하나 봐."

농담이 아니다. 진짜 그렇게 말했다.

어쨌든 지금 그들 중 일부는 억만장자가 됐고, 나머지도 아주 잘산다. 동창회에서 만난 그들은 구릿빛 피부를 자랑했다(정말 골프를 많이 쳤는지도 모른다). 아니면 그들은 벤저민처럼 도망치는 대신, 미래(초초기 잠재적 기회)를 향해 용감하게 뛰어든 사람들이었을 것이다. 어디선가 누군가가 "플라스틱. 미래는 여기에 있어"라고 속삭였을 때 도망치는 대신 절벽 끝으로 달려가 과감하게 몸을 던진 용자들 말이다.

초초기 잠재적 기회는 겁쟁이를 위한 길이 아니다. 예전에도 그랬고, 앞으로도 그럴 것이다.

하지만 나만의 '비커밍 유'를 완성하려면, 우리는 내면뿐 아니라 창문 밖의 거대한 폭풍우(미래)도 똑바로 응시해야 한다.

맥과이어의 말처럼 말이다.

"한번 생각해봐라. 알겠나?"

15

마침내 눈을 뜬 올리비아

금융계를 떠나기로 결심한 후 올리비아는 내게 앞으로 나아갈 방향에 대한 막막함을 털어놓곤 했다. 나는 걱정 말라고 그녀를 안심시켰다.

솔직히 고백하자면 나는 수업 시간에 했던 '산업 빙고' 게임이 그녀에게 '유레카!'를 외치게 할 계기가 되길 바랐다. 또는 내가 열변을 토했던 '메가트렌드' 강의가 그녀의 심장을 뛰게 하기를 기대했다.

하지만 현실은 냉정했다. 산업 빙고는 그녀의 마음을 흔들지 못했고, 내가 양자 기술Quantum Technology의 미래를 침 튀기며 설명할 때…… 나는 분명히 보았다. 그녀의 눈꺼풀이 스르르 감기는 것을. 그래서 그녀의 기말 발표를 기다리는 내 마음은 기대 반, 걱정 반이었다.

그녀가 자신의 가치관과 적성을 꿰뚫고 있다는 것은 알았지만, 과

연 '경제적 자립이 가능한 관심 분야'를 찾아냈을까? 덴버에서 뉴욕까지 매주 비행기를 타면서 치열하게 고민했던 그 노력이 결실을 맺었을까?

마침내 올리비아가 강단에 섰을 때, 나는 어쩐지 기분이 좋아졌다. 그녀는 콜로라도의 맑고 푸른 하늘처럼 환하게 웃고 있었다. 그리고 화면에 띄운 그녀의 '초월의 영역' 한가운데에는 굵직한 글씨로 이렇게 적혀 있었다.

자매 사무 인력 솔루션 Sisters Office Staffing Solutions

-공동 창업자 및 공동 CEO-

강의실은 순식간에 조용해졌고 학생들은 그녀의 이야기에 빨려들어갔다.

산 정상에서 찾은 해답

"어느 날 아침, 동생 히히Ji-Ji와 등산을 하고 있었어요. 저희는 늘 그렇게 하루를 시작하거든요. 보통 헉헉대느라 말은 잘 안 하는데……"

올리비아는 그날따라 '초월의 영역' 과제 압박 때문에 머릿속이 복잡했다고 했다. 작은 봉우리에 올라 바위 턱에 걸터앉은 그녀가 불쑥 동생에게 물었다.

"우리 같이 할 수 있는 게 뭐가 있을까? 나 사실 너랑 일하고 싶어.

꽤 오래전부터 생각했는데…… 말이 안 되는 것 같아서 얘기를 못 꺼 냈었어. 너무 비현실적이잖아? 아닌가?"

히히가 박장대소하며 답했다. "언니가 절대 안 물어볼 줄 알았어!"

히히 역시 데이터 분석 분야에서 프리랜서로 일하는 생활에 지쳐 있었다. 돈은 잘 벌었지만 소속감도, 자극도 없는 공허한 삶이었다. 그녀 또한 언니와 동업을 꿈꾸었지만 현실성이 없다고 여겨 마음속 깊이 묻어두고 있었던 것이다.

그후 자매는 떠오르는 태양을 바라보며 열띤 토론을 벌였다. 주제 는 그들이 평생 보고 자라서 가장 잘 아는 분야, 바로 '사무실 청소 및 보안 인력 관리'였다.

청소 업체 사장님인 어머니와 경비 회사 관리자인 아버지 밑에서 자란 자매는, 지난 30년간 이 업계의 고질적인 비효율을 누구보다 잘 알고 있었다. 불필요한 중간 단계 때문에 고용주는 비싼 돈을 내지만 정작 노동자는 적은 돈을 가져가는 구조였다.

"우리가 앱을 만들어서 중간 업체를 싹 없애버리면 어떨까?"

아이디어는 꼬리에 꼬리를 물었다. 자매는 너무 신이 나서 그 내용 을 종이에 적으려고 산을 뛰어 내려오다시피 했다.

가치관과 적성의 완벽한 하모니

나의 애제자답게 자매는 본격적인 창업에 앞서 서로의 가치관을 점검했다.

· **목표**: 상장IPO 대박보다는 업계의 불합리한 구조를 바꾸는 '변화'
에 초점을 맞춤

· **라이프스타일**: 유연하고 자기결정권을 가진 삶을 원함

· **가치관 점수**:

· **패밀리센트리즘**(가족 중심): 둘 다 7점(만점)

· **워크센트리즘**(일 중심): 올리비아 5점, 히히 6점

· **어플루언스**(돈): 올리비아 4점, 히히 5점

· **루미넌스**(명성): 둘 다 관심 없음

· **스코프와 논 시비**(타인에 대한 영향력): 타인을 돕는 것에 7점(만점)

두 사람의 적성검사 결과도 환상적이었다.

올리비아의 '실행력'과 '자유로운 창의성'은 히히의 '미래집중형 사고'와 '전략가적 기질'과 완벽한 퍼즐처럼 맞아떨어졌다. 게다가 둘 다 외향적이었고 창업가에게 필수인 '담력'과 '유연성'이 차고 넘쳤다.

그날 저녁 자매는 부모님께 전화를 걸어 사업 구상을 설명했다. 통화는 무려 두 시간이나 이어졌다. 업계 베테랑인 부모님은 경험에서 우러난 값진 조언들을 쏟아내며 딸들을 응원했다.

전화를 끊기 전에 아버지가 말했다. "우리는 너희가 이걸 무조건 해야 한다고 생각한다. 우리가 첫 번째 투자자가 되어주마."

마침내 올리비아는 알게 되었다. 삶의 목적을 갖는다는 게 어떤 느낌인지.

그리고 옆에 있는 동생의 반짝이는 눈빛을 보며, 자신만 그렇게 느끼는 게 아님을 확신했다.

진정한 나를 발견하는 순간

발표 내내 올리비아의 목소리에는 확신과 희망이 가득했다. 그녀는 덴버에서 시작해 콜로라도 스프링스, 앨버커키로 사업을 확장하겠다는 야심 찬 로드맵을 보여주었다.

발표가 끝나자 한 학생이 손을 들고 물었다.

"그래서, 언제 시작하실 계획인가요?"

올리비아가 씩 웃으며 대답했다.

"오늘 아침에 사표 냈어요."

강의실이 떠나갈 듯한 박수와 환호가 터져 나왔다. 그녀는 덧붙였다. 직장상사는 전혀 놀라지 않았다고. 이미 오래전부터 그녀의 마음이 콩밭(아니, 콜로라도의 높은 산)에 가 있다는 걸 알고 있었으니까.

"마음이 뜬 정도가 아니었는데 말이죠!"

올리비아가 농담을 던지고 난 후 다시 진지한 표정으로 팀원들에게 감사를 표했다.

"산업 빙고 게임과 메가트렌드 프로젝트할 때 저 때문에 힘들었죠? 다들 창문 밖(세상)을 보고 있는데, 저 혼자만 거울(내면)을 들여다보고 있었으니까요. 저를 기다려줘서 정말 고마워요."

이것이 바로 '경제적 자립이 가능한 관심 분야'를 찾는 여정이다.

자신의 나침반이 가리키는 방향을 찾기 전까지, 우리는 모두 길 잃은 방랑자다. 하지만 계속 찾다 보면, 마침내 눈을 크게 뜨고 진정한 자신을 발견하는 순간이 반드시 온다.

마침내 인생의 길을 발견한 올리비아처럼.

결론

16

결론
: 영원히 계속될, 당신이라는 여정

솔직히 고백하건대, 나는 '비커밍 유'의 마지막 수업을 좋아하지 않는다.

그리고 이 책의 결론을 쓰고 있는 지금 이 순간도 썩 달갑지 않다. 이유는 간단하다. 방법론적으로 볼 때 '비커밍 유'는 결코 끝나지 않는, 영원히 계속되는 과정이기 때문이다.

인생의 수많은 갈림길 앞에 설 때마다 당신은 스스로 묻고 답해야 한다.

'내 가치관이 뭐지? 내 적성은? 나의 관심 분야는 어디를 향하고 있지? 그리고 이 3가지가 교차하는, 나만의 '초월의 영역'은 어디일까?'

치열한 고민 끝에 당신은 비로소 깨닫는다.

‘아, 바로 그거구나. 알겠어. 이 방향으로 나아가는 게, 저 단계로 도약하는 게 지금의 나에게 가장 합리적인 선택이야. 이제 준비됐어!’

물론 ‘비커밍 유’를 통해 설계한 길은 시간이 흐르며 처음과 달라질 수 있다. 조금 수정될 수도, 완전히 뒤바뀔 수도 있다. 아마 십중팔구 그렇게 될 것이다. 인생이란 원래 그런 것이니까.

하지만 기억하라.

계획이 틀어지고 또 다른 갈림길에 서게 될 때도, ‘비커밍 유’의 나침반은 언제나 당신을 기다리고 있을 것이다.

그것이 바로 내가 이 책을 쓴 목적이다.

이 책은 한 번 읽고 치워버리는 일회용 처방전이 아니다. 감히 말하건대, 이 책은 당신의 평생을 함께할 동반자이자 친구다. 조금 오글거리는 표현이라는 거 안다. 하지만 사실인 걸 어쩌겠는가!

마지막 수업이 끝나면 나는 강의실 문 앞에서 학생들 한 명 한 명과 뜨거운 포옹을 나눈다. 우리가 함께 이 중요한 여정을 무사히 마쳤기 때문이다.

지금 이 글을 읽는 당신에게도 그 따스한 포옹을 전하고 싶다. 책 페이지들 너머로 나의 진심이 닿기를 바란다.

그리고 마지막으로 이 말을 꼭 전하고 싶다.

삶을 살아가는 방식에는 두 가지가 있다.

주어진 대로 사느냐Default, 아니면 스스로 설계해서 사느냐Design.

당신은 타인이 쓴 원고를 수정하는 인생의 편집자로 살 수도 있고, 백지 위에 자신의 이야기를 써 내려가는 작가가 될 수도 있다. 나는 내 삶의 목적을 온전히 실천하며 살게 된 후 마음속에 전에는 몰랐던 사랑과 희망을 품게 되었다. 당신 또한 당신 인생의 유일한 작가가 되기를 간절히 바라는 마음으로 이 책의 결론을 쓰고 있다.

단 한 번뿐인, 이 귀한 삶을 위하여

수업의 마지막 날, 학생들은 자신의 '초월의 영역' 발표 슬라이드 마지막 장에 30년, 40년 뒤의 미래를 담아야 한다. 그 모습은 수업 첫 시간에 던졌던, 그리고 학기 내내 수도 없이 반복했던 질문에 대한 답이어야 한다.

말해 보아라. 그대, 이 격정적이고 귀한 단 한 번뿐인 삶을 어떻게 쓸 것인가?

올리비아에게 그 답은, 자신과 동생 히히가 60대가 되었을 때 그들의 회사가 어떤 모습일지 보여주는 것이었다.

그녀는 AI의 힘을 빌려 미래의 한 장면을 그려냈다. 그림 속에서 자매는 콜로라도 강기슭이 내려다보이는 평화로운 목장 현관에 앉아 쉬고 있었다. 배경에는 말과 닭들이 노닐고, 산악자전거가 세워져 있었으며, 귀여운 손자들이 뛰어놀고 있었다.

"저희는 방금 회사를 3,000만 달러에 매각해서 너무 행복해요."

올리비아는 웃으며 설명했다. 그리고 그 수익금의 일부로 모교에 부모님의 이름을 딴 장학재단을 설립했다고 덧붙였다.

사람들이 '비커밍 유'를 눈물 없이는 들을 수 없는 수업이라고 하는 데는 다 이유가 있다.

사실 가끔은…… 아니, 거의 항상 펑펑 우는 사람은 바로 나다.

물론 올리비아처럼 완벽한 청사진만 있는 것은 아니다.

어떤 학생들은 가슴을 울리는 발표를 통해 자신의 가치관, 적성, 그리고 마음과 영혼, 통장 잔고까지 채워줄 완벽한 일을 찾았음을 증명한다. 반면에 아직 '완벽한' 초월의 영역을 찾지 못한 학생들도 있다. 희망찬 미래를 구체적으로 그려내지 못해 머뭇거리는 경우도 많다.

괜찮다. 당연히 그럴 수 있다. 나를 찾아가는 이 방대한 탐색 과정이 한 학기라는 짧은 시간 안에 깔끔하게 정리될 리 만무하다.

마지막 날 우리가 듣는 발표 중 일부는, 아직 여정을 마치지 못한 동료 탐험가들의 '중간 현장보고서'일 때도 있다.

그렇다고 그들이 실패한 것은 결코 아니다. 그들은 여전히 치열하게 노력 중이며, 자신에게 던질 수 있는 가장 근원적인 질문과 싸우고 있다.

나는 누구인가? 그리고 내게 주어진 이 시간을 어떻게 살아야 하는가?

답을 찾은 사람들도, 그리고 여전히 답을 찾고 있는 사람들도 나는 깊이 사랑한다.

당신이 멈추기로 결정하기 전까지 '비커밍 유'의 여정은 끝나지 않는다.

당신은 매 순간 나아갈 길을 새롭게 설계하고 있는 존재다.

그러니 멈추지 말자.

눈을 크게 뜨고, 가슴을 활짝 열고, 당신만의 미래를 향해 당당하게 나아가자.

부록

식스 스퀘어드
: 여섯 단어로 인생을 정의하라

'식스 스퀘어드Six Squared' 활동은 두 파트로 나뉜다.

과거의 나: 6단어 회고록

먼저 지금까지 살아온 당신의 인생을 한 편의 회고록처럼 떠올려 보라. 그리고 그 인생을 딱 여섯 단어로 요약해 제목을 지어라. 한 사람의 방대한 인생을 고작 여섯 단어에 담는 건 쉽지 않다. 하지만 반드시 여섯이어야 한다. 숫자 '6'에는 설명할 수 없는 신비한 힘이 있어, 우리의 생각을 날카롭게 응축시키기 때문이다.

흥미로운 건 '소요 시간'이다. 어떤 사람은 15초 만에 뚝딱 해치우지만 어떤 사람은 15분 내내 괴로워한다. 몇 시간 동안 썼다 지웠다를 반복하며 끝내 완성하지 못하는 사람도 많다.

내가 해줄 수 있는 조언은 하나다.

'충분히 시간을 들여 고민하라. 그럴 만한 가치가 있다.'

미래의 나: 25년 후의 완벽한 삶

이제 시계를 25년 뒤로 돌려보자.

상상해보라.

당신의 가치관과 완벽하게 일치하고, 모든 희망과 목표를 이룬 '찬란한 인생'을.

이 순간만큼은 당신 인생의 '편집자'가 아니라 '작가'가 되어야 한다.

아침에 눈을 떠서 잠들기까지, 당신은 어디에 있는가? 누구와 함께인가? 무슨 일을 하고 있는가?

이 작업은 온전히 당신의 몫이다. 우리는 평소 이런 완벽한 삶을 꿈꾸는 것조차 스스로 금지해 왔다. 불가능해보이니까.

어쩌면 개중에는 진짜 불가능한 것도 있을 것이다. 하지만 시작조차 안 해보고 포기할 텐가? 우리의 꿈을 난도질(편집)하는 것은 세상 하나로도 족하다. 그러니 일단 마음껏 꿈꾸자.

그 삶이 눈앞에 그려지는가?

좋다. 이제 그 완벽한 미래의 회고록 제목을 다시 여섯 단어로 지어보자.

두 개의 제목, 하나의 진실

제목을 다 지었는가?

혹시 가슴이 벅차오르거나, 불편하거나, 혼란스러운가? 심지어 펜을 내려놓고는 눈물을 쏟는 사람도 나는 많이 보아왔다. 지극히 정상이다.

이제 마지막 단계다.

첫 번째(현재) 회고록과 두 번째(미래) 회고록을 나란히 놓고 비교해 보라.

두 제목이 놀랄 만큼 비슷하다면? 축하한다. 당신은 올바른 길을 가고 있다. '나는 잘 살고 있어!'라는 강력한 확신을 얻을 것이다. 하지만 대부분의 경우, 두 제목은 당신이 꿈꾸는 삶과 현재의 삶이 얼마나 동떨어져 있는지 적나라하게 보여준다.

스스로에게 물어보라.

현재와 미래의 거리는 얼마나 되는가? 지금 삶을 조금만 수선하면 되는가, 아니면 완전히 갈아엎어야 하는가? 지금 당신을 지배하는 가치관은 무엇이고, 앞으로 당신이 중심에 두고 싶은 가치관은 무엇인가?

헤밍웨이와 트위터가 남긴 유산

식스 스퀘어드 활동은 내가 만든 게 아니다. 2006년 래리 스미스_{Larry}

Smith가 시작해 세계적 열풍을 일으킨 '여섯 단어 회고록' 프로젝트에서 착안한 것이다.

작가이자 편집자였던 래리 스미스는 당시 막 태어난 소셜미디어 플랫폼 '트위터'와 협력해 사용자들에게 '자신의 인생 이야기를 여섯 단어의 제목으로 지어보라'고 제안했다. 이 프로젝트는 한 달만 진행될 예정이었으나 참여 수가 100만 건을 넘어서며 큰 화제가 되었고 큰 유행이 일어났다. 그 유명한 오프라 윈프리Oprah Winfrey도 참여했을 정도다. 오프라가 회고록 제목으로 지은 여섯 단어는 'Seeking the Fullest Expression of Self(가장 충실한 자기표현 추구)'였다. 풀어서 설명하자면, '내 안에 있는 모든 잠재력을 남김없이 발휘해서, 가장 나다운 모습으로 완성된 삶을 살겠다'는 뜻이었다.

사실 식스 스퀘어드 활동의 원조를 따지자면 어니스트 헤밍웨이Ernest Hemingway다. 1937년 술자리의 한 내기에서 헤밍웨이가 냅킨에 적었다는 전설적인 여섯 단어 소설을 아는가?

For sale: baby shoes, never worn(팝니다: 아기 신발, 한 번도 안 신음)

곧 태어날 아기를 위해 부모가 준비한 한 켤레 작은 신발. 하지만 유산 때문에 아기는 천국으로 갔고, 결국 한 번도 신겨지지 못한 채 남겨진 한 켤레 아기 신발. 그것을 판다고 내놓은 부모의 깊은 슬픔. 수백 페이지짜리 소설보다 이 단 한 줄이 주는 생생한 슬픔에 가슴이 먹먹해지지 않을 사람이 있겠는가?

헤밍웨이, 당신은 정말이지 천재다.

오늘날 인터넷에는 수많은 여섯 단어 회고록이 넘쳐난다. 도발적이고, 신랄하고, 때로는 뼈아픈 인생의 진실을 담고 있다.

Abandoned at five, Learning to thrive(다섯 살에 버려졌지만 성공을 배우다)

Went to Harvard, married a crackhead(하버드 졸업, 마약중독자와 결혼하다)

Found true love, married someone else(진정한 사랑을 찾았노라, 하지만 다른 사람과 결혼하노라)

I should have stayed in Europe(유럽에 눌러앉았더라면)

Old too soon, Smart too late(너무 빨리 나이들어버린, 너무 늦게 깨달아버린)

가장 유명한 건 아마도 이것일 테다.

Not quite what I was planning(내가 계획한 건 이게 아니었는데)

정말 마음에 든다. 인생은 절대 계획대로 흐르지 않으니까. '비커밍 유'와 함께라도 말이다! 단, 우리는 그 불확실성을 최소화하고 최적의 경로를 찾을 수는 있다.

학생들의 실제 사례: 반전의 드라마

감이 안 잡히는 분들을 위해 내 수업에서 나온 실제 사례를 공개한다.

로버트Robert는 작은 보험회사 중간관리자이자 두 아이의 아빠였다. 그는 놀라울 정도로 사려 깊고 현명해서 나는 그를 〈스타워즈〉의 현자 '요다'라고 불렀다. 도대체 왜 이런 인재가 평범한 커리어에 머물러 있을까?

그의 현재 회고록이 답을 주었다.

Okay, Let's See How This Goes(좋아, 어떻게 흘러가는지 한번 보자고)

지독한 수동성과 우유부단함의 절정을 보여주는 제목이었다. 하지만 미래의 완벽한 삶을 상상한 뒤 그는 이렇게 썼다.

Thank God I Did Not Listen(그 말을 듣지 않아서 다행이야)

와우!

로버트는 결심했다. 내면의 의심, 그리고 부모와 사회가 주입한 목소리를 끄기로. 그는 자신의 핵심 가치인 보이스(자신만의 목소리)와 어치브먼트(성취) 가치관을 받아들이고 새로운 커리어를 계획했다.

전직 프로 댄서였던 베아트리스Beatrice는 코로나 팬데믹 때 비영리단체 행정직으로 일하며 불행해했다. 동료들은 그녀를 '멍청하고 감정적'이라며 무시했다. 홧김에 경영대학원에 왔지만 재무나 마케팅 수업은 지옥 같았다.

그녀의 현재 회고록은 다음과 같았다.

I Kept Running, Should've Been Dancing(도망만 쳤구나, 춤을 계속 출 걸)

그녀의 미래 회고록은 다음과 같았다.

Too Sensitive? The World Needed That(너무 예민하게 군다고? 이 세상은 그게 필요해)

그녀는 자신의 예민한 감수성을 있는 그대로 인정받는 삶을 상상했다. 결국 그녀의 '초월의 영역' 발표에는 '로켓(Rockette, 뉴욕 라디오 시티 뮤직홀 무용단)'이라는 단어가 당당히 적혀 있었다.

팀Tim은 금융권 취업이 확정된 우등생이었다. 하지만 그는 아프리카계 미국인이자 동성연애자로서, 보수적인 금융권 문화와 맞지 않아 보였다.

그의 현재 회고록은 다음과 같았다.

Grind, Grind, Just Don't Look Up(버텨, 버텨, 고개를 들지 마)

돈과 명예를 위해 영혼을 갈아넣는 전형적인 금융인의 삶을 상징하고 있었다. 그는 두 번째 파트(미래)를 작성하며 안절부절못했다. 강의실 뒤를 서성거리다가 마침내 써 내려갔다.

강렬했다. 팀은 결국 금융계를 떠나기로 결심했다. 그가 오랫동안 꿈꿔온 일, 형제들과 함께 전 세계 사람들을 상대하는 '나이트라이프 Nightlife' 브랜드를 만들기로 한 것이다.

"저는 생생하게 깨달았습니다. 저한테 없는 가치관을 위해 제 인생을 바칠 수는 없다는 것을요"

그가 직접 디자인한 로고를 보여주었을 때 학생들은 환호했다.

다시 한번 말하지만, 세상은 당신의 꿈을 편집하려 들 것이다.

'너한텐 기술이 없어.'

'다 좋아, 그런데 돈이 없잖아?'

'제발 철 좀 들어. 현실을 좀 봐!'

맞다. 현실은 현실이다.

하지만 제발, 편집 가위질을 당하기 전에 먼저 꿈을 꿔라. 꿈이 없으면 편집조차도 없는 삶을 살 뿐이다.

꿈이 먼저다.

그래야만 알 수 있다. 당신이 진짜 소중히 여기는 가치가 무엇인지, 당신이란 사람이 도대체 누구인지.

누구의 삶을 원하는가?

'필요'가 발명의 어머니일 때가 있다. 여기서 말하는 '필요'란 다름 아닌 '부엌에서 터뜨린 히스테리성 발작'이었다.

2011년 9월 어느 날, 실제로 내게 일어난 일이다.

갓 대학을 졸업한 아들이 폭탄선언을 했다. 지난 4년 동안 학교를 다니며 많은 지도와 격려, 무엇보다 등록금 지원까지 받았음에도 불구하고 '인생에서 뭘 해야 할지 모르겠다'는 것이었다. 호되게 잔소리를 퍼붓던 와중에 나는 홧김에 이렇게 소리를 질렀다.

"그래서 도대체 누구의 삶을 원하는데?"

뜻하지 않게 튀어나온 이 질문은 아들의 인생을 바꾸는 결과를 가져왔고, 훗날 '비커밍 유' 강의에서 가장 인기 있는 가치관 탐색 활동으로 자리 잡았다

이 활동은 다음의 차트로 시작된다.

누구의 삶을 원하는가?	이 사람의 삶에서 내가 좋아하고 갖고 싶은 부분	"이건 사양할게요."
사람 1		
사람 2		
사람 3		
사람 4		

1단계: 대상 선정

첫 번째 열에는 '만약 누군가와 인생을 바꿀 수 있다면, 이 사람이면 좋겠어'라는 생각이 들 정도로 좋아하고, 존경하고, 열망하는 사람들의 이름을 적는다. 너무 깊게 생각할 필요 없다. 자연스럽게 떠오르는 이름이 중요하다.

직접 아는 사람이어도 좋고 아니어도 된다. 살아 있는 사람, 세상을 떠난 사람, 역사적 인물, 가상의 인물, 심지어 초등학교 5학년 때 선생님이어도 상관없다. 중요한 건 네 명 이상 적어야 한다는 점이다.

참고로 내가 선택한 사람들은 다음과 같다.

2006년 77세로 별세한 정열적인 이탈리아 종군기자, **오리아나 팔**

라치

방송인 **호다 코트비**

설명이 필요 없는 **마사 스튜어트**

JP모건의 부회장 **메리 어도스**

내 또래이자 골프 동지인 **샐리**

샐리는 멋진 엄마이자 헌신적인 할머니인데, 형편없는 티샷을 날리고도 잊을 수 없는 명언을 남긴 친구다. "수지, 나는 골프를 치는 게 아니야. 골프 스커트 입는 걸 즐기는 거지."

2단계: 이유 분석(좋은 점)

두 번째 열에는 그들을 선정한 이유를 적는다. 명성? 영향력? 부? 이 단계에서는 솔직할수록 좋다. 이미 수천 번 강조했지만, '비커밍 유' 과정에서는 '좋은 입력이 좋은 결과'를 가져오기 때문이다.

내 차트의 예시는 이렇다.

오리아나 팔라치: 세상을 바꾸는 위대한 용기, 그리고 독립적임.

호다 코트비: 긍정적인 영향력. 엄청난 스코프Scope! 모두에게 사랑받음. 겉과 속이 모두 아름다움. 완벽한 사람. 멋진 팔근육!

메리 어도스: 세계 경제를 이끄는 리더. 강렬하고 똑똑함. 리더십으로 유명. 다리도 멋짐!

샐리: 삶의 즐거움. 완벽한 결혼 생활. 모두가 가고 싶어하는 파티의 주최자. 섹시하고 재미있음.

진심으로 하고 싶은 말을 다 적어보라.

3단계: "이건 사양할게요"(싫은 점)

마지막 열에는 그들의 인생에서 내 마음대로 '편집'하고 싶은 부분을 적는다. 완벽한 인생은 없기 때문에, 이 단계 없이는 활동이 완성될 수 없다. 소원해진 자녀 관계, 경제적 불안정, 혹은 힘겨운 재활치료일 수도 있다. 무엇이 당신으로 하여금 "이건 좀 사양할게요"라고 말하게 만드는지 알아보자.

내 경우에는 이렇다.

메리 어도스: 세계 최대 은행의 리더로서 밤낮으로 짊어져야 할 막대한 책임감.
샐리: 평생 직업을 갖지 않기로 한 그녀의 결정. '커리어 없음'은 정말 사양한다.

이런 식으로 당신이 원하는 삶을 살고 있는 사람들에게서 받아들이기 어려운 싫은 점(단점)을 기록하면 된다.

패턴 찾기: 가치관의 발견

차트를 다 채웠다면 이제 가장 중요한 단계, 바로 '패턴'을 찾을 차례다. 그 패턴 속에 당신의 가치관이 숨어 있다.

두 학생의 사례를 통해 살펴보자.

사례 1: 맥신

맥신Maxine은 수학을 전공했지만 졸업 후 뉴욕의 대형 부동산 회사에서 데이터 분석과 엑셀 작업만 하는 현실에 지쳐 있었다. 경영대학원에 진학한 그녀의 목표는 단 하나, '부동산업만 아니면 어디든'이었다. "초고층 빌딩을 파는 게 더 나은 세상을 만든다고 스스로를 설득할 수가 없었어요."

다음은 그녀가 작성한 차트다.

누구의 삶을 원하는가?	이 사람의 삶에서 내가 좋아하고 갖고 싶은 부분	"이건 사양할게요."
일론 머스크	기후 위기에 대한 시장 해결책을 이끄는 대단한 사업가.	끝없는 노이즈. 트위터 인수. 정치적 견해.
버락 오바마	영감을 주는 리더. 무엇이 실현 가능한지에 대한 현실적 태도. 의료보험 개혁!	사생활이 없음. 배우자와의 끝없는 불화설.
라야(친구)	굉장히 균형 잡힌 삶. 탄탄한 관계와 커리어. 포용력. 열린 마음.	없음.
네이트 페티	진정한 리더십이 무엇인지 보여주는 영감을 주는 교사. 혁신적인 교수법 추진. 힘든 유년 시절 극복.	평범한 월급.

첫 번째 패턴은 그녀가 선택한 네 명 중 세 명이 막대한 영향력을 지닌 인물들이라는 점이다. 머스크, 오바마, 그리고 혁신적인 교수 네이트 페티트까지. 그들은 '레이디어스'와 '루미넌스' 가치관이 가장 높은 인물들이다. 자신을 넘어서 인류의 역사에 커다란 영향을 미친다.

과연 이것이 맥신의 핵심 가치관일까?

그때 또 다른 패턴이 보였다. 바로 그녀가 감수할 수 없는 타협점들이다. 그녀는 머스크의 잠음, 오바마의 사생활 없음, 네이트 교수의 평범한 수입을 싫어했다. 반면에 친구 라야의 삶은 완벽하다고 평가했다(행복한 관계, 훌륭한 커리어, 평화).

맥신은 의미 있는 삶을 원하는 동시에 사생활 보장과 예측 가능한 삶을 위해 '과도하지 않은' 영향력과 평균 이상의 부를 원했다. 몇 주 후, 이 패턴은 그녀의 '초월의 영역'으로 구체화되었다.

바로 '기후 변화에 따른 의료보험 정책 변화를 컨설팅하는 회사의 임원'이었다.

사례 2: 팀

팀Tim은 금융계 출신으로, 월스트리트를 떠나 형제들과 나이트라이프 제국을 건설하고 싶다는 꿈을 깨달은 학생이다(부록 1의 주인공이기도 하다).

그의 차트는 다음과 같았다.

누구의 삶을 원하는가?	이 사람의 삶에서 내가 좋아하고 갖고 싶은 부분	"이건 사양할게요."
아빠	열정적으로 살며 아무도 아빠가 좋은 사람이라는 걸 의심하지 않음. 외모가 매력적이며 원칙적임. 다른 사람 밑에서 일한 적이 없고 겸손함.	갈등 회피 성향. 감정적. 돈 문제.
엄마	똑똑하고 성실하며 '나쁜 사람'이 되는 걸 두려워하지 않음. 매력적이며 사업가 기질이 있음.	친구가 많지 않음. 불명확한 커리어 목표. 모든 사람이 좋아하진 않음. 가족을 위해 경력 단절. 돈 문제.
로저 C(대형 비영리단체에서 사회적 가치투자팀을 이끔)	똑똑하고 성취적임. 뉴욕의 어느 누구하고도 통화 가능. 훌륭한 인맥. 목적 지향적 일을 하지만 여전히 화이트칼라. 돈 걱정 없음.	가족 없음. 커리어적 위험 감수하지 않음. 항상 남을 위해 일함.
타일러 페리	성공한 인생. 돈 걱정 없음. 아이코닉. 인맥이 넓고 사람들에게 존경받음. 당당함. 관대함. 사업가.	사생활 관련 루머가 많음. 때때로 작품이 부정적인 평판을 받음. 극단적 자본주의자. 동료들로부터 진정한 존경을 받는지 의문임.

팀의 가치관은 명확했다. 경제적 안정을 추구하는 어플루언스와 신체적 매력을 중시하는 비홀더리즘이었다. 하지만 그게 다가 아니다. '남 밑에서 일한 적 없음'을 부러워하는 것에서 주체성을 중시하는 '에이전시'에 대한 열망이 보이고, 로저 C와 타일러 페리를 통해 성취를 중시하는 '어치브먼트'와 빛나는 삶을 열망하는 '레이디어스' 가치관을 추구함을 알 수 있다.

팀의 차트는 그의 미래를 예언하는 '세례 요한'과도 같았다.

마치 이렇게 외치는 듯하다.

"잘 봐! 믿을 수 없을 만큼 엄청난 게 올 거야!"

가치관이란 우리가 귀를 기울일 때, 바로 이런 방식으로 모습을 드러낸다.

로스코 이야기: 어떤 사람의 삶을 살고 싶니?

이제 이 모든 활동의 시발점이 된 내 불쌍한 아들 이야기를 마저 해야겠다.

나는 부엌에서 아들을 호되게 혼내고 있었다. 변명을 하자면, 녀석은 컨설팅 회사에서 해고당하기 직전이었다. 남편 잭과 나는 몇 주 전부터 "너 그러다 잘린다"고 경고해왔다. 왜냐고? 노력을 안 하니까.

잭과 나는 매일 조마조마한 마음으로 로스코를 지켜봤다. 녀석은 아침 8시쯤 침대에서 기어 나왔고, 짐작건대 9시쯤 출근해서 오후 6시면 집에 왔다. 즉 5시 좀 넘어서 퇴근한다는 소리다. 주말에는 친구들과 신나게 놀러다녔다. 장담하건대 주말 내내 다음 주 업무 준비에 한 시간도 쓰지 않았을 것이다.

우리는 아들이 작정하고 해고당하려는 것 같아 불안했다.

"다른 신입들은 파트너인 우리보다 일찍 출근해."

"해가 지기 전에 퇴근하는 사람은 없어."

"주말에도 다들 일해."

우리가 이렇게 안달을 낼 때마다 효자 로스코는 자신만만하게 우리를 진정시켰다.

"걱정 마세요. 제가 알아서 해요!"

(나중에 알게 된 사실이지만, 녀석은 잘릴까 봐 벌벌 떨면서도 우리를 실망시
킬까 봐 아무 말도 못 했던 것이었다. 아휴, 짠해라.)

입사 8주차 금요일 오후 5시, 로스코가 칼퇴근을 했다. 파트너들이
신입 전원에게 월요일 아침 10시까지 제출할 과제를 줬다고 했다.

잭이 날카롭게 말했다.

"이건 시험이야. 너희 팀원들은 주말 내내 사무실에서 밤을 새울 거
다. 너만 빼고."

"걱정 마세요. 시간 충분해요."

시간은 충분하지 않았다.

월요일 아침 11시 30분, 로스코가 부엌으로 고개를 들이밀었다(추정
해고 시간: 10시 15분). "믿을 수 없는 일이……"

그 순간 잭은 자리를 박차고 나갔다. 더 들을 필요도 없다는 듯이.

부모라면 누구나 자녀를 사랑한다. 특히 로스코처럼 어릴 때부터
우등생에 운동도 잘하고 미래가 유망했던 아이에게는, 콸콸 쏟아지
는 수돗물처럼 희망과 꿈을 쏟아붓게 마련이다. 마치 거친 급류에 휩
쓸린 뗏목처럼 말이다.

나 역시 그랬다. 유죄를 인정한다.

반면 사랑받는 당사자는 부모의 꿈과 자신의 꿈이 다르다는 걸 증
명하려 애쓴다. 로스코도 노력했다. 하지만 나는 그걸 받아들이지 못
했다.

대신 나는 소리를 질렀다.

"네가 어떻게 우리한테 이럴 수 있어? 재능을 이렇게 낭비해? 왜 우
리와 같은 걸 원하지 않는 거야?"

내 말이 쏟아질수록 로스코는 공성추에 맞은 듯 작아졌다. 고개를 떨구고 의자에 주저앉은 아늘 앞에서 나는 멈추지 않고 소리쳤다.

"도저히 이해가 안 돼. 인생에서 뭘 하고 싶은 거야? 어디로 가고 싶어? 뭣 하나 제대로 말도 못 하잖아! 그럼 누구의 삶을 살고 싶어? 어떤 사람처럼 살면 행복할 것 같냐고!"

그 순간 로스코가 고개를 들었다. 더 이상 작아 보이지 않았다. 녀석은 어깨를 펴고 나를 똑바로 쳐다보았다.

"그레이디 선생님이요. 저는 그레이디 선생님의 삶을 원해요."

"……농담이지?"

"아니요. 진심이에요."

솔직히 케빈 그레이디는 내가 듣고 싶었던 이름은 아니었다. 하지만 그 이름은 '이해'의 첫 불빛이자 결정적 힌트였다.

그는 메인주에서 여름 캠프를 운영하는 사람이다. 로스코는 그곳에서 학생으로, 또 교사로 몇 년을 보냈다. 나는 그가 좋은 사람이며, 자신이 만든 북부의 작은 낙원을 사랑하고 만족해한다는 걸 알고 있었다. 비수기에는 재향군인과 학생들을 위한 리더십 훈련장으로 변신하는 곳이었다.

"그럼 케빈 그레이디 밑에서 일하러 가든가! 마음대로 해!"

나는 다시 부엌으로 들어온 잭에게 소리쳤다.

"가! 가보라고 해!"

잭도 맞장구를 쳤다. 그날은 내 말에 토를 달지 않는 게 상책이라 생각했을 것이다.

그후 어떻게 됐냐고?

로스코는 정말로 떠났다. 그는 케빈 그레이디와 함께 일하며 그 일을 사랑했고, 또 잘해냈다. 그곳에서 아내를 만났고, 남을 돕고, 함께 어울리고, 창의적인 아웃도어 활동을 하는 것이 자신의 천직임을 깨달았다.

누가 알았겠는가? 나도 몰랐다.

하지만 우리가 그 답을 찾은 건, "무엇을 하고 싶냐?"고 물었을 때가 아니라, "누가 되고 싶냐?"고 물었을 때였다.

로스코는 지금 서른다섯 살의 가장이 되었다. 게임 분야에서 즐겁게 일하며 자신의 가치관인 논 시비(이타심), 빌롱잉(소속감), 보이스(목소리)를 실천하고 있다.

로스코 부부는 메인주에서 소박한(낮은 스코프의) 삶을 살고 있다. 나도 메인주를 좋아한다. 딱 일 년에 한 달 정도만.

하지만 세월이 흘러 내가 깨달은 진실은, 내가 메인주를 얼마나 좋아하느냐는 로스코가 꿈을 이루는 것과 하등 상관이 없다는 것이다.

중요한 것은 로스코가 '무엇을 좋아하느냐'다. 설령 그게 메인주라 할지라도.

가치관은 전적으로 개인적인 것이다. 세상은 우리의 가치관을 침묵시키거나 바꾸려들 것이다.

그래서 때로는 직접적으로 묻는 대신, 우회로를 선택해야 한다.

"어떤 삶을 원하니?"가 아니라, "누구의 삶을 원하니?"라고 묻는 것처럼 말이다.

프루스트 설문
: 잃어버린 나를 찾아서

나는 인생에서 다양한 도전을 했지만 코로나 팬데믹 시기 동안 마르셀 프루스트Marcel Proust의 《잃어버린 시간을 찾아서In Search of Lost Time》를 읽으려는 시도만큼 벅찬 일은 없었다. 이 책은 잘 알려진 대로 무려 4,300페이지나 된다.

나는 《잃어버린 시간을 찾아서》를 다 읽은 사람은 없다고 확신한다. 형편없는 책이라는 게 아니라 통제가 전혀 안 되는 책이기 때문이다. 페이지마다 이야기가 다른 곳으로 새서 여담이 이뤄진다. 아이러니하게 이 책의 제목 '잃어버린 시간을 찾아서'처럼, 2,095쪽에서 백기를 들었을 때 내 머릿속에 든 생각은 단 하나였다. '내 말이.'

사실 프루스트가 '프루스트 설문'을 만든 것은 아니다. 다만, 그는 사람들의 진정한 성격을 드러낼 수 있는 출처가 없는 날카로운 질문 다발을 대중화했을 뿐이다. 그의 말은 틀리지 않았다. 원래 질문들은 단순해 보이지만 여기에 구체적인 답을 함으로써 사랑, 증오, 갈망과 두려움에 관한 가장 진솔한 감정을 털어놓을 수 있다. 우리가 어떤 사람이 되고 싶은지, 원하는 모든 것을 할 수 있다면 어떤 일을 하고 싶은지, 그리고 어떻게 기억되고 싶은지를 명쾌하게 밝혀준다.

나는 프루스트의 이름을 딴 간소화되고 현대화된 '프루스트 설문'을 만들었다. 그리고 빈칸 채우기 형식의 질문을 네 개 추가했다. 아울러 나는 과제도 덧붙였다. 질문에 답을 마친 후, 각각의 대답이 어떤 가치관을 의미하는지 생각해봐야 한다. 이때 '웰치-브리스톨 가치관 목록'이 매우 유용할 것이다. 아니면 지금까지 '비커밍 유' 활동에서 배운 가치관을 활용해도 좋다.

프루스트 설문에 답을 할 때는 시간을 충분히 가져야 하지만 너무 생각을 많이 하지는 않도록 하자. 각 질문에 대한 당신의 본능적인 반응이 대부분 당신의 가장 진정한 답이다.

흥미롭게 시도해보기를 바란다.

1	가장 살고 싶은 곳은 어디인가?	
2	가장 좋아하는 덕목은 무엇인가?	
3	당신에게 완벽한 행복은 무엇인가?	
4	당신의 현존하는 영웅은 누구인가?	
5	가장 싫어하는 성격은 무엇인가?	

6	당신에게 가장 큰 두려움은 무엇인가?	
7	가장 갖고 싶은 재능은 무엇인가?	
8	가장 존경하는 인물은 누구인가?	
9	지금까지 가장 큰 성취는 무엇인가?	
10	불행의 가장 밑바닥은 어디인가?	
11	가장 좋아하는 취미는 무엇인가?	
12	가장 사랑하는 사람이나 대상은?	
13	당신의 만트라는 무엇인가?	
14	나는 ＿＿＿＿ 해야 한다.	
15	나는 절대로 ＿＿＿＿에 대해 사과하지 않을 것이다.	
16	나는 ＿＿＿＿ 때는 절대 슬프지 않다.	
17	인생에서 ＿＿＿＿에 가장 감사하다.	

이제 몇 가지 예시와 답변을 살펴보자.

가장 살고 싶은 곳은 어디인가?

사람들이 '장소'를 가치관으로 여기지 않는 것을 볼 때마다 놀랍다. 어디에 살고 싶다는 욕구는 우리의 삶에 가장 큰 영향력을 미치고 심지어 인생을 좌우하기도 한다. 아이오와냐 맨해튼이냐, 또는 툴룸이냐 텍사스냐가 중요한 것이 아니다. 하지만 도시에서 살 것인지, 시골에서 살 것인지는 단순한 거주지를 결정하는 차원의 문제가 아니다. 한 사람의 라이프 스타일이 모두 반영되는 상징적인 사건이다. 가족과 함께 살고 싶은지, 가족과 멀리 떨어져 살고 싶은지, 어떤 특정한 공동체에 속하고 싶은지의 고려는 '초월의 영역' 발견에 큰 영향을 미친다.

가장 좋아하는 덕목은 무엇인가?

딱 한 개만 고를 수 있기 때문에 당신이 답으로 정한 덕목은 세상에 자신을 드러내는 가장 중요한 방식을 보여준다고 할 수 있다.

진정성이라고 대답했는가? 그것은 '보이스'를 의미한다. 관대함은 '논 시비', 용기는 '에이전시', 미美는 '비홀더리즘', 신앙은 '코스모스'를 의미한다.

이는 모두 가치관이다.

'끈기'라고 대답한 학생도 있었다.

"저는 '안 돼'라는 말을 절대 받아들이지 않아요. 스스로와 치열하게 경쟁합니다. 인생의 모든 면에서 끝까지 저를 몰아붙이는 걸 좋아해요."

그녀의 초월의 영역에서는 어치브먼트(성취) 가치관이 굉장히 높게 나타났고, 첨단 테크 분야에서 스타트업을 창업해 지금껏 불철주야 뜨겁게 일하고 있다.

당신에게 완벽한 행복은 무엇인가?

언젠가 성공한 CEO로 평가받는 사람들의 조찬모임에서 강연을 한 적 있었다. 그때 나는 이 질문을 그들에게 던졌는데, 사뭇 충격적인 장면이 펼쳐졌다. 약 서른 명쯤 되는 CEO들 중 대부분이 30분이 넘도록 이 질문에 대한 답을 적어내지 못하고 있었다.

그들은 무엇을 위해 열정과 노력을 불살랐을까? 무엇을 위해 여기까지 질주해온 것일까? 사실, 이 질문에 쉽게 답을 적는 사람은 지금껏 보지 못했다.

지난 수십 년 동안 잡지 〈베니티 페어〉의 마지막 장에는 유명인의 프루스트 설문이 실렸다. 그중 스눕 독의 것도 있었는데, 그는 이 질문에 이렇게 답했다.

"내 주변 사람들이 모두 행복하고, 내 정신이 바르고, 평화와 평온이 가득하면 된다."

이 대답에서 나는 빌롱잉, 질서정연한 비홀더리즘과 패밀리센트리즘을 느꼈다.

앞에서 말한 조찬모임 강연에 참석한 한 CEO는 고민 끝에 이렇게 답했다.

"내 포트폴리오 안에 담겨 있는 주식들의 향후 20년 평균수익률 12.5%."

이보다 더 명쾌한 어플루언스와 어치브먼트가 또 있을까? 나는 이 두 대답의 극명한 차이가 좋다. 그리고 이는 우리 각자의 가치관이 얼마나 독특한지를 보여준다.

당신의 현존하는 영웅은 누구인가?

내게는 안락사 위기에 처한 강아지를 구하기 위해 8시간이라도 운전해서 갈 친구가 있다. 가장 먼저 떠오른 사람이 그녀였기에, 나는 그녀를 '나의 영웅'이라고 적었다. 그러면서 나는 단순히 동물을 사랑한다는 것뿐 아니라 '레이디어스'라는 가치관을 내가 중요하게 여긴다는 것을 깨닫게 되었다. 나는 동물 학대를 근절하기 위한 운동의 일원이 되기를 강렬히 원한다.

이 질문에 대한 '비커밍 유' 수강생들의 다양한 답들 또한 그들의 가치관을 잘 드러내준다.

마이클 조던: 어치브먼트와 스코프

말랄라 유사프자이: 레이디어스

일론 머스크: 어플루언스와 어치브먼트

이 질문에 대한 당신의 답과 그렇게 대답한 이유는 당신이 중요하게 여기는 행동이나 성격적 특성을 드러낸다. 그리고 어쩌면 스스로에게 이런 가치관이 더 많기를 바라는 것일 수도 있다.

가장 싫어하는 성격은 무엇인가?

이 질문은 단순히 당신이 가장 좋아하지 않는 인간의 성격을 평가하는 것이다.

내가 먼저 답을 해보겠다. 나는 거들먹대는 허세를 싫어한다. 아니, 증오하고 혐오한다. 내가 이리도 그런 성격을 싫어하는 이유는 내 핵심 가치관들 중 하나가 진정성, 즉 보이스이기 때문이다.

간단히 말해 이 질문은 반대로 작용한다.

예를 들어 만일 '이기심'이라고 했을 경우 당신의 핵심 가치관은 논 시비나 레이디어스일 것이다. 만일 '단정치 못한 모습'이라고 했다면 비홀더리즘을 중요하게 여길 것이고, '비열함'이라고 적었다면 빌롱잉을 가치 있게 생각할 것이다.

이 정도면 당신도 이 질문의 목적을 이해했을 것이다.

당신에게 가장 큰 두려움은 무엇인가?

내가 이 질문이 효과가 있다고 믿는 이유는 모든 두려움 안에는 '열망'이 숨어 있기 때문이다. 그리고 열망은 대개 '가치관'을 의미한다.

예를 들면, 많은 부모들은 이 질문을 받으면 자녀와 관련된 답을 꺼내들곤 한다. 한 친구는 가슴이 저밀 만큼 진술한 답을 했다.

"장애인인 아들보다 더 일찍 죽는 것. 어떻게든 아들보다 하루만 더 살아야 하는데, 그렇게 되지 못하는 것."

이 답을 통해 그녀의 패밀리센트리즘이 얼마나 높은지를 분명하게 알 수 있다.

물론 이 질문에 "가족이라는 감옥에 갇혀 있는 것"이라고 답하는 사람도 있다.

이 답에 담긴 열망은 무엇일까? 가족이라는 짐을 벗어던지고 자유로운 영혼으로 살고 싶다는 것이 아닐까? 그렇다면 그의 가치관은 자기 결정과 독립성을 추구하는 '에이전시'다.

내가 아는 한 사회운동가는 지난 몇 년 동안 시위를 하다가 체포되어 구금된 적이 한두 번이 아니다. 이 때문에 늘 해고를 당했고 집세를 못 내 길거리에 나앉게 될 처지가 되기도 했다.

그런 그의 이 질문에 대한 답은 "세상은 원래 이런 곳이라, 나와 내 동지가 절대 바꿀 수 없다는 것"이었다.

그의 열망은 '변화'였고 핵심 가치관은 사회 정의를 추구하는 '레이디어스'였다.

이 질문에 대한 당신의 답을 깊이 들여다보라. 당신의 두려움 안에 숨겨진 열망, 그 열망 속에 담긴 가치관을 찾아보라.

당신의 인생이 한 걸음 전진하는 순간이다.

가장 갖고 싶은 재능은 무엇인가?

외국어, 테니스, 타인의 눈치 안 보기 등등. 이 모든 답변에도 가치관이 잘 담겨 있다. 어떤 언어든지 잘하고 싶은 마음은 여행으로 가득한 삶, '스코프'를 가치 있게 여긴다는 뜻일 수도 있다. 아니면 '어치브먼트' 가치관이 높은 것일 수도 있다. 실제로 외국계 기업에서도 이중언어자는 흔하지만, 삼중언어자는 특별하다고 여겨지기 때문이다. 상황에 따라 가치관이 달라질 수 있다.

테니스 코트의 황제가 된다는 것은 '사회적 이동성'을 중시한다는 것일 수도 있다. 아니면 다른 사람에게 잘 보이고 싶은 마음이 있다거나 비홀더리즘의 측면에서 탄탄한 몸매를 중요하게 생각하는 것일 수도 있다. 어쩌면 이 세 가지 모두일 수도 있다!

타인의 평가를 대수롭지 않게 여기고 싶다면? 자기 사랑과 자신감을 중요하게 여긴다는 뜻일 것이다. 또는 사업이나 인생에서 위험을 감수하는 모험을 가치 있게 여긴다는 의미일 수도 있다.

당신이 간절히 바라는 재능은 당신이 어떤 사람이 되고 싶은지를 잘 알려준다. 그래서 이 질문은 가치관을 찾아내는 데 훌륭한 단서가 되어준다.

가장 존경하는 인물은 누구인가?

내가 지금껏 보아온 답변들 가운데 약 75%는 '엄마' 또는 '아빠'였다. 중요한 것은 존경하는 대상이 아니다. '왜 존경하는가?'다.

왜냐하면 아버지는 정말 겸손하고 성실하셨어요.
왜냐하면 어머니는 이 세상에 자신을 증명하기 위해 싸우셨거든요.
왜냐하면 아버지는 가족이 항상 제일 먼저셨어요.

버락 오바마 전 미국 대통령과 오프라 윈프리를 언급하는 경우도 많이 보았다. 그 밖에 콘돌리자 라이스, 엘리자베스 2세 여왕, 돌리 파튼, 톰 브래디, 스테판 커리, 셰어, 힐러리 클린턴 등도 있다.

어떤 학생은 '테레사 수녀'라고 답했다. 나는 그렇게 답한 이유를 레이디어스나 코스모스 때문이라고 생각했다. 하지만 놀랍게도 그녀는 '빌롱잉'을 가치 있게 생각했기 때문이었다.

"저는 수녀가 되고 싶다고 늘 남몰래 생각했었어요. 수녀원에 들어가면 절대로 혼자가 되지 않을 테니까요."

명심하라, 가치관을 탐색할 때 이 질문에서는 '누구'보다 '왜'가 더 중요하다.

지금까지 가장 큰 성취는 무엇인가?

폴 뉴먼Paul Newman이라는 명배우가 있다. 폴 뉴먼은 이 질문에 무엇이라고 답했을까? "오스카 상 수상"이라고 답했을까?

그는 이렇게 답했다.

"닉슨의 적대자 명단에 열아홉 번째로 오른 것."

1971년 당시 미국 대통령이었던 리처드 닉슨Richard Nixon의 백악관 참모들은 대통령에게 정치적으로 반대하거나 위협이 된다고 판단되는 인물들의 명단, 이른바 '닉슨의 적대자 명단Nixon's Enemies List'을 작성했다. 이 명단은 국세청 세무조사 등 정부 권력을 이용해 정적들을 괴롭히기 위한 목적으로 만들어졌다. 폴 뉴먼은 베트남 전쟁 반대 운동과 민주당 지지 등 적극적으로 진보적인 사회 활동을 펼쳤기 때문에 이 블랙리스트의 주요 20인 명단 중 19위에 이름을 올렸던 것이다.

일반적으로 배우에게 최고의 영예는 오스카 상(아카데미 상) 수상일 것이다. 하지만 폴 뉴먼은 자신이 닉슨 대통령의 블랙리스트에 올랐다는 사실을 알았을 때, 이를 "내 인생 최고의 영광"이라며 기뻐했다. 그에게 성취의 의미는 부패한 권력과 잘못된 전쟁에 맞서 자신이 '올바른 일을 했다'는 확실한 증거였다. 이 질문에 대한 그의 답은 직업적인 성공보다 자신의 신념과 사회적 정의(행동하는 양심)를 더 중요하게 여겼음을 상징적으로 보여준다.

불행의 가장 밑바닥은 어디인가?

이 질문에 대한 학생들의 답을 듣는 것은 즐거울 때가 있다. 학생들은 아직 젊어서 대부분 불행이란 게 낯설다. 그러다 보니 그들의 답은 '슬픔' 또는 '혼자 있는 것'처럼 다소 추상적일 때가 있다. 하지만 '평범한 사람이 되는 것'과 같은 명쾌한 답도 종종 발견된다. 이 답은 '보이스' 가치관을 중시한다는 사실을 보여준다.

인생 경험이 풍부한 학생들은 연륜이 묻어나는 답을 내놓기도 한다.

살 날이 아직 많이 남았는데 암이 재발하는 것.

각고의 노력을 기울여도 삶이 더 나아지지 않는 것.

모든 욕심이 다 의미가 없다는 걸 깨닫는 것.

이 질문에 대한 작가 프루스트의 답은 '엄마와 떨어지는 것'이었다. 기록에 따르면, 그의 어머니 잔은 그의 삶을 지탱하는 중심축이었다. 실제로 사랑하는 사람과 멀어지거나 잃는 것과 관련된 답이 종종 발견되는데, 이는 빌롱잉과 패밀리센트리즘을 중요한 가치관으로 여기고 있음을 보여준다. 물론 당신의 답은 이와는 전혀 다를 수 있다. 그 예상 밖의 답은, 평범한 것에서 벗어났다는 것만으로도 충분히 의미가 있을 수 있다.

가장 좋아하는 취미는 무엇인가?

이 질문의 답은 무궁무진하다! 작가 존 디디온Joan Didion은 '검보 만들기'라고 했고, NBA의 전설 카림 압둘 자바Kareem Abdul Jabbar는 이렇게 대답했다.

'글쓰기. 잘 다듬어진 문장은 슬램덩크만큼이나 만족스럽다.'

그래미 상을 다섯 차례나 받은 가수 데이비드 보위David Bowie의 답은 이랬다.

'빈 캔버스에 물감 처바르기.'

내 강연, 수업, 워크숍에서 직접 들은 답은 다음과 같았다.

비발디를 크게 틀어놓고 정원 가꾸기.

일요일마다 마이클 잭슨 노래 들으며 드라이브하기.

일이 내 삶이고 삶이 내 일이라, 내 답은 일이다.

마지막 답은 CEO나 사업가의 답이 아니다. '국경 없는 의사회'와 함께 지구상에서 가장 위험한 분쟁 지역을 돌아다니는 간호사의 답이다.

그녀가 가장 좋아하는 취미는 '생명 구하기'였다. 이는 '논 시비'와 '레이디어스' 가치관이 7점 만점이라는 뜻이다.

가장 사랑하는 사람이나 대상은?

2005년 〈베니티 페어〉에 내 남편 잭 웰치의 프루스트 설문이 실렸을 때 그는 이 질문에 "내 아내, 수지"라고 답했다. 여전히 고마워요, 여보.

가장 사랑하는 사람(대상)은 당신의 삶에 가장 중요한 원동력일 수 있다. 나의 학생들 중에도 컨설팅 회사로 이직을 하려고 하다가 '비커밍 유' 과정을 통해 현재 여자친구가 그에게 가장 중요한 가치관임을 깨달은 사람이 있었다.

그는 이렇게 말했다.

"결혼하면 함께 온라인 사업을 시작할 겁니다. 물론 그 사업이 성공하면 좋겠지만, 사랑하는 사람과 공통된 목표를 향해 함께 뛴다는 사실 그 자체가 제 가슴을 뛰게 합니다."

이 질문에 대한 답들로 '내가 창업한 회사', '내 명의로 된 사무실', '주말농장', '와인 바' 등도 얼마든지 가능하다.

이 질문에 대한 모든 답 또한 당신의 핵심 가치관에 관한 중요한 데이터와 힌트를 제공한다.

당신의 만트라는 무엇인가?

실제 프루스트 설문에서 이 질문은 '당신의 좌우명은 무엇인가요?'라고 되어 있다. 다른 버전에는 '가장 좋아하는 말은 무엇인가요?'인데, 나는 이 '좌우명'과 '말'을 합쳐서 '만트라'라고 표현하기로 했다. 만트라는 신성한 주문일 수도 있고 개인적인 슬로건일 수도 있다. 그게 무엇이든 상관 없다. 당신이 진실이라고 여기고 삶의 지침으로 삼는 생각이면 된다.

예전에 나의 한 상담고객은 이 질문에 이렇게 답했다.

'잠은 죽으면 실컷 잘 수 있다.'

그의 가치관은 스코프와 어치브먼트였고, 실제로 정열적으로 위험을 감수하며 때로는 무모하리만큼 담대하게 살았다.

또 다른 고객의 답은 '모든 것은 제자리에'였다. 그녀는 작은 미술 갤러리를 운영하고 있었고, 미적 감각을 중시하는 '비홀더리즘'이 가장 중요한 가치관이었다.

마지막으로 한 학생은 수업 시간에 아주 당당하게 자신의 만트라는 '먹고, 마시고, 즐기자. 내일이면 죽을지도 모르니!'라고 답했다. 이 유명한 격언은 종종 셰익스피어의 말로 알려져 있고, 이 학생 역시 그렇게 주장했지만 실제로는 《성서》의 여러 곳에서 등장하는 구절이다. 어쨌든 이는 즐거움과 웰빙, 즉 유데모니아 가치관을 잘 드러내주는 신호다.

나는 _______ 해야 한다.

1년 전 나는 이 질문을 인스타그램 릴스에 올렸다. 하지만 무려 200만 명이 넘는 사람들이 그 영상을 시청하고, 수백 명이 답을 달 것이라고는 상상도 못했다.

<blockquote>

앉아서 커피를 마시는 나만의 시간을 확보해야 한다.

기도를 해야 한다.

매일 외출해야 한다.

매일 아무에게도 방해받지 않는 샤워 시간을 가져야 한다.

춤을 추고 노래를 들어야 한다.

적어도 주 3회는 글을 써야 한다.

절대 설거지를 밀리지 않아야 한다.

회사의 자금을 건강하게 운영해야 한다.

결혼생활에서 벗어날 방법을 찾아야 한다.

나 자신을 용서해야 한다.

</blockquote>

이 모든 답을 나는 애정한다. 너무나 다양하고 인간적인 이 답들은 정확하게 우리의 마음과 영혼을 비춰주는 능력이 있다.

나는 물론 당신의 답을 모른다. 하지만 그게 무엇이 되었든 간에, 그 답은 당신의 가치관을 보여줄 것이다. 특히 이 질문에 대한 작지만 구체적인 답은 당신의 열망과 가치관을 더욱 잘 드러낸다.

나는 절대 _______에 대해 사과하지 않을 것이다.

소셜 미디어에 이 질문을 올렸을 때 받은 수백 개의 답변 중 일부를 함께 살펴보자.

예의 바른 캐나다인인 것. 그건 우리의 DNA에 새겨진 것이다.

지나치게 꼼꼼한 것. 덜렁대는 성격을 오랜 노력 끝에 바꾼 것이기

때문.

그때 아들의 편을 들어준 것.

하루에 다섯 시간씩 테니스를 치는 것.

경계심을 분명하게 나타낸 것.

충성보다 청렴을 우선시한 것.

뒤늦게 공부를 다시 한 것.

신에 대한 나의 믿음.

너무 착하다는 말을 들을 정도로 남을 돕는 것.

낙천주의.

일찍 자는 습관.

이 짧은 몇 마디 안에 너무나도 많은 정보가 담겨 있다. 순수한 프루스트는 아니지만 프루스트식 찔러보기를 통해 생각보다 더 많은 걸 발견했다.

나는 ＿＿＿＿ 때는 절대 슬프지 않다.

내가 수업 시간에 활용하는 실제 질문은 다음과 같다.

행복이 무엇인지는 모르지만, 나는 _______ 때는 절대 슬프지 않다.

첫 번째 구절(행복이 무엇인지는 모르지만)이 꼭 필요한 것은 아니라서 축약된 버전으로 적은 것이다. 하지만 나는 이 실제 질문을 굉장히 좋아한다. 아마도 사람들에게 답을 준비할 여유를 더 주기 때문인 것 같다.

최근에 내가 들은 답변들을 함께 확인해보자.

사람들과 대화할 때.

육식주의자에서 채식주의자가 되었을 때.

여행을 떠날 때.

어려운 사람을 도울 때.

골프를 칠 때.

아이들을 위해 쇼핑을 할 때.

솔직하게 내 감정을 밝혔을 때.

내가 유일하게 원하는, 춤을 출 때.

마지막 답에 적힌 '내가 유일하게 원하는' 등과 같은 구절은 가치관 탐색에 큰 힌트와 영감을 준다. '내가 유일하게 원하는'으로 시작하는 질문을 만들어 그 답을 적으면, 그 또한 가치관의 또 다른 정의가 될 수도 있다.

인생에서 ________에 가장 감사하다.

마지막으로, 이 질문에 대한 답으로 내가 많이 들었던 것들을 소개해보자.

내 가족.

각고의 노력으로 지켜낸 결혼생활.

나의 건강.

매일 웃을 수 있는 여유.

나의 회복력.

이 질문을 추가한 이유는 감사의 근원이 우리의 가치관에 대해 무언가 말해주지 않을까 생각했기 때문이다. 그리고 실제로 원래 프루스트 식 질문들만큼이나 직접적으로 가치관을 보여준다. 작가 프루스트는 이 질문에 어떤 답을 내놓았을까?

《잃어버린 시간을 찾아서》를 죽기 전에 완성한 것에 대해 무한한 감사를 표하지 않았을까?

알파오메가 테스트
: 당신이 누구인지 알려주는 세 개의 질문

알파와 오메가는 그리스어로 '처음과 끝', 즉 '전체'를 뜻한다. 단 세 개의 질문만으로 한 사람에 대한 얼마나 많은 정보를 캐낼 수 있는지를 완벽하게 보여주는 테스트다.

자, 이제 세 가지 질문을 하나씩 살펴보자.

첫 번째 질문:
당신이 방을 나갔을 때, 사람들이 당신에 대해
어떤 말을 했으면 좋겠는가?

정말이지 나는 이 질문을 통해 세상에 존재하는 온갖 답변을 다 들어본 것 같다.

세상에, 저렇게 끔찍한 엄마한테서 저렇게 완벽한 딸이 나오다니.

완전 CEO 감이야.

진짜 부자구나!

섹시해.

저 사람한테 내 돈을 투자하고 싶어.

저이는 남들의 말에는 절대 신경 안 써.

쾌나 버라이어티하지 않은가? 이 각각의 답변 속에는 가치관을 찾아가는 강력한 단서가 숨어 있다.

사례 1: 캐리

위에서 예로 든 첫 번째 답변을 한 사람은 캐리Carrie라는 여성이었다. 부모님이 이혼한 후 그녀는 고등학생 때부터 3대째 내려오는 아버지의 장례식장 일을 도우며 작은 마을에서 칭찬이 자자했다. 그녀의 어머니는 동네에서 조현병 환자로 소문난 트러블메이커였다. 정신병원을 드나들며 가끔 제정신으로 돌아오기도 했지만, 갈수록 마을의 평화와 고요를 깨뜨리는 노숙자 신세로 전락했다.

대학 졸업 후 장례식장의 2인자가 된 캐리는 가끔 어머니를 향한 원망을 넘어선 끔찍한 분노에 휩싸였다. 아버지가 평생 쌓아올린 가업과 자신이 꿈꾸는 미래가 어머니의 돌발행동 한 번에 물거품이 될 수도 있다는 공포 때문이었다. 가족이 그토록 어렵게 쌓아온 '바르고 신뢰할 수 있는' 이미지가 무너질까 봐 두려웠던 것이다.

내가 그녀를 처음 만났을 때까지 그런 불상사는 일어나지 않았지만 그 두려움은 이미 캐리의 삶을 지배하고 있었다. 혼돈의 망령 같은 어머니 때문에 캐리는 안정적이고 예측 가능한 삶, 그리고 타인의 인정을 미친 듯이 갈망하게 되었다.

'가치관 다리'로 분석하면 그녀는 스코프(자극)는 낮지만 빌롱잉(소속감)과 어치브먼트(성취)는 매우 높은 삶을 원했다. 그녀의 답변은 이를 생생하게 보여준다.

사례 2: 고딕 소설 작가

두 번째로 흥미로웠던 답은 '섹시해'였다. 이 답을 한 사람은 뜻밖에도 고딕풍 중편 소설로 명성을 쌓은 여성 소설가였다. 나는 그녀가 몸매가 전혀 드러나지 않는 리넨 드레스 외의 옷을 입은 걸 본 적이 없다. 늘 화장기 없는 얼굴에 하얗게 센 머리를 질끈 틀어올리고 다녔다.

워크숍 모임에서 그녀가 웃으며 말했다.

"이런 대답, 너무 유치한가요?"

모두가 깜짝 놀랐을 때 나는 활동의 핵심으로 돌아가기 위해 돌직구를 던졌다.

"섹시한 게 본인에게 중요한가요?"

"그럼요, 저는 섹스를 중요하게 생각해요!"

그때 그녀 옆에 앉아 있던 남편이 거들었다. "저도요!"

순간 모두가 빵 터졌다.

섹스는 분명 삶의 중요한 가치다. '가치관 다리'로 분류하면 유데모니아(행복과 쾌락)에 속한다. 만일 당신이 그걸 몰랐다면 지금이라도 차트에 추가해도 좋다.

이처럼 알파오메가 테스트의 첫 번째 질문은 자신의 가치관을 전혀 새로운 각도에서 바라보게 만든다.

두 번째 질문:
어린 시절, 가장 좋았던 것과 가장 싫었던 것은 무엇인가?

결론부터 말하겠다. 우리는 성장하면서 좋았던 경험들(여름휴가, 크리스마스 선물, 일요일 저녁의 가족 식사 등)을 어른이 되어서도 반복하려 든다. 문제는 우리가 '싫어했던 것들'조차 무의식적으로 반복한다는 사실이다. 그리고 이 나쁜 반복의 굴레 속에서 우리의 진정한 가치관이 흐릿해지곤 한다.

몇 년에 걸쳐 수집한 답들 중 일부를 소개한다.

가족끼리 파스타 먹는 건 좋았어요. 살쪘다고 놀림당하는 건 끔찍하게 싫었고요.

따뜻하고 무조건적인 사랑이 좋았어요. 맨날 쪼들려서, 돈 때문에 싸우는 건 지긋지긋했어요.

자랑스러운 아버지의 직업이 좋았어요. 하지만 매번 이사 다니며 새 친구를 사귀는 건 최악이었죠. 덕분에 저는 늘 외톨이였거든요.

우리 집, 강아지, 할머니의 음식 냄새가 좋았어요. 형이 술 마시고 사고 치는 건 싫었어요.

마지막 답은 쉰 살에 이른 은행 임원 존John의 것이었다.

그는 자진해서 발표에 나섰는데, 태어날 때부터 살았던 빅토리아
풍 대저택을 묘사할 때는 얼굴이 환히 빛났다. 넓고 독특한 집, 푹신
한 소파, 할머니의 요리 냄새. 네 형제 모두 각방을 써서 친구들의 부
러움을 샀던 공간이었다. 완벽하고 멋진 아버지는 안타깝게도 존이
대학에 들어갔을 때 심장마비로 돌아가셨다.

내가 '형의 음주 문제'에 대해 묻자 그는 뜻밖의 이야기를 꺼냈다.
그의 형은 고등학교 미식축구팀 주장이자 친구가 넘쳐나는 인기남이
었고, 존보다 훨씬 명문대에 진학한 수재였다.

"문제가 언제부터 시작된 거죠?" 내가 물었다.

"중학교 1학년 때요. 부엌에서 술병을 슬쩍해 방으로 가져가더라고
요. 식구들도 다 알았지만 아무도 입 밖으로 꺼내지 않았어요."

존의 말에 따르면, 부모님은 조용히 빈 술병을 새 술로 채워넣기만
했다.

"아무도 '완벽한 가족'이라는 이미지를 깨뜨리고 싶지 않았거든요."
나는 존에게 이 부정적인 경험이 인생에서 어떤 가치를 중요하게
만들었는지 물었다.

"솔직한 대화요. 겉치레 없이 진솔하게, 있는 그대로 말하는 거요."
망설임이 없는 대답이었다. 이는 '보이스(목소리, 진정성)'의 가치관
이 높음을 의미한다. 내가 다음 질문을 던지기도 전에 존은 이미 정곡
을 찔렀다.

"저부터 잘해야죠. 저도 속으로 삭이는 성격이거든요. 그냥 꾹 참고
넘어가요. 그러면 안 되는데…… 저한테는 '침묵'이 너무 익숙하니까

요."우리가 무언가를 그토록 싫어할 때는 다 이유가 있고, 그것은 대개 가치관과 직결된다. 이 질문이 던지는 숙제는 과거의 분노 속에 숨겨진 진짜 가치관을 발굴해내고, 이제는 내가 진정으로 원하는 방식대로 삶을 살아내는 것이다.

세 번째 질문:
여든다섯 살 생일에, 무엇 때문에
울고 싶을 만큼 후회할 것 같은가?

이 질문은 당신이 세상에 어떤 흔적을 남기고 싶은지 묻는 것이다.

케이크에 꽂힌 여든다섯 개의 촛불을 불어 끄는 당신의 모습을 상상해보라. 이 질문은 우리가 인생에서 미처 매듭짓지 못해 뼈가 아플 일들을 직면하게 만든다.

그렉을 기억하는가?

그는 (다소 비현실적이지만) 〈뉴욕 타임스〉 1면에 자신의 부고 기사가 실리지 않는다면 눈물을 쏟을 것 같다고 했다.

다른 사람들의 답은 이렇다.

동생 샌디와 영영 화해하지 못한 채 죽는 것.

내가 가업을 말아먹었다는 사실.

내 여든다섯 번째 생일을 축하해줄 사람이 옆에 아무도 없는 것.

한번은 40년 지기인 수Sue와 차를 타고 가며 알파오메가 테스트를 한 적이 있다. 우리는 산전수전을 다 겪은 사이다.

"너는 백다섯 살까지 살 거야. 나도 그때까지 네 옆에 딱 붙어 있으면 좋겠다."

고속도로를 달리며 내가 물었다. "그런데, 네 인생의 끝자락에서 뭘 후회하며 울 것 같아?"

"너를 다시 잃어버리는 것."

수가 무심하게 대답했다.

평소 우리는 유치한 농담을 주고받으며 낄낄대는 사이지만, 가끔 이렇게 진지하게 훅 들어올 때가 있다. 순간 그녀를 향한 사랑으로 가슴이 먹먹해졌다. 나는 그녀가 무슨 뜻으로 그 말을 했는지 정확히 알고 있었다.

"너는 '우정'을 정말 소중하게 생각하는구나. 나도 그래."

나는 수의 답이 '가치관 다리'에서 빌롱잉(소속감)에 해당한다는 말은 굳이 꺼내지 않았다. 이 감동적인 순간에 그런 분석은 너무 괴짜 같고 무례하니까.

그런데 수가 내 말을 정정했다. "아니, 나는 우정이 아니라 '너'를 소중하게 생각하는 거야."

그 순간, 내 머릿속에서 그녀의 답변 카테고리가 빌롱잉에서 패밀리센트리즘으로 옮겨갔다. 수십 년을 함께하며 우리는 이미 피를 나눈 가족이나 다름없었으니까.

하지만 그 감정이 어떤 폴더에 속하는지 정확히 분류하는 것은 중요하지 않았다. 우리가 서로를 깊이 이해하고 있다는 사실. 그것이 훨씬, 훨씬 더 중요했다.

그리고 그것이 바로 '알파오메가' 테스트의 진짜 목표다.

에니어그램으로의 초대

모든 '비커밍 유' 여행자에게 권한다. 잠시 여정을 멈추고 20분, 길어야 30분 정도 시간을 내어 '에니어그램Enneagram' 성격 검사를 해보라.

고대에 기원을 둔 이 검사는 시대를 초월한 통찰력을 지니고 있다. 인터넷에서 쉽게 찾을 수 있고 무료 버전도 많지만, 여유가 된다면 과학적으로 가장 잘 검증된 '리소-허드슨 에니어그램 유형 지표RHETI' 버전을 추천한다.

검사 결과가 나오면, 유튜브나 팟캐스트를 활용해 자신의 성격 유형에 대해 깊이 파고들어 보라. 자신이 세상을 바라보는 방식을 인지하고, 내면 깊숙이 자리한 '핵심 욕구와 두려움'을 이해하는 것은 가장 정확한 '초월의 영역'을 설계하고 삶의 목적을 찾는 데 결정적인 단서가 된다.

에니어그램의 세계로 안내하는 데 있어 '라사낫 다스Rasanath Das'보다 적임자는 없다. 이 분야의 세계적 권위자인 그와의 인터뷰를 소개하기 전에, 먼저 그의 독특한 이력을 짧게 짚고 넘어가겠다.

1980년대 인도 뭄바이에서 자란 라사낫은 영화 〈월 스트리트Wall Street〉를 보며 성공의 정의를 배웠다. 인도에서 대학을 마치고 뉴욕 딜로이트에서 첫 직장 생활을 시작한 그는, 코넬대에서 MBA를 딴 후 마침내 꿈에 그리던 뱅크오브아메리카의 투자분석가가 되었다.

성공 가도를 달린다고 생각했지만 인생의 계획은 달랐다. 죽음의 문턱까지 가는 심각한 건강 문제를 겪은 후 라사낫은 자신이 좇던 '성공의 패러다임'을 전면 재검토하게 된다.

그는 2년 동안 치열하게 답을 구했다. 놀랍게도 그는 뉴욕의 한 수도원에서 '승려'로 살며, 낮에는 월스트리트로 출근하는 이중생활을 했다. 그곳에서 동료 승려 하리 프라사다Hari Prasada를 만났고, 훗날 두 사람은 수도원을 떠나 에니어그램 싱크탱크이자 컨설팅 회사인 '업빌드Upbuild'를 공동 창업했다.

라사낫은 '비커밍 유' 커리큘럼에 대한 공헌과 매 학기 보여준 탁월한 통찰력을 인정받아, 2024년 뉴욕대학교 경영대학원 산하 '목적과 웰빙 연구소'의 객원 연구원으로 임명되었다.

다음은 그와 나눈 대화다.

수지: 방금 에니어그램 검사 결과를 받았다고 가정해보죠. "와, 이게 다 무슨 뜻이지?"라고 묻는다면 뭐라고 답해주시겠어요?

라사낫: 우선 검사의 본질부터 설명해야겠네요. 에니어그램을 흔히

성격 검사라고 부르지만, 융Jung의 이론에 기반한 마이어스-브릭스MBTI나 디스크DiSC 같은 일반적인 유형 검사와는 결이 다릅니다. 에니어그램은 우리가 세상을 바라보는 방식, 즉 '하드 와이어링(Hard-wiring, 타고난 회로)'에 초점을 맞춥니다. 우리 모두는 세상으로부터 인정받고 싶어하는 정체성, 즉 '자아Ego'를 갖고 있습니다. 에니어그램은 이 자아를 아홉 개의 뚜렷한 '렌즈'로 분류합니다. 세상을 바라보는 아홉 가지의 서로 다른 방식인 셈이죠. 각각의 렌즈는 고유한 '선물(재능)'과 '불안(두려움)'을 갖고 있습니다. 대체로 우리는 이를 자각하지 못하지만, 무의식중에 우리의 시각을 지배하죠. 이 패턴을 인지하기 시작하는 순간, 비로소 인간으로서 진짜 성장이 시작됩니다.

수지: 학자들에 따르면, 에니어그램은 기원전 900년경 아시리아인들에 의해 시작되었다고 하죠. 솔직히 저는 처음에 이 검사의 신뢰성이 의심스러웠어요. 유대교 신비주의, 기독교, 이슬람교, 도교, 불교, 고대 그리스 철학 등 온갖 종교적 색채와 얽혀 있어서 약간 비과학적이라는 느낌마저 들었거든요.

라사낫: 뿌리가 아주 오래된 건 사실입니다. 하지만 1960년대 들어 현대 사회과학이 에니어그램에 다시 주목하기 시작했어요. 심리학자 오스카 이카조Oscar Ichazo와 클라우디오 나란조Claudio Naranjo가 참여하면서 아홉 가지 유형이 체계화되었죠.

그후 제가 직접 사사한 돈 리처드 리소Don Richard Riso와 러스 허드슨Russ Hudson 박사가 연구를 집대성했습니다. 스탠퍼드대 출신의 학자인 리소는 예수회에서 지내며 에니어그램을 접했고, 저명한 학자인 허드슨과 함께 현대판 에니어그램을 완성했죠. 두 사람의 이름을 딴 '리소-허드슨 에니어그램 유형 지표RHETI'는 과학적으로 검증된 가장 신뢰할 만한 검사 도구입니다.

수지: 검사 결과로 자신의 '유형'을 알게 된 후 가장 먼저 해야 할 일은 뭔가요?

라사낫: '검증Verification'입니다. 결과지는 어디까지나 '지표'일 뿐, 당신 자체를 정의하지는 않아요. 상위 세 가지 결과를 놓고 스스로에게 물어야 합니다. '자, 이 중에서 진짜 나는 누구일까?'

수지: 제가 한 가지 팁을 덧붙이자면, 가장 간단한 방법은 업빌드닷컴Upbuild.com에 접속해서 자신의 상위 결과 2~3개에 해당하는 팟캐스트를 들어보는 거예요. 어떤 설명이 내 뼛속까지 깊이 공감되는지 확인하는 거죠. 빠르고 무료니까요!

라사낫: 맞습니다. 팟캐스트에서는 각 유형의 '건강한 모습'과 '건강하지 않은(불건강한) 모습'을 모두 다룹니다. 흥미롭게도 사람들은 자신의 '불건강한' 찌질한 모습을 들을 때 비로소 뼈를 맞은 듯 깨닫습니다. '세상에, 이건 빼박 나잖아! 이게 내 유형이었어!' 하고 말이죠.

수지: 좀 전에 '자신의 유형을 인지하기 시작할 때 성장할 수 있다'

고 하셨는데, 구체적으로 어떤 의미인가요?

라사낫: 내 안의 어떤 불안과 두려움이 내 인생의 운전대를 쥐고 있는지 정확히 알게 되면 더 이상 충동이나 오랜 습관에 휘둘려 '자동 반사'하지 않게 됩니다. 충동적인 행동을 멈추고 두려움이 나를 집어삼켜 잘못된 결정을 내리는 패턴을 끊어낼 수 있죠. 물론 이 변화에는 시간이 걸립니다. 우리는 대개 자신이 꽤 '건강한 사람'이라고 착각하며 살기 때문에 민낯을 마주하면 충격을 받기도 하거든요. 하지만 시간이 지나면 그 충격적 수용이 '겸손'으로 바뀌고, 그 겸손은 우리가 더 건강한 자아로 성장할 수 있는 튼튼한 그릇이 되어줍니다. 본격적인 변화를 시도할 때 사람들은 자주 묻습니다. '이거 고치려면 얼마나 걸려요?' 사람들은 누르기만 하면 모든 게 해결되는 마법의 버튼을 원해요. 하지만 이건 평생 이어지는 과정입니다. 에니어그램은 내면을 '인지Awareness'하고, '인정Acceptance'하며, '성장Growth'해 나가는 평생의 연습, 그 출발점일 뿐입니다.

수지: 에니어그램 유형에 따라 '찰떡'인 직업이 따로 있을까요? 예를 들어 훌륭한 리더가 되려면 무조건 '3번 성취가형Achiever'이어야 하나요?

라사낫: 누구나 리더가 될 수 있습니다. 다만, 어떤 '스타일'의 리더가 되느냐는 전적으로 자신의 에니어그램 유형에 달려 있죠.
'2번 조력가형Helper' 리더와 '8번 도전가형Challenger' 리더는 완전히

다릅니다. '9번 평화주의자형Peacemaker' 리더는 팀의 합의를 최우선으로 여기겠죠. 각 유형마다 지향하는 리더십의 방향과 방식이 다릅니다. 제게 더 중요한 문제는 '무슨 유형이냐'가 아니라 '그 사람이 지금 얼마나 건강한 상태인가'입니다. 명심할 점은 에니어그램의 핵심 목적이 '나'를 이해하는 것을 넘어 '타인(팀원, 가족)'을 이해하는 데 있다는 것입니다. 에니어그램은 각자가 가진 고유의 재능뿐 아니라 남모를 '고통'도 조명합니다. 그 고통은 아주 조용하게 찾아오기 때문에 그제야 우리는 깨닫게 됩니다. '아, 저 사람도 고통받고 있었구나. 그리고 나 역시 고통받고 있었구나.'

수지: 그다음은요?

라사낫: 그다음은 내 고통에 책임을 지는 것입니다. 남 탓을 멈추는 순간 건강하지 못한 행동 패턴을 끊어낼 수 있습니다. 그러면 인간관계에서 진짜 '공감력'이 자라나고, 그 공감은 단단한 협력을 피워내는 비옥한 토양이 됩니다. 팀원 모두가 '건강한' 상태일 때 사람들은 서로를 깊이 존중하면서도 창의적이고 자유롭게 반대 의견을 낼 수 있습니다. 서로에 대한 깊은 인지와 이해가 밑바탕에 깔려 있기 때문이죠. 그 순간은 마법처럼 짜릿하고 즐겁습니다. 이 모든 기적은 '인지'에서 시작됩니다. 거기서부터 우리는, 타인이 아닌 우리가 직접 설계하고 의도한 '나다운 삶'을 향해 진짜 여정을 떠나게 되는 것입니다.

관계 지도 입문

'관계 지도Relationship Mapping'는 원래 특정 시스템이나 조직, 상황 속에서 다양한 주체들 간의 관계와 연결성을 시각적으로 표현하고 분석하기 위해 고안된 기법이다. 주로 프로젝트 관리에서 주체들이 언제, 어디서, 어떻게 상호작용하는지 파악할 때 쓰인다.

하지만 '비커밍 유'의 목적에 활용하기에는 이 지도가 다소 거창한 면이 있다. 그래서 나는 '관계 목록Relationship Inventory'이라는 개념을 더 선호한다. 9장에서 이야기했듯이, 이 도구의 핵심은 기존의 끈끈한 인맥 바깥에 있는 '느슨한 친구들Irregular Friends'을 파악하기 위해 내 주변의 관계망을 가볍게 그려보는 것이다.

이 느슨한 친구들은 우리의 마음을 풍요롭게 하고 삶을 더 즐겁게 만들어준다. 감정적·문화적·지적으로 우리를 한층 성장시키는 자극제가 되기도 한다. 무엇보다 그들은 당신이 일자리를 잃었을 때 실질적인 동아줄이 되어줄 확률이 높다. 비즈니스 세계의 씁쓸한 비밀 하나를 알려주자면, 특정 기업이나 산업이 위기에 처할 때는 대개 그 업계 종사자 전체가 다 같이 무너지기 마련이다(즉 같은 업계의 절친들은 당신을 도와줄 여력이 없다).

수업 시간에 이 활동을 할 때는 아주 단순하고 단도직입적으로 진행한다. 나는 학생들에게 학교, 직장, 인턴 동기, 가족 등 카테고리별로 지인들을 분류해 한 장짜리 도표로 만들어보라고 권유한다. 하지만 아날로그 방식보다 좀 더 정교하고 세련된 방식을 원한다면, 아래의 소프트웨어 애플리케이션들을 추천한다. 무료 도구도 있고, 유료(프리미엄) 버전도 있다.

- **루시드차트**Lucidchart: 관계 지도를 비롯해 다양한 다이어그램을 만들 수 있는 온라인 도구다. 템플릿이 잘 갖춰져 있고 인터페이스가 직관적이라 사용하기 편하다.
- **미로**Miro: 실시간 협업이 가능한 온라인 화이트보드다. 관계 지도는 물론, 자유로운 브레인스토밍과 다양한 시각 자료를 만들기에 좋다.
- **엑스마인드**XMind: 관계와 연결성을 시각적으로 뻗어나가며 표현하는 데 탁월한 마인드맵 도구다.
- **마이크로소프트 비지오**Microsoft Visio: 복잡하고 정교한 관계 지도나 프로세스 다이어그램을 만들 때 적합한, 매우 강력하고 전문적인 다이어그램 제작 도구다.

직업 탐색의 유용한 자료들

이 부록에는 현재와 미래의 직업 세계 동향을 파악하는 데 도움이 되는 유용한 자료들을 정리해 두었다.

1. 현재의 직업 세계 탐색하기

먼저 현재 직업 세계의 흐름을 읽기 위한 자료들이다.

〈월스트리트 저널The Wall Street Journal〉, 〈CNBC〉, 〈패스트 컴퍼니Fast Company〉, 〈포브스Forbes〉, 〈포춘Fortune〉과 같은 주요 비즈니스 매체를 꾸준히 읽는 것은 기본이다. 이에 더해, 직장 내 트렌드와 핵심 정보를 종합적으로 제공하는 웹사이트들을 적극적으로 활용해보라.

· **링크드인**LinkedIn: 방대한 채용 정보가 모이는 가장 대표적인 플랫폼이다. 링크드인은 매년 새로운 일자리와 필수 기술에 관한 풍부한 정보가 담긴 보고서를 발표한다. 특히 다양한 산업 분야와 기업 동향을 추적하는 연례보고서인 〈워크포스 리포트Workforce Report〉는 누구나 반드시 읽어야 할 필수 자료다.

· **미국 노동통계국**Bureau of Labor Statistics, BLS: 정기적으로 이 웹사이트를 방문해 고용 통계, 일자리 전망, 산업 성장 트렌드 등 객관적인 지표를 살펴보기를 권한다.

· **스타티스타**Statista: 광범위한 산업과 직종에 관한 시장조사 통계와 보고서를 직관적으로 제공한다.

· **아이비스월드**IBISWorld: 시장 트렌드, 성장성, 경쟁 전망 등을 다루는 심도 있는 업계 분석 보고서를 찾아볼 수 있다.

2. 메가트렌드 추적하기

다음은 미래의 거대한 시대적 흐름, 즉 메가트렌드를 탐색하고 최신 인사이트를 얻을 수 있는 웹사이트와 자료들이다.

· **세계경제포럼**World Economic Forum, WEF: 경제적 흐름의 변화, 기술 발전, 환경 문제를 포함한 전 세계적 트렌드와 도전 과제에 대해 다양한 분야의 보고서와 기사를 제공한다. 주요 연례보고서인 〈글로벌 리스크 보고서Global Risks Report〉, 〈미래 직업 보고서Future of

Jobs Report〉, 〈글로벌 성별 격차 보고서Global Gender Gap Report〉를 특히 주목하기를 바란다.

· **맥킨지&컴퍼니**McKinsey&Company: 비즈니스와 사회 전반에 영향을 미치는 광범위한 메가트렌드에 대한 깊이 있는 조사와 통찰을 제공한다. 주로 기술, 세계화, 인구 변화 등의 주제를 다루며, 최근 발간된 보고서들은 웹사이트의 '인사이트Insights' 섹션에서 확인할 수 있다.

· **딜로이트**Deloitte: 글로벌 전문 서비스 기업인 딜로이트는 기술, 금융, 헬스케어 등 다양한 분야의 신흥 트렌드를 심층적으로 다룬다. 〈글로벌 인적자본 트렌드Global Human Capital Trends〉, 〈기술 트렌드Tech Trends〉, 〈글로벌 경제 전망Global Economic Outlook〉 같은 연례보고서를 추천한다.

· **가트너**Gartner: 주로 기술 트렌드와 그것이 각 산업 분야에 미치는 영향을 분석한다. 그들의 보고서에는 미래 전망과 전략적 조언이 풍부하게 담겨 있다. 최신 동향을 파악하기 위해 웹사이트의 '연구 및 인사이트Research&Insights' 섹션을 자주 방문해 보자.

· **브루킹스 연구소**Brookings Institution: 인구 변화, 세계화, 정책의 파급력 등 사회경제적 트렌드에 관한 심도 있는 보고서를 제공한다. 웹사이트의 '연구Research' 섹션은 메가트렌드 분석 자료의 보물창고라고 할 수 있다.

· **퓨 리서치 센터**Pew Research Center: 사회 및 인구통계학적 트렌드, 기술 수용도, 글로벌 이슈에 관해 탄탄한 데이터를 기반으로 한 통찰을 보여준다. 연례보고서인 〈소셜 트렌드Social Trends〉,

〈인터넷&기술Internet&Technology〉, 〈세계 여론과 트렌드Global Attitudes&Trends〉 등을 찾아보기를 권한다.

· **트렌드와칭**TrendWatching: 다양한 산업 전반에 걸친 소비자 트렌드와 혁신 사례를 파악하고 분석하는 데 특화된 곳이다. 그들이 발행하는 〈트렌드 보고서Trend Reports〉와 〈오늘의 혁신Innovation of the Day〉을 통해 가장 신선한 인사이트를 얻을 수 있다.

· **이코노미스트**The Economist: 가장 수준 높은 인사이트를 제공하는 매체 중 하나로, 구독료가 다소 비싼 편이다. 하지만 메가트렌드를 추적하는 사람이라면 그만한 가치가 충분하다. 이곳에서 다루는 혁신과 기술 관련 정기 기사들을 꼼꼼히 살펴보자.

· **MIT 테크놀로지 리뷰**MIT Technology Review: 기본적으로 학술지 성격을 띠지만, 세상을 바꿀 최첨단 기술과 그것이 가져올 미래의 파급력에 대해 매우 날카롭고 실용적인 인사이트를 제공한다.

나는 내게 일어난 일들의 결과물이 아니다.
나는 내가 되기로 선택한 사람이다.

_칼 융

옮긴이 **윤여림**
한양대학교를 졸업하고, 이화여자대학교 통번역대학원에서 공부했다. 현재 출판번역 에이전시 유엔제이에서 프랑스어와 영어 전문 통번역사, 월간지와 도서 전문 번역가로 활동하고 있다.

어떻게 나를 만들 것인가

1판 1쇄 인쇄 2026년 3월 6일
1판 1쇄 발행 2026년 3월 16일

지은이 수지 웰치
옮긴이 윤여림
발행인 오영진 김진갑
발행처 토네이도미디어그룹(주)

기획편집 박수진 유인경 박은화 김예은
디자인 김현주
마케팅 박시현 박준서 박가영 한영은
경영지원 이혜선

출판등록 2006년 1월 11일 제313-2006-15호
주소 서울시 마포구 월드컵북로5가길 12 서교빌딩 2층
원고 투고 및 독자 문의 midnightbookstore@naver.com
전화 02-332-3310 팩스 02-332-7741
블로그 blog.naver.com/midnightbookstore
페이스북 www.facebook.com/tornadobook
인스타그램 @tornadobooks

ISBN 979-11-5851-344-3 (03190)